高等学校教材

金工实习

（非机械类用）

主　编　高正一
副主编　陶　冶　郑红梅
参　编（按章顺序排列）
潘昌实　杨明璟　杨　沁
丁　涛　金绵芳
主　审　刘烈元

机械工业出版社

本书是根据国家教育部新颁布的非机械类“金工实习教学基本要求”以及在认真总结多年来金工实习教改的经验基础上编写的。全书包括机械工程材料及热处理、铸造、锻压、焊接、机械加工，钳工以及数控加工和特种加工等七章，并有复习思考题和实验。

书中内容和插图力求科学、系统、先进、实用，并有很强的针对性和一定的灵活性。

本书可作为高等工业院校非机械类各专业的金工实习教材，也可供高专、中专、职业技术学校、技校等教学人员和有关工程技术人员参考。

图书在版编目（CIP）数据

金工实习/高正一主编．—北京：机械工业出版社，2004.2（2021.1重印）

高等学校教材．非机械类用

ISBN 978-7-111-08560-7

Ⅰ．金…　Ⅱ．高…　Ⅲ．金属加工-实习-高等学校-教材　Ⅳ．TG-45

中国版本图书馆CIP数据核字（2004）第81647号

机械工业出版社（北京市百万庄大街22号　邮政编码100037）

责任编辑：赵志鹏　版式设计：霍永明　责任校对：余茂祚

封面设计：方　芬　责任印制：常天培

北京京丰印刷厂印刷

2021年1月第1版·第15次印刷

184mm×260mm·10印张·246千字

42 401—43 900册

标准书号：ISBN 978-7-111-08560-7

定价：29.80元

电话服务　　网络服务

客服电话：010-88361066　　机　工　官　网：www.cmpbook.com

010-88379833　　机　工　官　博：weibo.com/cmp1952

010-68326294　　金　书　网：www.golden-book.com

封底无防伪标均为盗版　　机工教育服务网：www.cmpedu.com

前言

《金工实习》是一门综合性和实践性很强的技术基础课。随着我国经济的发展和教学改革的深入，对它的要求也越来越高。我们在认真总结多年来的教学改革经验的基础上，根据国家教育部新颁布的非机械类“金工实习教学基本要求”以及结合我国工业发展现状和当前高校教改的实际情况编写了这本教材。

非机械类专业由于数量多，差异大，因而在教材内容上既有一定的覆盖面，能满足金工实习课的基本要求，又尽可能突出重点，做到主次分明；既介绍工程材料和机械制造的基本知识，又适当兼顾本学科的基本理论和最新发展，力求科学、系统、先进、实用，为培养高素质人才作出贡献。

书中采用法定计量单位；名词术语和工艺数据尽量采用最新标准。

本书由合肥工业大学高正一主编，陶治和郑红梅任副主编。全书由高正一和陶治统稿及定稿。各章编写分工如下：绪论和第一章由高正一编写；第二章由陶治编写；第三章由潘昌实编写；第四章由杨明璟编写；第五章的第一、二、七、八节由郑红梅编写；第三、四、五、六节由杨沁编写；第六章由丁涛编写；第七章由金绵芳编写。

本书由东华大学刘烈元教授主审，在审阅中提出了很多宝贵意见。该书在编写过程中，特邀杨明璟和张崇高两位教授作了预审，并得到合肥工业大学教务处高玉华副教授的支持和指导以及校机电厂范晓晶和王志平的热情帮助，在此一并表示衷心的感谢。

由于编者水平有限，而且时间仓促，书中难免有不妥或错误之处，恳请广大读者批评指正。

目　录

绪 论

机械制造包括制造工艺技术和制造工艺管理。其中，制造工艺技术就是利用现代科技成就，采用先进、合理的工艺设备、工艺装备、工艺材料、操作技能和检测控制等，制造出符合要求的产品。

机械制造过程从工艺准备开始，将原材料经过成形制造阶段变成毛坯；然后将毛坯经过机械加工（或插入必要的热处理、表面处理）成为零件；零件再经过清洗，检验和装配成为部件或机器；最后进行调试、验收、涂装和包装等成为产品，可用下图表示。

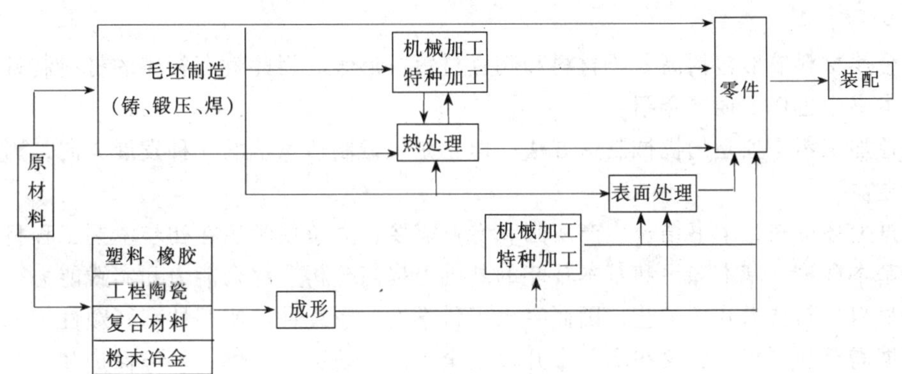

机械制造工艺方法与流程示意图

金属工艺学，又称工程材料及机械制造基础（包括金工实习），顾名思义是属于机械制造工艺技术，是研究制造过程中的设备、装备、材料、操作和检测控制的，即包括通常所说的机械制造基础Ⅰ、Ⅱ、Ⅲ（即工程材料、热加工工艺基础和机械加工工艺基础）。理工科的非机械类专业由于不单独设置工程材料课，也没有金工课堂教学学时，因而本门《金工实习》课实际上就涵盖了机械制造基础Ⅰ、Ⅱ、Ⅲ，即工程材料、热加工和冷加工。

本教材基本上包括机械制造基础Ⅰ、Ⅱ、Ⅲ并按照上述机械制造工艺过程和方法编写的。

机械工程材料是机械制造的重要基础，它包括金属材料、非金属材料和复合材料的分类、牌号、性能、改性技术及选用。

铸造是熔炼金属，制造铸型，并将熔融金属浇入铸型，凝固后获得具有一定形状、尺寸和性能金属零件毛坯的成形方法。

锻压包括锻造和冲压，属于压力加工。锻造是在加压设备及工（模）具的作用下使坯料、铸锭产生局部或全部的塑性变形，以获得一定几何尺寸、形状和质量的锻件的加工方法；冲压是使板料经分离或成形而得到制件的工艺的统称。

焊接是通过加热或加压或两者并用，并且用或不用填充材料，使焊件达到原子结合的一种方法。

热处理是将固态金属或合金在一定介质中加热、保温和冷却以改变其整体或表面组织，从而获得所需要性能的加工方法。它只改变材料的组织和性能，并不改变形状和大小。

表面处理是改善工件表面层的力学、物理或化学性能的加工方法，包括电镀、化学镀、热喷涂等等。

机械加工是利用机械力对各种工件进行加工的方法，包括车削、刨削、铣削、钻削、磨削和钳工等。

钳工是一般在钳台上以手工工具为主，对工件进行的各种加工方法，包括划线、锉削、锯削、攻螺纹、套螺纹、刮削和研磨等。

特种加工是指传统的切削加工以外的加工方法，包括电火花加工、电解加工、激光加工和超声波加工等。

装配是按规定的技术要求，将零件或部件进行配合和连接，使之成为半成品或成品的工艺过程。

粉末冶金是将金属粉末（或与非金属粉末的混合物）压制成形和烧结等形成各种制品的方法。

非金属材料成形包括高分子材料和陶瓷材料成形等，因此就有相应的材料制备和成形方法，在本书中也作了扼要介绍。

数控加工不是独立的机械制造方法，但它是机械制造系统的一种发展方向，因而也作了简要论述。

根据上述可知，本书结合生产实际和专业需要，力争使学生在初步掌握工程材料和机械制造的基本理论、基本知识和基本技能的基础上提高分析、综合能力和实践能力，同时尽量反映新材料、新技术和新工艺，因而突出了科学性、系统性、实用性和新颖性。

根据需要和可能，建议在实习中开设安全生产、防火、防爆、环境保护和生产管理等专题讲座或讨论，以扩大知识面。

第一章　机械工程材料

目的和要求

1. 了解常用金属材料的牌号、性能及应用。

2. 了解非金属材料和复合材料的类型及应用。

3. 了解普通热处理工艺（即退火、正火、淬火及回火）。

第一节　概　　述

用以制造各种机电产品的材料，统称为机械工程材料。机械工程材料在产品设计和制造中起着举足轻重的作用。因而凡与机械设计与制造有关的人员，一定要掌握各种机械工程材料的性能，合理地选用材料，以便正确地制订制造工艺。

机械工程材料一般分为金属材料、非金属材料和复合材料三大类，并可细分为若干小类。

一、金属材料

金属材料包括钢铁材料（黑色金属）和非铁材料（有色金属）两种。由于金属材料来源丰富，性能优良，可满足生产和生活上的各种需要，所以约占各种机器设备用材量的90%以上，是最重要的机械工程材料。

（一）钢铁材料（黑色金属）

铁或以铁为基体，含有不同碳的质量分数的合金称为钢铁材料（黑色金属），其资源充足，价格便宜，应用最为广泛，约占各种金属材料应用量的90%以上。

1. 钢　指碳的质量分数小于2.11%的铁碳合金，分为碳素钢、合金钢和复合钢等。

2. 铸铁　指碳的质量分数大于2.11%的铁碳合金，包括灰铸铁、球墨铸铁、蠕墨铸铁和可锻铸铁等。

（二）非铁材料（有色金属）

钢铁材料（黑色金属）以外的所有金属及其合金称为非铁材料（有色金属），包括轻金属、易熔金属、难熔金属、贵金属、稀土金属及碱土金属等。

二、非金属材料

非金属材料包括高分子材料和陶瓷材料。高分子材料和陶瓷材料虽然某些力学性能不如金属材料，但它们具有金属材料所不具备的某些特性，如耐腐蚀、隔声、减振和耐热等，而且价廉、易成形。

（一）高分子材料

高分子材料为有机合成材料，包括塑料、橡胶、胶粘剂和合成纤维等。

（二）陶瓷材料

陶瓷是无机非金属材料，包括普通陶瓷（主要为硅酸盐材料）和特种陶瓷（氧化物、碳化物、硅化物等的烧结材料）等。

三、复合材料

复合材料是由两种或两种以上性质不同的材料合成的新材料。不同的非金属材料可以相互复合，非金属材料与金属材料可以复合，不同的金属材料之间也可以相互复合。几种不同材料复合之后，保留了各自的优点，得到单一材料无法比拟的综合性能。常见的有纤维增强复合材料、颗粒复合材料和层状复合材料等。

材料是科学理论和创造发明的物质基础，有时甚至成为解决问题的关键，尤其当代社会的重大问题，如能源开发、海洋工程、航空航天、环境保护、计算机技术和信息技术乃至日常生产、生活无不需要有适用的材料，因而材料科学的研究和发展，世界各国都非常重视。机械产品正朝着大型、成套、精密、高效、高运行参数等方向发展，因而对机械工程材料要求越来越高。目前非铁材料（有色金属）的使用在金属材料的比重中正逐年上升；微晶和非晶态金属、特种陶瓷、高分子材料和复合材料等新材料正蓬勃发展，各种新型功能材料和器件不断翻新，已从追求数量转向提高质量，从使用传统材料转向使用新材料的轨道。金属材料目前虽仍占主导地位，但非金属材料和复合材料的发展也十分迅速，几乎与金属材料并驾齐驱，交相辉映，相互渗透，相互结合，形成了规模宏大的材料体系。因此与机械工程有关的人员，不仅要了解传统的金属材料，也要懂得各种非金属材料和复合材料的基本知识。

第二节　金属材料的性能

机械零件在使用过程中，要受到诸如拉伸、压缩、弯曲、扭转、剪切、摩擦、冲击以及温度和化学介质等作用，并且还要传递力或能。因此，作为构成机械零件的金属材料，应具备良好的物理、化学性能和力学性能，以防零件早期失效（即在限定时间内和规定条件下，不能完成正常的功能），同时还要有良好的工艺性能。

一、力学性能

金属材料的力学性能是指在外加载荷作用下所表现出的抵抗变形和断裂的能力。它是设计零件以及选用、鉴定和验收材料的重要依据。常用的力学性能有：强度、硬度、塑性、冲击韧度、疲劳极限（强度）以及刚度、弹性和断裂韧度等。以下仅讨论前面五种。

（一）强度

强度是指抵抗永久变形和断裂的能力。它是按照 GB/T228－1987 的规定，将金属材料制成如图 1-1 所示的标准拉伸试样，通过拉伸试验，若将试样从开始直到断裂所受的拉力 F（或应力 σ），与其所对应的伸长 ΔL（或应变 ε）绘成曲线，可得拉伸图 1-2。

机械工程中常用的强度判据有屈服强度 σ_s 和抗拉强度 σ_b。屈服强度是指材料开始产生明显塑性变形时的最低应力值，即

$$\sigma_s = \frac{F_s}{A_0}$$

式中　σ_s—— 屈服强度（Pa）；

F_s—— 试样产生屈服现象时所承受的最大外力（N）；

A_0—— 试样原来的横截面积（m^2）。

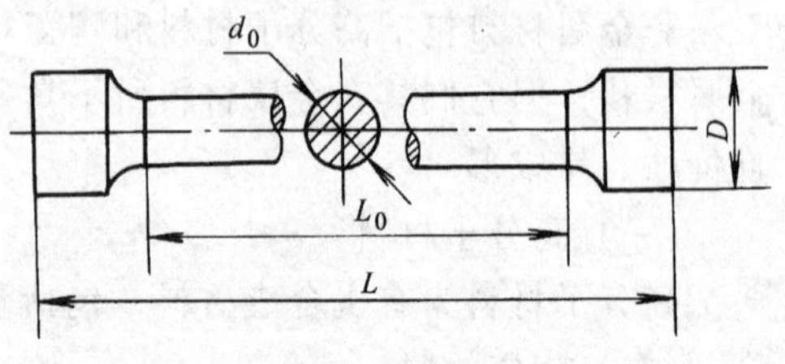

图 1-1　拉伸试样

抗拉强度是指材料在拉断前所能承受的最大应力值，即

$$\sigma_b = \frac{F_b}{A_0}$$

式中　σ_b—— 抗拉强度(Pa)；

F_b—— 试样在断裂前的最大外力(N)；

A_0—— 试样原来的横截面积(m^2)。

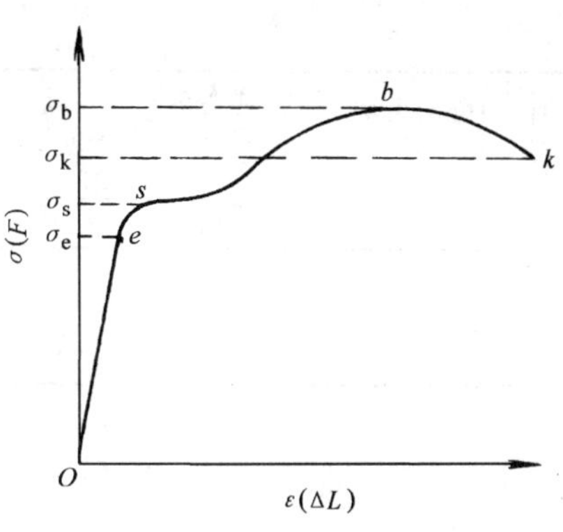

图 1-2　普通低碳钢拉伸图

σ_s 和 σ_b 是零件设计时的主要强度依据，也是评定金属材料强度的重要指标。材料除了承受拉伸载荷外，还有可能受到压缩、弯曲和剪切等载荷作用，因而分别有抗压强度，抗弯强度和抗剪强度等。

(二) 塑性

塑性是指断裂前材料产生不可逆永久变形的能力，常用的塑性判据是断后伸长率 δ 和断面收缩率 ψ。

$$\delta = \frac{L - L_0}{L_0} \times 100\%$$

式中　L_0 和 L—— 分别为试样原长度和试样受拉伸断裂后的长度(mm)。

$$\psi = \frac{A_0 - A}{A_0} \times 100\%$$

式中　A_0 和 A—— 分别为试样原来和断裂后的横截面积(mm^2)。

材料的 δ 和 ψ 值越大，则其塑性越好，但强度、硬度一般较低；反之，塑性差，则脆性大，强度、硬度一般较高。机械工程用的金属材料，希望有强韧的综合性能，既有高的强度和硬度，又有良好的塑性和韧性。塑性指标虽然一般不直接用于工程设计计算，但良好的塑性是加工成形(如锻压、轧制、冷冲压等)不可缺少的条件及可以缓和应力集中和防止突然脆断。

(三) 硬度

硬度是指材料抵抗局部变形，特别是塑性变形、压痕或划痕的能力，是衡量金属软硬的判据，也是力学性能的一项综合指标。

常用的硬度判据有：布氏硬度、洛氏硬度和维氏硬度，可采用不同的硬度试验计测定，见表 1-1 和表 1-2。

表 1-1　布氏硬度的测试原理及方法

测试原理	如右图所示，用直径为 D 的钢球(或硬质合金球)为压头，以载荷 F 压入被测材料的表面，数秒钟后卸去载荷，以压痕面积所承受的平均负荷作为布氏硬度值，然后按公式求出 HBS 或 HBW 值	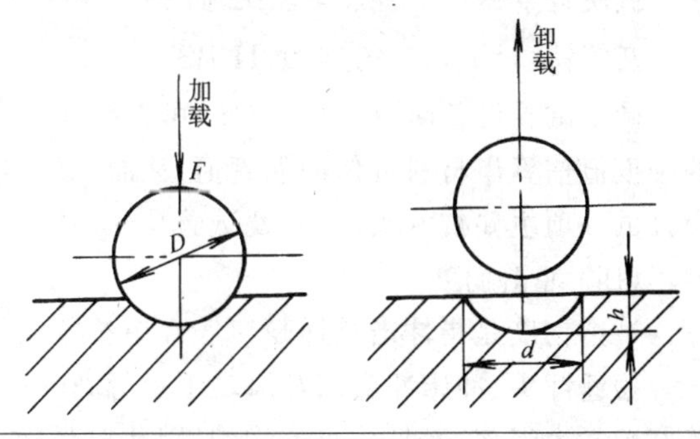

（续）

计算公式	$HBS(HBW) = \frac{压入载荷(N)}{压痕的表面积(mm^2)}$ （HBS一般只用于布氏硬度值小于或等于450的材料） $= 0.102 \frac{2F}{\pi D(D - \sqrt{D^2 - d^2})}$

表 1-2 洛氏硬度的测试原理及方法

测试原理	用金刚石圆锥或钢球为压头，在规定的预载荷和总载荷下，压入被测材料的表面，如右图所示。卸载荷后，测定压入的深度 h，根据公式计算求出HR值 根据压头形式和载荷不同分为HRA、HRB、HRC等几种标度	圆锥体金刚石压头 120° R0.2 1 2 3 h_1 h_2 h_3 试样				
计算公式	$HRC = 100 - \frac{h_3 - h_1}{0.002}$ （在试验机上测试时，HR值可由机上的刻度为0.002mm的百分表中直接读出）					
测试规范	标度	压头	预载荷/N	总载荷/N	应用范围	适用的材料
	HRA	120°金刚石圆锥	98.07(或10kgf)	60×9.807(或60kgf)	20～88	硬质合金、表面淬火钢等
	HRB	ϕ1.588mm钢球	98.07(或10kgf)	100×9.807(或100kgf)	20～100	软钢、退火钢，铜合金等
	HRC	120°金刚石圆锥	98.07(或10kgf)	150×9.807(或150kgf)	20～70	淬火钢、调质钢等

布氏、维氏硬度是以压痕面积大小为计算依据，而洛氏硬度是用压痕深度来计算。三种硬度值可通过硬度换算表换算成同一当量值后进行比较。洛氏硬度HRC与布氏硬度HBS或HBW大约为1∶10的关系。例如40HRC相当于400HBS；25HRC相当于250HBS左右。

由于硬度反映金属材料在局部范围内抵抗塑性变形及破断的能力，因而布氏硬度值HBS和强度 σ_b 有如下粗略换算关系：

碳素钢	$\sigma_b = 0.35HBS$	黄铜及青铜	$\sigma_b = 0.4HBS$(冷变形)
调质合金钢	$\sigma_b = 0.325HBS$	硬　铝	$\sigma_b = 0.37HBS$
灰铸铁	$\sigma_b = 0.1HBS$	铸铝件	$\sigma_b = 0.26HBS$

硬度试验设备简单，操作方便，可直接在工件或工具上测试而不破坏工件，并可根据测得的硬度值估算出材料近似的强度值，从而了解材料的力学性能和工艺性能，因而硬度值是零件设计的一项主要技术指标，硬度试验是生产中常用的检验手段。

（四）冲击韧度

冲击韧度是指冲击试样缺口底部单位截面积上承受的冲击吸收功。

锻锤锤头、冲床冲头以及风动工具等，在外载荷的冲击作用下所引起的变形与应力，比受静载荷时大得多，而且分布不均匀。因此对受冲击载荷作用的零件，不能仅考虑静载荷强度指标，必须考虑材料的冲击韧度。

评定材料冲击韧度的方法很多，通常在摆锤冲击试验机上，用一次冲击弯曲试验来测定金属材料的冲击韧度。即

$$a_K = \frac{W}{A}$$

式中 a_K—— 冲击韧度(J/cm^2)；

W—— 试样冲断时所消耗的冲击吸收功(J)；

A—— 试样缺口处原始横截面积(cm^2)。

一般将冲击韧度(a_K)低的材料称为脆性材料，冲击韧度高的材料称为韧性材料。前者在断裂前无明显的塑性变形，断口较平整，呈晶状或瓷状，有金属光泽。后者在断裂前有明显的塑性变形，断口呈纤维状，无光泽。

a_K 对材料的缺陷(如回火脆性、时效不充分、夹杂形态、纤维方向等)十分敏感，因此常用来检验冶炼、热处理和热加工的工艺质量，也用以检验材料的冷脆性，来确定材料的韧脆转变温度。

(五) 疲劳极限(强度)

轴、连杆和齿轮等，在重复应力或交变应力(即应力大小或大小与方向随时间作周期变化)的作用下发生断裂时的应力，通常都远远低于材料的屈服强度。金属材料在这种无数次重复或交变载荷作用下而不发生断裂时的最大应力称为疲劳极限(强度)。一般规定，钢在经受应力循环 10^7 次、非铁材料(有色金属)10^8 次时，不产生断裂的最大应力，作为疲劳极限指标，以符号 σ_{-1} 表示。

金属材料的疲劳极限与抗拉强度 σ_b 有如下近似关系：

碳素钢　　$\sigma_{-1} \approx (0.4 \sim 0.55)\sigma_b$

灰铸铁　　$\sigma_{-1} \approx 0.4\sigma_b$

非铁材料(有色金属)　　$\sigma_{-1} \approx (0.3 \sim 0.4)\sigma_b$

金属材料的疲劳极限与材料的强度、塑性、组织结构及表面加工质量等有关。为了提高零件的疲劳极限，除改善其结构形状，避免应力集中外，可采取表面强化处理。

二、物理、化学性能

金属材料的物理、化学性能有：密度、熔点、导电性、导热性、磁性、热膨胀性、耐热性和耐蚀性等。机械零件的用途不同，对材料的物理、化学性能要求也不同。例如航空航天所用的零、部件，要选用密度小、熔点高的铝合金或钛合金来制造；在腐蚀介质中工作的零件，要选用耐腐蚀性好的材料，如不锈钢等来制造；电器零件要求具有好的导电性、磁性；内燃机活塞要求材料具有小的热胀系数；高温下工作的零件要求材料具有好的耐热性等。

金属材料的物理、化学性能对制造工艺也有影响。例如凡是导热性差的材料，对其进行切削加工时，刀具的使用寿命降低；而在进行锻压或热处理时，加热速度应慢些，以免产生裂纹。又如钢和铝合金的熔点不同，其熔炼工艺就有较大的差别。

三、工艺性能

金属材料对某种制造工艺所表现的适应性称为工艺性能，金属材料主要是通过铸造、压力加工、焊接、切削加工等工艺形成零件，因而金属材料的工艺性能主要有：铸造性能、锻造性能、焊接性能、切削加工性能和热处理性能等。

第三节 钢与铸铁

一、铁碳合金

钢、铸铁是现代工业中应用最广泛的金属材料，它们是以铁为基体，含有不同碳的质量分数的合金，故统称为铁碳合金。为了合理使用钢、铸铁，必须了解铁碳合金的组织结构及相图。

(一) 金属的晶体结构

固体物质按其原子排列的特征，分为晶体和非晶体两种。晶体内部的原子按一定次序作有规则的排列。固态金属及合金通常都属于晶体。为了便于理解和描述晶体中原子排列的规律，可以近似地把晶体中每一个原子看成是一个点，并用假想的线条连接起来，就得到一个空间格架，简称“晶格”。晶格中最小的几何单元称为“晶胞”。晶胞中各棱边的长度叫“晶格常数”。整个晶格就是由许多晶胞在空间重复堆积而成的，如图 1-3 所示。

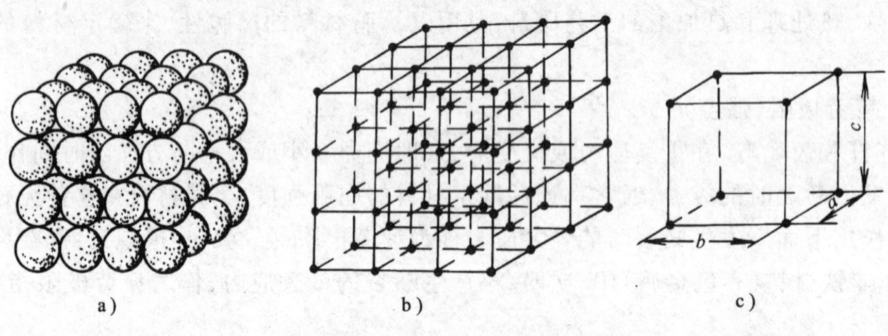

图 1-3 晶体结构示意图
a) 晶体结构 b) 晶格 c) 晶胞

最常见金属晶格结构有以下两种类型：

1. 体心立方晶格 体心立方晶格的晶胞是一个立方体，如图 1-4a 所示。立方体的中心和八个角上各有一个原子。属于这一类晶格的金属有 α-Fe、Cr、W 和 V 等。

2. 面心立方晶格 面心立方晶格的晶胞也是一个立方体，如图 1-4b 所示。立方体的六个面的中心和八个角上各有一个原子。属于这一类晶格的金属有 γ-Fe、Cu、Al 和 Ni 等。

(二) 纯铁的同素异构转变

大多数金属在结晶后的晶格类型都保持不变，但有些金属（如 Fe、Sn、Ti 和 Mn 等）的晶格类型在固态下因温度的变化，可由一种晶格转变成另一种晶格。金属在固态下随着温度变化改变其晶格类型的过程叫做金属的同素异构转变。纯铁的同素异构转变如图 1-5 所示。液态纯铁冷却到 1538℃ 时结晶成体心立方晶格的 δ-Fe，继续冷却到 1394℃ 时变成面心立方晶格的 γ-Fe，再继续冷却到 912℃ 时又变成体心立方晶格的 α-Fe。如果再继续冷却时，晶格类型不再发生变化。纯铁的同素异构转变如下：

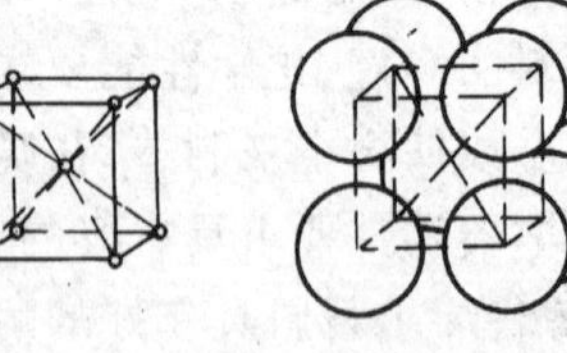

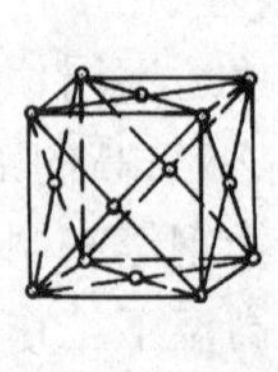

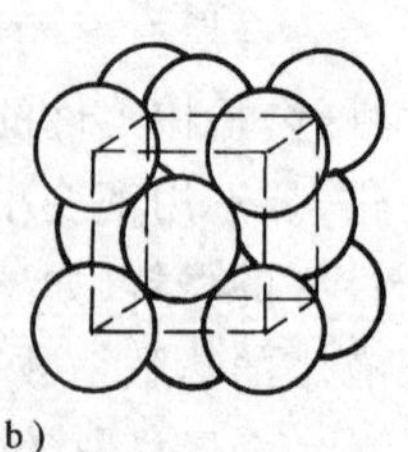

图 1-4 常见金属晶格的晶胞
a) 体心立方晶胞 b) 面心立方晶胞

$$Fe \xrightleftharpoons{1538℃} \delta\text{-}Fe \xrightleftharpoons{1394℃} \gamma\text{-}Fe \xrightleftharpoons{912℃} \alpha\text{-}Fe$$

（液体）（体心立方晶格）（面心立方晶格）（体心立方晶格）

纯铁的同素异构转变性质是钢能够进行热处理的重要依据。

（三）合金的晶体结构

合金是由一种金属元素与其它金属或非金属元素组成的具有金属特性的物质。组成合金的最基本的、独立的单元称为组元，简称元。合金的晶体结构比纯金属复杂，可以形成固溶体、化合物和混合物。

1. 固溶体　固溶体就是合金的组元在固态下互相溶解形成单一均匀的物质。固溶体的晶体结构与溶剂相同。

2. 化合物　它是由两组元的原子按一定的数量之比相互化合而形成的一种新的具有金属特性的物质。它的晶体结构具有与原有各组元完全不同的复杂晶格结构。

3. 机械混合物　即由两种以上纯金属、固溶体或化合物按一定的重量比组成的均匀物质。各组元仍按自已原来的晶格形式结合成晶体，在显微镜下可明显区别出各组元的晶粒。

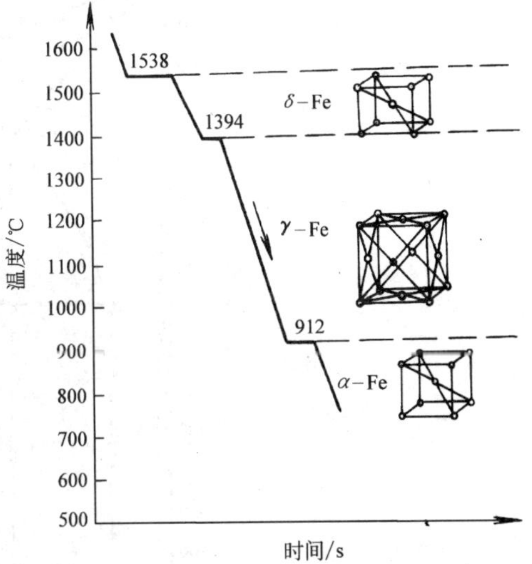

图 1-5　纯铁的同素异构转变曲线

（四）铁碳合金的基本组织

在铁碳合金中，由于铁和碳之间相互作用不同，在固态时可形成固溶体、化合物和机械混合物。

1. 铁素体　铁素体是碳（溶质）溶解于 α-Fe（溶剂）中的间隙固溶体，用符号 F 表示。它仍保持溶剂 α-Fe 的体心立方晶格结构。铁素体的力学性能与纯铁相近，强度、硬度低，塑性、韧性好。

2. 奥氏体　奥氏体是碳溶解于 γ-Fe 中的间隙固溶体，用符号 A 表示。它仍保持 γ-Fe 的面心立方晶格结构。奥氏体具有一定的强度，塑性很好，易锻压成形。

3. 渗碳体　渗碳体是碳的质量分数为 6.69% 的铁与碳的金属化合物，其分子式为 Fe_3C，常用符号 Fe_3C 表示。渗碳体具有与铁和碳完全不同的复杂晶格结构。其硬度很高，塑性极差，是一种硬而脆的组织，不单独使用。

4. 珠光体　珠光体是铁素体和渗碳体的机械混合物，用符号 P 表示。珠光体的塑性、韧性和硬度介于渗碳体和铁素体之间，强度较好。

5. 莱氏体　莱氏体是奥氏体和渗碳体的机械混合物，用符号 Ld 表示。因奥氏体在 727℃ 时将转变为珠光体，所以莱氏体在室温下是由珠光体和渗碳体组成，称为低温莱氏体，用 L′d 表示。莱氏体的力学性能与渗碳体相似，硬度很高，塑性极差。

铁碳合金的组织和性能，随碳的质量分数和温度的变化而变化，其规律反映在铁碳合金相图上。

（五）铁碳合金相图

铁碳合金相图是用实验方法作出的，其简化图如图 1-6 所示。图中纵坐标表示温度，横坐标表示碳的质量分数。

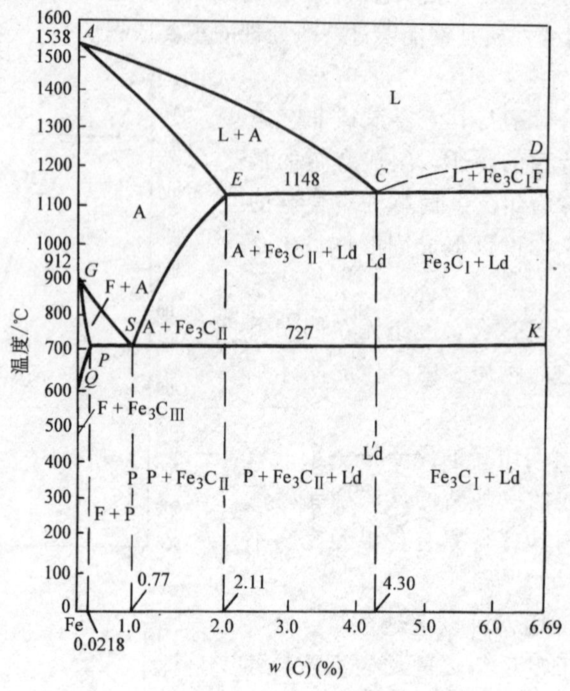

图 1-6　Fe—Fe_3C 相图

1. 主要特性点的含义　在铁碳合金相图中用字母标出的点都表示一定的特性，所以称作特性点。主要特性点的含义见表 1-3。

表 1-3　Fe—Fe_3C 相图中特性点的温度、碳的质量分数及含义

符　号	温度/℃	碳的质量分数（%）	说　　明
A	1538	0	纯铁的熔点
C	1148	4.30	共晶点 $L \rightleftharpoons$ Ld（A + Fe_3C）
D	1227	6.69	渗碳体的熔点
E	1148	2.11	碳在 γ-Fe 中最大溶解度
G	912	0	纯铁的同素异构转变点 α-Fe $\rightleftharpoons$ γ-Fe
P	727	0.0218	碳在 α-Fe 中最大溶解度
S	727	0.77	共析点 $A \rightleftharpoons$ P（F + Fe_3C）
Q	600	0.006	600℃时碳在 α-Fe 中的溶解度

2. 主要线的含义

（1）*ACD* 线—液相线，当合金冷却到此线时开始结晶。在此线以上的区域为液相。

（2）*AECF* 线—固相线，即在此线以下的合金为固态。

（3）*ECF* 线—共晶线，即合金冷却到此线时发生共晶反应，从液体中同时结晶出奥氏体和渗碳体的机械混合物（莱氏体）。

（4）*GS* 线—从奥氏体中析出铁素体的开始线，又称 A_3 线。

（5）*ES* 线—从奥氏体中析出二次渗碳体的开始线，又称 Acm 线。

（6）*PSK* 线—共析线，即当奥氏体冷却到此线时发生共析反应，同时析出铁素体和渗碳体的机械混合物（珠光体），又称 A_1 线。

3．铁碳合金的分类及室温组织　根据碳质量分数及相图中 S 点和 C 点的位置，将铁碳合金分为工业纯铁、钢和白口铸铁三类。

(1) 工业纯铁是指 $w(\mathrm{C}) \leqslant 0.04\%$ 的铁碳合金。室温组织为铁素体。

(2) 钢是指 $0.04\% < w(\mathrm{C}) < 2.11\%$ 的铁碳合金。钢又可分为共析钢、亚共析钢和过共析钢三种。

1）共析钢的成分为 S 点的合金，即 $w(\mathrm{C}) = 0.77\%$，室温组织为珠光体。

2）亚共析钢的成分为 S 点以左的合金，即 $0.04\% < w(\mathrm{C}) < 0.77\%$，室温组织为铁素体和珠光体。

3）过共析钢的成分为 S 点以右的合金。即 $0.77\% < w(\mathrm{C}) < 2.11\%$，室温组织为珠光体和二次渗碳体。

(3) 白口铸铁是指 $2.11\% < w(\mathrm{C}) < 6.69\%$ 的铁碳合金。白口铸铁又可分为共晶白口铸铁、亚共晶白口铸铁和过共晶白口铸铁三种。

1）共晶白口铸铁的成分为 C 点的合金，即 $w(\mathrm{C}) = 4.3\%$，室温组织为低温莱氏体。

2）亚共晶白口铸铁的成分为 C 点以左的合金，即 $2.11\% < w(\mathrm{C}) < 4.3\%$，室温组织为低温莱氏体、珠光体和二次渗碳体。

3）过共晶白口铸铁的成分为 C 点以右的合金，即 $4.3\% < w(\mathrm{C}) < 6.69\%$，室温组织为低温莱氏体和一次渗碳体。

铁碳合金相图除用于研究钢和铸铁的组织转变及作为材料选择的依据外，也是制定铸造、锻造、焊接、热处理加工工艺的依据。

二、钢

(一) 钢的分类

钢的分类方法很多，常用的有以下三种。

1．按化学成分分类　可分为碳素钢和合金钢两类。

(1) 碳素钢，按碳质量分数大小又可分为低碳钢（$w(\mathrm{C}) \leqslant 0.25\%$）、中碳钢（$0.25\% < w(\mathrm{C}) \leqslant 0.6\%$）和高碳钢（$w(\mathrm{C}) > 0.6\%$）三种。

(2) 合金钢，按合金元素含量多少可分为低合金钢（合金元素总的质量分数小于5%）、中合金钢（合金元素总的质量分数为5%～10%）和高合金钢（合金元素总的质量分数大于10%）三种。

2．按品质分类

(1) 普通钢，$w(\mathrm{P}) \leqslant 0.045\%$，$w(\mathrm{S}) \leqslant 0.05\%$。

(2) 优质钢，$w(\mathrm{S、P}) \leqslant 0.035\%$。

(3) 高级优质钢，$w(\mathrm{P}) \leqslant 0.03\% \sim 0.035\%$，$w(\mathrm{S}) \leqslant 0.02\% \sim 0.03\%$。

3．按用途分类

(1) 结构钢，用于制造工程构件及机器零件。

(2) 工具钢，用于制造刃具、量具和模具等。

(3) 特殊性能钢，如不锈钢、耐热钢和耐磨钢等。

(4) 专业用钢，如桥梁用钢、航空用钢、焊条用钢、船用钢和锅炉用钢等。

(二) 钢的牌号及用途

1．碳素钢

(1) 碳素结构钢，它的牌号是由屈服点的“屈”字汉语拼音首位字母“Q”、屈服点数值、质量等级符号和脱氧方法符号按顺序组成。如 Q235-AF，“Q”表示屈服点，“235”表示屈服点值为 235MPa，“A”表示质量等级，“F”表示脱氧方法（沸腾钢）。碳素结构钢 $w(C)=0.06\%\sim0.38\%$，钢中的有害杂质和非金属夹杂物较多。主要用来制造一般工程结构和普通机械零件，通常轧制成各种型材，如圆钢、钢板、角钢和工字钢等。表 1-4 为碳素结构钢的牌号、成分与力学性能。

表 1-4 碳素结构钢的牌号、成分与力学性能（GB/T700—1988）

牌 号	等级	化学成分（质量分数,%）					脱氧方法	拉伸试验			相当于 GB/T 700—1979 牌号
		C	Mn	Si	S	P		σ_s/MPa	σ_b/MPa	δ（%）	
				不	大	于					
Q195	–	0.06~0.12	0.25~0.50	0.30	0.050	0.045	F.b.Z	(195)	315~390	33	A1、B1
Q215	A	0.09~0.15	0.25~0.55	0.30	0.050	0.045	F.b.Z	215	335~410	31	A2
	B				0.045						C2
Q235	A	0.14~0.22	0.30~0.65	0.30	0.050	0.045	F.b.Z	235	375~460	26	A3
	B	0.12~0.20	0.30~0.70		0.045						C3
	C	≤0.18	0.35~0.80	0.30	0.040	0.040	Z				–
	D	≤0.17			0.035	0.035	TZ				–
Q255	A	0.18~0.28	0.40~0.70	0.30	0.050	0.045	Z	255	410~510	24	A4
	B				0.045						C4
Q275	–	0.28~0.38	0.50~0.80	0.35	0.050	0.045	Z	275	490~610	20	C5

注：表中符号：A、B、C、D—质量等级；F—沸腾钢；b—半镇静钢；Z—镇静钢；TZ—特殊镇静钢；在牌号中 Z、TZ 符号予以省略。

（2）优质碳素结构钢，它的牌号是用二位数字表示，这二位数字以名义万分数表示钢中碳的平均质量分数。如 45 钢和 08 钢分别表示平均 $w(C)=0.45\%$ 和 $w(C)=0.08\%$ 的优质碳素结构钢。若为沸腾钢，则在牌号后加“F”符号，如 08F。若较高含锰量的优质碳素结构钢（$w(Mn)=0.7\%\sim1.2\%$），则在数字后加“Mn”符号，如 15Mn、45Mn 等。优质碳素结构钢主要用来制造比较重要的机器零件，如轴、连杆、弹簧等。优质碳素结构钢的牌号、成分、性能和应用见表 1-5。

表 1-5 优质碳素结构钢的牌号、成分、力学性能及应用举例（GB/T699—1988）

牌 号	化学成分（质量分数,%）			力学性能 ≥					应 用 举 例
	C	Si	Mn	σ_b/MPa	σ_s/MPa	δ（%）	ψ（%）	HBS（热轧）	
08F	0.05~0.11	≤0.03	0.25~0.50	295	175	35	60	131	各种形状的冲压件、拉杆、垫片等
08	0.05~0.12	0.17~0.37	0.35~0.65	325	195	33	60	131	
10	0.07~0.14	0.17~0.37	0.35~0.65	335	205	31	55	137	
20	0.17~0.24	0.17~0.37	0.35~0.65	410	245	25	55	156	杠杆、吊环、吊钩等
35	0.32~0.40	0.17~0.37	0.50~0.80	530	315	20	45	197	轴、螺母、螺栓等
40	0.37~0.45	0.17~0.37	0.50~0.80	570	335	19	45	217	齿轮、曲轴、连杆、联轴器、轴等
45	0.42~0.50	0.17~0.37	0.50~0.80	600	355	16	40	229	
60	0.57~0.65	0.17~0.37	0.50~0.80	675	400	12	35	255	弹簧、弹簧垫圈等
65	0.62~0.70	0.17~0.37	0.50~0.80	695	410	10	30	255	

(3) 碳素工具钢，它的牌号是用符号“T”(“碳”字的汉语拼音字首）和数字表示。数字以名义千分数表示碳的平均质量分数，若为高级优质碳素工具钢则在牌号后加符号“A”。如T10A钢，表示平均$w(C)=1.0\%$的高级优质碳素工具钢。碳素工具钢因价格便宜，易刃磨，故使用范围较广，用于制造不受冲击、高硬度、耐磨的工具，如锉刀、手锯条、拉丝模等。

碳素工具钢的牌号、成分、硬度和主要应用见表1-6。

表1-6 碳素工具钢的牌号、成分、硬度和应用（GB/T1298—1986）

牌号	化学成分（质量分数,%）			退火状态 HBS ≥	试样淬火[①] HRC ≥	应用举例
	C	Si	Mn			
T7 T7A	0.65 ~0.74	≤0.35	≤0.40	187	800~820℃水 62	承受冲击，韧性较好、硬度适当的工具，如扁铲、手钳、大锤、木工工具
T8 T8A	0.75 ~0.84	≤0.35	≤0.40	187	780~800℃水 62	承受冲击，要求较高硬度的工具，如冲头、压缩空气工具、木工工具
T8Mn T8MnA	0.80 ~0.90	≤0.35	0.40 ~0.60	187	780~800℃水 62	同T8、T8A，但淬透性较大，可制造断面较大的工具
T9 T9A	0.85 ~0.94	≤0.35	≤0.40	192	760~780℃水 62	韧性中等，硬度高的工具，如冲头、木工工具，凿岩工具
T10 T10A	0.95 ~1.04	≤0.35	≤0.40	197	760~780℃水 62	不受剧烈冲击、高硬度、耐磨的工具，如车刀、刨刀、冲头、丝锥、钻头、手锯条
T11 T11A	1.05 ~1.14	≤0.35	≤0.40	207	760~780℃水 62	不受剧烈冲击、高硬度耐磨的工具，如车刀、刨刀、冲头、丝锥、钻头、手锯条
T12 T12A	1.15 ~1.24	≤0.35	≤0.40	207	760~780℃水 62	不受冲击、要求高硬度、高耐磨的工具，如锉刀、刮刀、精车刀、丝锥、量具
T13 T13A	1.25 ~1.35	≤0.35	≤0.40	217	760~780℃水 62	同T12、T12A，要求更耐磨的工具，如刮刀、剃刀

①淬火后硬度不是指应用举例中各种工具的硬度，而是指碳素工具钢材料在淬火后的最低硬度。

2. 合金钢

(1) 低合金高强度结构钢，它的牌号是由屈服点的“屈”字汉语拼音首位字母“Q”、屈服点数值、质量等级符号按顺序组成。如Q390A，“Q”表示屈服点，“390”表示屈服点值为390MPa，“A”表示质量等级。目前已大量用于桥梁、船舶、车辆、高压容器、管道、建筑物等。

(2) 合金结构钢，它的牌号是由“二位数字+化学元素符号+数字”表示。前面两位数字以名义万分数表示碳的平均质量分数，中间的元素符号表示合金钢中所含的合金元素，元素后面的数字表示合金元素平均质量分数（%），若合金元素平均质量分数小于1.5%时，牌号中只标明元素，不标出含量；当其平均质量分数为1.5%、2.5%、3.5%…时，则元素符号后相应标出 2、3、4、…。如 15Cr 钢，表示合金钢中平均 $w(C) = 0.15\%$、平均 $w(Cr) < 1.5\%$，故只标元素，不标含量。又如 60Si2Mn，表示平均 $w(C) = 0.6\%$，平均 $w(Si) = 2\%$，$w(Mn) < 1.5\%$ 的锰钢。合金结构钢常用来制造重要的机器零件，如齿轮、活塞、压力容器等。

(3) 合金工具钢，它的牌号组成和合金结构钢相似，只是最前面的数字以名义千分数表示碳的平均质量分数，且当平均 $w(C) \geqslant 1.0\%$ 时，不标明数字。如 W18Cr4V，表示平均 $w(C) \geqslant 1.0\%$，平均 $w(W) = 18\%$，平均 $w(Cr) = 4\%$，平均 $w(V) < 1.5\%$ 的合金工具钢。合金工具钢广泛用来制造各种刃具、量具、模具等，如钻头、铰刀、量块和冲模等。

3. 铸钢　铸钢按化学成分可分为铸造碳钢和铸造合金钢二类。

(1) 铸造碳钢：铸造碳钢中用得最多的是中碳铸钢，占铸钢件总产量的 80% 以上，因为它具有良好的性能。而低碳铸钢铸造性能差，高碳铸钢的塑性、韧性差。铸造碳钢用于制作飞轮、机架、水压机工作缸等。铸造碳钢的牌号是用符号“ZG”和二组数字表示，其中“ZG”为“铸”和“钢”的汉语拼音字首，二组数字表示力学性能，第一组数字表示屈服强度最低值，第二组数字表示抗拉强度最低值。例如 ZG270-500，表示 $\sigma_s \geqslant 270$MPa，$\sigma_b \geqslant 500$MPa 的铸造碳钢。铸造碳钢的牌号、成分、性能和应用见表 1-7。

表 1-7　铸造碳钢的牌号、成分、力学性能和应用（摘自 GB/T11352—1989 参照 ISO3527—1985）

牌　号	化学成分（质量分数，%）			最　小　值			特　点	应 用 举 例
	C	Si	Mn	σ_s 或 $\sigma_{0.2}$/MPa	σ_b/MPa	δ（%）		
ZG200—400（ZG15）	0.20	0.50	0.80	200	400	25	低碳铸钢，韧性及塑性均好，但强度和硬度较低，低温冲击韧度大，脆性转变温度低，导磁、导电性能良好，焊接性好，但铸造性能差	机座、电气吸盘、变速箱体等受力不大，但要求韧性的零件
ZG230—450（ZG25）	0.30	0.50	0.90	230	450	22		用于负荷不大、韧性较好的零件，如轴承盖、底板、阀体、机座、侧架、轧钢机架、铁道车阀摇枕、箱体、犁柱、砧座等
ZG270—500（ZG35）	0.40	0.50	0.90	270	500	18	中碳铸钢，有一定的韧性及塑性，强度和硬度较高，切削性能良好，焊接性尚可，铸造性能比低碳钢好	应用广泛，用于制作飞轮、车辆车钩、水压机工作缸、机架、蒸汽锤气缸、轴承座、连杆、箱体、曲拐
ZG310—570（ZG45）	0.50	0.60	0.90	310	570	15		用于重负荷零件，如联轴器、大齿轮、缸体、气缸、机架、制动轮、轴及辊子
ZG340—640（ZG55）	0.60	0.60	0.90	340	640	10	高碳铸钢，具有高强度、高硬度及高耐磨性，塑性、韧性低，铸造性能、焊接性均差，裂纹敏感性较大	起重运输机齿轮，联轴器、齿轮、车轮、阀轮、叉头

(2) 铸造合金钢：由于它是在碳钢的基础上加入某些合金元素，故其强度、耐热性、耐磨性和耐蚀性等比铸造碳钢有显著提高。一般用来制造需要热处理强化的机械零件，如齿轮、叶片、喷嘴体等。铸造合金钢按合金元素含量的多少可分为低合金铸钢和高合金铸钢。

铸造合金钢的牌号与一般合金钢的编号方法基本相同，区别处仅前面加“ZG”符号。

"ZG"后面一组数字以万分数表示碳的平均名义质量分数，但当碳质量分数大于1%时，不标出数字。合金元素符号后面数字表示该元素的平均名义质量分数（%）。但锰元素的平均名义质量分数小于0.9%时，在牌号中不标元素符号；平均名义质量分数为0.9%～1.4%时，只标符号不标含量。其它合金元素平均名义质量分数为0.9%～1.4%时，在该元素符号后面标注数字1，如ZG30MnSi1。

三、铸铁

铸铁是$w(\mathrm{C})>2.11\%$、杂质含量比钢多的铁碳合金。工业上常用铸铁的化学成分一般是：$w(\mathrm{C})=2.5\%\sim4.0\%$，$w(\mathrm{Si})=1.0\%\sim3.0\%$，$w(\mathrm{Mn})=0.5\%\sim1.4\%$，$w(\mathrm{P})\leqslant0.2\%$，$w(\mathrm{S})\leqslant0.15\%$。有时为了提高铸铁的性能，还需要加入Cr、Cu、Mo、V等合金元素，制成合金铸铁，如耐磨铸铁、耐热铸铁、耐蚀铸铁等。铸铁由于具有优良的铸造性能、切削加工性能、减摩性和减振性，而且熔炼工艺与设备比较简单，成本低廉，因而应用广泛。铸铁件占铸件总产量的80%左右，如机床床身、箱体、阀体等。

按碳在铸铁中存在的形式和石墨形态的不同，铸铁可分为五种，其中四种铸铁的石墨形态如图1-7所示。

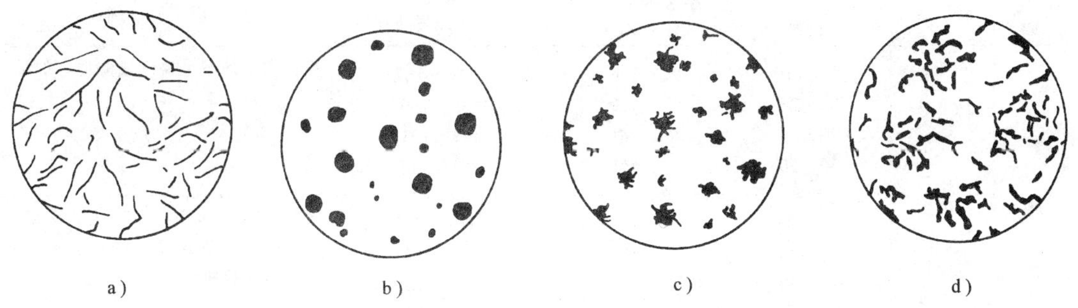

图1-7　铸铁中不同石墨形态的比较

a）灰铸铁（片状石墨）　b）球墨铸铁（球状石墨）

c）可锻铸铁（团絮状石墨）　d）蠕墨铸铁（蠕虫状石墨）

（一）白口铸铁

碳主要以渗碳体形式存在，断口呈银白色。白口铸铁硬而脆，难以加工，很少用来制造零件。但有时利用其硬度高、耐磨性好的优点制造某些耐磨零件。

（二）灰铸铁

碳主要以片状石墨形态存在，见图1-7a，断口呈灰色，在铸铁中应用最广。

灰铸铁的显微组织是由金属基体和片状石墨组成。根据基体组织的不同，灰铸铁可分为珠光体灰铸铁、珠光体—铁素体灰铸铁以及铁素体灰铸铁三种，其中珠光体—铁素体灰铸铁应用最广。

1. 灰铸铁的性能

（1）力学性能：灰铸铁中由于碳主要以片状石墨形式存在，如同在钢的基体中分布着大量裂纹和孔洞一样，起了割裂作用，减小了基体的有效承载面积。同时片状石墨端部易引起应力集中，因而使灰铸铁的抗拉强度低，塑性、韧性很差。铸铁中石墨含量越多，越粗大，分布越不均匀，力学性能越差。

(2) 耐磨性能：由于石墨本身具有良好的润滑性，且还可以吸附储存润滑油，使摩擦面保持油膜连续不断，故耐磨性能好。

(3) 减振性能：石墨的存在能阻止振动能量的传播，故减振性能好。

(4) 缺口敏感性能：由于石墨的存在，相当于铸铁中存在大量裂口，使其对外来缺口的敏感性变小。

(5) 工艺性能：灰铸铁由于流动性好，收缩性极小，故铸造性能很好。由于石墨存在，易断屑，又起到润滑作用，因此具有良好的切削加工性能。灰铸铁的塑性、韧性很低，故不能进行锻造，同时灰铸铁的焊接性很差，热处理性能也差。

2. 灰铸铁的牌号和应用　灰铸铁的牌号以符号“HT”加三位数字来表示。其中“HT”为“灰铁”的汉语拼音字首，后面三位数字表示 ϕ30mm 试棒的最低抗拉强度值（MPa）。设计铸件时，应根据壁厚选择牌号。例如某铸件的主要壁厚为 20～30mm，要求抗拉强度为 200MPa，这时应选择 HT250，而不能选择 HT200。灰铸铁的牌号、力学性能和应用实例见表 1-8。

表 1-8　灰铸铁的牌号、力学性能和应用（摘自 GB/T9439—1988）

类别	牌号	铸件壁厚/mm	最小抗拉强度 σ_b/MPa	硬度 HBS	应用举例
普通灰铸铁	HT100	2.5～10 10～20 20～30 30～50	130 100 90 80	110～167 93～140 87～131 82～122	负荷很小的不重要件或薄件，如重锤、防护罩、盖板等
	HT150	2.5～10 10～20 20～30 30～50	175 145 130 120	136～205 119～179 110～167 105～157	承受中等负荷件。如机座、支架、箱体、带轮、轴承座、法兰、泵体、阀体、缝纫机零件
	HT200	2.5～10 10～20 20～30 30～50	220 195 170 160	157～236 148～222 134～200 129～192	承受中等负荷的重要件。如气缸、齿轮、齿条、机床床身、飞轮、底架、衬套、中等压力阀阀体
孕育铸铁	HT250	4～10 10～20 20～30 30～50	270 240 220 200	174～262 164～247 157～236 150～225	机体、阀体、液压缸、齿轮箱、床身、凸轮、衬套等
	HT300	10～20 20～30 30～50	290 250 230	182～272 168～251 161～241	齿轮、凸轮、剪床、压力机床身、重型机床床身、液压件
	HT350	10～20 20～30 30～50	340 290 260	199～298 182～272 171～257	

注：铸件壁厚是指铸件工作时主要负荷处的平均厚度。

普通灰铸铁由于碳、硅含量较高，石墨片粗大，因而强度低，故又称为低强度灰铸铁，如 HT100，HT150 等，且壁厚敏感性大，因而只适用于受力不大或冲击载荷很小、形状复杂、需要减振、耐磨性好的中小型铸件。

3. 孕育铸铁　孕育铸铁因其铁液经过孕育处理而得名，又称高强度铸铁。所谓孕育处理就是在碳、硅含量较低的铁液内加入一定量的孕育剂（最常用的是 $w(\mathrm{Si})=75\%$ 的硅铁），而得到细小的石墨片和基体组织。由于孕育铸铁组织是在细小珠光体基体上均匀分布着细小的石墨片，割裂作用大大减弱，故强度、硬度比普通灰铸铁有显著提高，但塑性、韧性仍然很低。孕育铸铁还有一个可贵的性能，即壁厚敏感性很小，使其组织和性能均匀性较高。故孕育铸铁适用于制造载荷较大、耐磨性、减振性要求较高的重要铸件，特别是厚大铸件，如机床床身、发动机气缸体等。

（三）球墨铸铁

如果在碳、硅含量稍高的铁液内加入适量的球化剂（如稀土镁合金）和孕育剂（如硅铁）进行球化处理和孕育处理，促进石墨球状结晶，就可得到球墨铸铁。球墨铸铁中的碳全部或大部分呈球状石墨形态存在，见图 1-7b。

随着化学成分、冷却速度和热处理方法的不同，球墨铸铁可得到不同的组织。最常用的是珠光体球墨铸铁和铁素体球墨铸铁。球墨铸铁的牌号是以“球铁”的汉语拼音字首“QT”及其后面的两组数字表示，第一、第二组数字分别表示其最低抗拉强度值和伸长率。如 QT400—15，表示 $\sigma_b \geqslant 400\mathrm{MPa}$，$\delta \geqslant 15\%$ 的球墨铸铁。球墨铸铁的牌号、力学性能和应用见表 1-9。

表 1-9　球墨铸铁的牌号、力学性能和应用（GB/T1348—1988）

牌号		抗拉强度 σ_b/MPa	屈服强度 $\sigma_{0.2}$/MPa	伸长率 δ（%）	布氏硬度 HBS	应用
新牌号	相当于旧牌号	最小值				
QT400—18	QT40-17	400	250	18	130～180	承受冲击、振动的零件，如汽车、拖拉机底盘零件（后桥壳）
QT400—15	—	400	250	15	130～180	
QT450—10	QT42-10	450	310	10	160～210	负荷大、受力复杂的零件，如汽车、拖拉机曲轴、连杆、凸轮轴、机床蜗杆、蜗轮等
QT500—7	QT50-5	500	320	7	170～230	
QT600—3	QT60-2	600	370	3	190～270	
QT700—2	QT70-2	700	420	2	225～305	高强度齿轮，如汽车后桥螺旋锥齿轮、大减速齿轮等
QT800—2	QT800-2	800	480	2	245～335	
QT900—2	—	900	600	2	280～360	

‘比较表 1-8 和表 1-9 可知，球墨铸铁的强度远远超过灰铸铁，甚至能与中碳钢媲美。如抗拉强度大于 400MPa，特别是屈强比（$\sigma_{0.2}/\sigma_b$）高于 45 钢。同时还有较高的疲劳极限和一定的塑性及冲击韧度，焊接性、热处理性能也比灰铸铁好。此外仍保持灰铸铁的优良性能，如良好的减振性、铸造性能、切削加工性能和缺口敏感性小。

目前应用最广泛的是珠光体球墨铸铁和铁素体球墨铸铁。珠光体球墨铸铁可以代替碳钢制造某些交变载荷较大和受摩擦的重要零件，如曲轴、连杆、凸轮和蜗轮副等。铁素体球墨铸铁的抗拉强度比珠光体球墨铸铁低，但塑性及冲击韧度高，力学性能优于可锻铸铁，我国主要用于代替可锻铸铁制造汽车、拖拉机和农机上的一些零件。

由于球状石墨对铸铁基体的割裂作用减小到最低程度，因而通过热处理改变金属基体组织可以明显地改善球墨铸铁的力学性能，常采用的热处理方法有退火、正火、调质和等温淬火等。

（四）可锻铸铁

可锻铸铁中的碳主要以团絮状石墨形态存在，见图 1-7c。它是用碳、硅含量较低的铁液先浇注成白口铸铁件，再将白口铸铁件在固态下经较长时间高温退火（50～70h），使渗碳体分解为团絮状石墨而成。由于石墨呈团絮状，对金属基体的割裂作用大大减轻，因而它同灰铸铁相比不但有较高的强度，而且有较好的塑性和韧性，可锻铸铁也因此而得名，其实它是不可锻造的。

可锻铸铁按退火方法的不同，可分为黑心可锻铸铁、珠光体可锻铸铁和白心可锻铸铁，白心可锻铸铁在我国很少采用。可锻铸铁的牌号是以“可铁”的汉语拼音字首“KT”及其后面两组数字表示，第一、二组数字分别表示最低抗拉强度值和伸长率。若是黑心可锻铸铁则在“KT”后加符号“H”，珠光体可锻铸铁则加符号“Z”。常用可锻铸铁的牌号、力学性能及应用见表 1-10。

表 1-10　可锻铸铁的牌号、力学性能及应用（摘自 GB/T9440—1988）

类别	牌号	力学性能				应用
		抗拉强度 σ_b/MPa	屈服强度 $\sigma_{0.2}$/MPa	伸长率≥ δ（%）	硬度 HBS	
黑心可锻铸铁	KTH300-06	300	–	6	≤150	承受冲击、振动及扭转负荷的零件，如汽车、拖拉机的后桥壳、轮壳、转向机构壳体、机床附件；各种低压阀门、管件、纺织机和农机零件等
	KTH330-08	330	–	8		
	KTH350-10	350	220	10		
	KTH370-12	370	–	12		
珠光体可锻铸铁	KTZ450-06	450	270	6	150～200	负荷较高和耐磨损零件，如曲轴、连杆、齿轮、凸轮轴等
	KTZ550-04	550	340	4	180～250	
	KTZ650-02	650	430	2	210～260	
	KTZ700-02	700	530	2	240～290	

总之，可锻铸铁的力学性能优于灰铸铁，但由于其生产过程较为复杂，退火周期长，铸件成本较高，所以主要适于制造一些形状复杂而又经受振动、性能要求较高的零件，特别是壁厚小于 25mm 的薄壁零件。因为这些零件若用灰铸铁制造，则韧性不足；若用铸钢，则由于铸造性能不良，不易保证质量。

（五）蠕墨铸铁

蠕墨铸铁是近十几年来新发展的一种铸铁。它是在一定成分的铁液中加入适量的蠕化剂（如镁钛合金等）和孕育剂，从而获得石墨形态介于片状和球状之间、形似蠕虫状石墨的铸铁，见图 1-7d。由于蠕墨铸铁中的石墨形似蠕虫状，即石墨片的长与厚之比较小（一般为 2～10），其端部圆钝，对基体的割裂作用小，因此它的抗拉强度和屈服强度都很好，且有一定的韧性和较高的耐磨性以及较好的导热性和铸造性能，兼有灰铸铁和球墨铸铁的某些优点，常用来代替高强度灰铸铁、合金铸铁、铁素体球墨铸铁和黑心可锻铸铁，制造复杂的大型铸件。蠕墨铸铁虽然开发较晚，但在国内外日益引起重视和获得大量应用。

第四节　钢的热处理

钢的热处理就是将固态钢采用适当的方式进行加热、保温和冷却以获得所需要的组织结构与性能的工艺方法，可用图 1-8 的温度 - 时间关系曲线来描述其基本过程。

热处理只改变金属材料的组织和性能，而不能改变其形状和大小，这是与铸造、锻造、焊接、切削加工等工艺的不同之处。

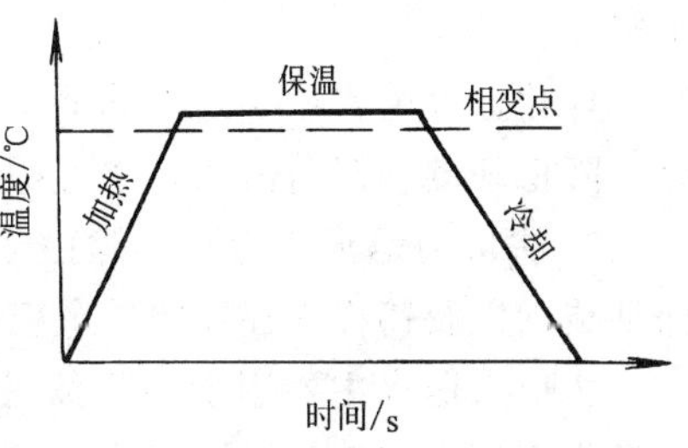

图 1-8　热处理工艺曲线示意图

热处理在现代机械产品中日趋重要，因为仅靠材料的原始性能来满足使用要求，常常是不经济的，甚至是不可能的。但经过适当热处理后，就可改善或提高其力学性能与工艺性能，是挖掘金属材料潜力的重要手段。

据统计，需要热处理的零件，在机床制造中约占 70%左右，各类工具，弹簧和滚动轴承则是 100%需要热处理。

根据性能要求和热处理目的以及工艺方法的不同，热处理可以分为下列几类：

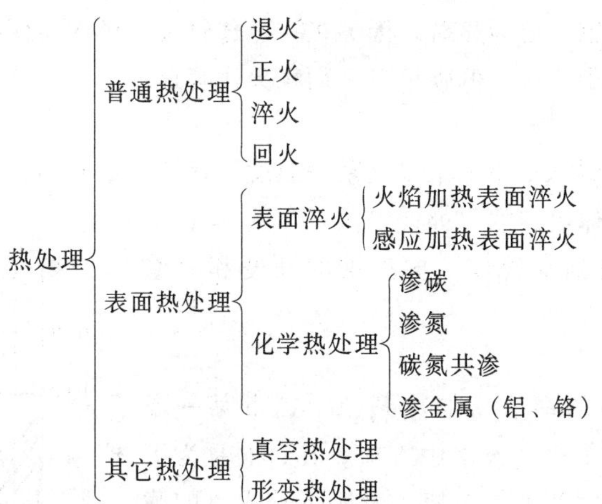

一、钢的普通热处理

钢的普通热处理是将钢件整体加热，然后保温冷却，故又称整体热处理，主要包括退火、正火、淬火及回火四种。

(一) 退火

退火是将钢加热到适当温度，保持一定时间，然后缓慢冷却的热处理工艺。其目的是降低硬度，提高塑性、韧性，以利压力加工或切削加工；细化晶粒、改善组织、提高力学性能；消除内应力以减少工件变形或为以后的热处理工序作准备。

根据钢的成分、退火目的和加热温度的不同，可将退火分为：

1. 完全退火　它是将钢完全奥氏体化，随之缓慢冷却以获得接近平衡状态组织的退火工艺，如图 1-9 所示。

完全退火的目的是通过完全重结晶，使晶粒细化、改善组织；降低硬度，便于切削加工。

完全退火主要用于亚共析钢和共析钢的铸件、锻件或热轧型材（有时也用于焊接件），作为不重要零件的最终热处理或重要零件的预先热处理。

2. 球化退火　它是使钢中碳化物球状化而进行的退火工艺。

球化退火主要用于过共析钢，目的是使网状渗碳体球化，降低硬度和提高韧性，改善切削加工性能。

3. 去应力退火　为了去除由于塑性形变加工、焊接等而造成的以及铸件内存在的残余应力而进行的退火。

去应力退火主要用于消除铸件、锻件或焊接件的内应力及由粗切削加工后所引起的内应力。

图 1-9　退火和正火的加热温度范围

1—完全退火　2—球化退火

3—去应力退火　4—正火

（二）正火

将钢件加热到 Ac_3 或 Ac_{cm} 以上 30～50℃，保温适当的时间后，在静止的空气中冷却的热处理工艺。

正火目的与退火相似，但冷却速度比退火快，因此同样钢件在正火后的强度、硬度比退火后高些，尤其是高碳钢，更为显著。因为正火冷却较快、操作简便、生产率高，所以在可能的条件下，应优先采用正火。低碳钢多采用正火代替退火。

（三）淬火

淬火是将钢件加热到 Ac_3 或 Ac_1 以上某一温度，保持一定时间，然后以适当速度冷却获得马氏体和（或）贝氏体组织的热处理工艺，如图 1-10 所示。

淬火目的是为了得到马氏体，提高钢的硬度和耐磨性，是钢的重要强化方法。

（四）回火

回火就是把淬火后的钢重新加热到 Ac_1 以下某一温度，保温一定时间后置于空气或水中冷却。其目的是为了消除淬火时因冷却过快而产生的内应力及降低淬火钢的脆性，获得工件所需的力学性能和稳定工件的形状和尺寸。

根据零件性能要求和加热温度不同，回火可分为低温回火、中温回火以及高温回火。

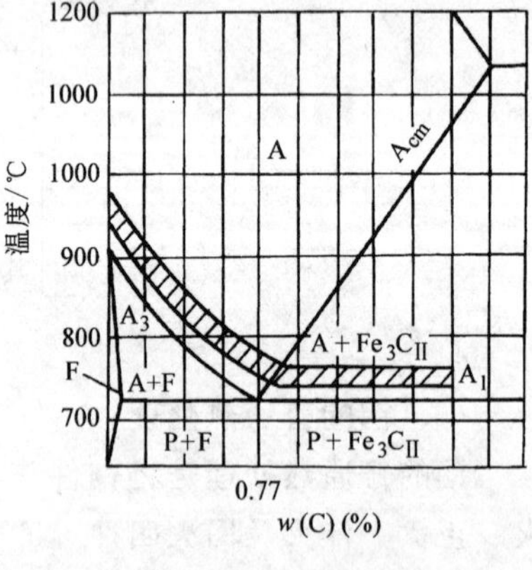

图 1-10　碳钢淬火加热温度范围

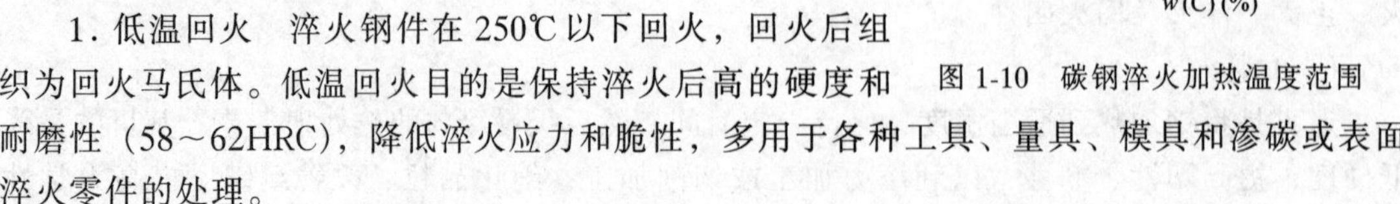

1. 低温回火　淬火钢件在 250℃以下回火，回火后组织为回火马氏体。低温回火目的是保持淬火后高的硬度和耐磨性（58～62HRC），降低淬火应力和脆性，多用于各种工具、量具、模具和渗碳或表面淬火零件的处理。

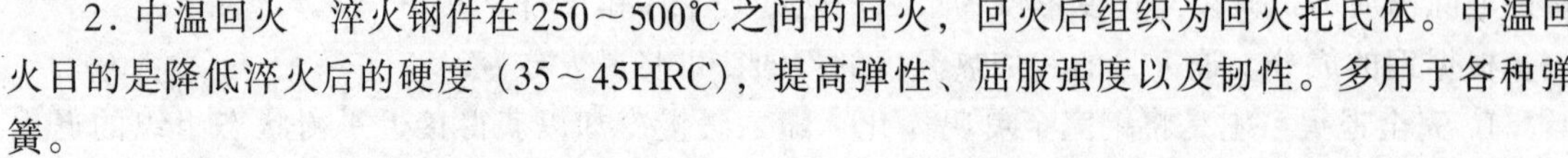

2. 中温回火　淬火钢件在 250～500℃之间的回火，回火后组织为回火托氏体。中温回火目的是降低淬火后的硬度（35～45HRC），提高弹性、屈服强度以及韧性。多用于各种弹簧。

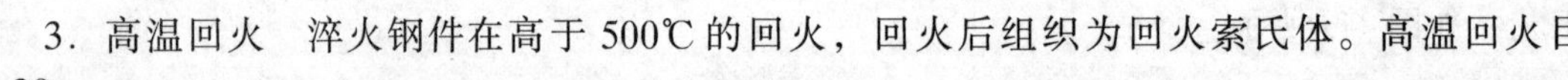

3. 高温回火　淬火钢件在高于 500℃的回火，回火后组织为回火索氏体。高温回火目

的可使淬火后的硬度降得更低（25～35HRC），得到强度、塑性、韧性都较好的综合力学性能。多用于处理如轴、齿轮等机器零件。淬火后经高温回火处理称为调质处理，简称调质。

二、钢的表面淬火与化学热处理

有些零件的工作表面要求具有高的硬度和耐磨性，而心部要求有足够的韧性和塑性，如齿轮、曲轴等，这些零件大多需要表面热处理。表面热处理分为两类：

（一）表面淬火

表面淬火是仅对工件表层进行淬火的工艺。

表面淬火的快速加热方法很多，有电感应、火焰、电接触、浴炉、电解液、脉冲能量等加热方法，目前生产中常用的是感应加热和火焰加热，见图 1-11。

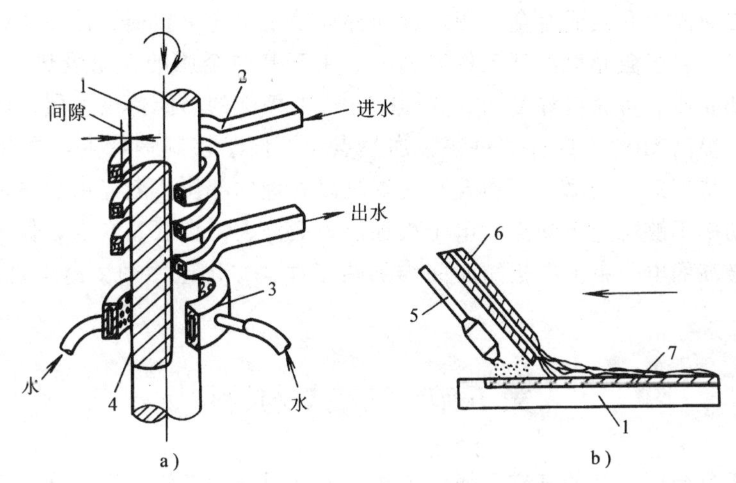

图 1-11　表面淬火示意图

a）感应加热　b）火焰加热

1—工件　2—加热感应器　3—淬火喷水套　4—加热淬火层　5—烧嘴　6—喷水管　7—淬硬层

（二）钢的表面化学热处理

将钢置于一定温度的活性介质中保温，使一种或几种元素渗入它的表层以改变其化学成分、组织和性能的热处理工艺，称为表面化学热处理。化学热处理的方法很多，常见的有渗碳、渗氮、渗铝和渗铬等，用以调整零件的表层的力学性能或改善一些价廉易得材料的性能，以代替某些比较贵重的材料。

三、热处理新工艺

为了提高热处理的质量和生产率以及减少能耗、降低成本和减少环境污染，因而出现了很多热处理新工艺和新技术，现作以下简介。

（一）真空热处理

真空热处理是将材料在低于 98kPa 的环境中进行加热的热处理工艺。本质上它也是一种保护气氛热处理。但在低于 98kPa 的环境中进行真空热处理比在 99.999987％的纯氩保护气氛中热处理却容易得多，因此目前得到广泛应用。它的优点是零件经真空热处理后，表面光洁、无氧化、不脱碳、变形小，可显著提高疲劳极限和耐磨性，同时作业条件好，易实现机械化和自动化。真空热处理不但能用于真空退火和在水、油和气体中淬火，而且可用于真空渗碳，真空渗铬等化学热处理。

（二）形变热处理

它是一种将塑性变形（如锻、轧等）和热处理有机结合以提高材料力学性能的复合工艺，可同时收到形变强化和相变强化的综合效果，从而有效地提高钢的力学性能。

形变热处理的方法很多，主要有高温形变淬火（如用于连杆、弹簧、叶片等）和中温形变热处理（如用于高速工具钢刀具、飞机起落架等）。

此外，还有强韧化处理（能同时改善钢的强度和冲击韧度）和离子沉积（化学气相沉积和物理气相沉积等）。

（三）激光束或电子束加热表面淬火

大功率激光器所产生的激光束，不仅可以对工件进行切割、钻孔和焊接，而且能进行表面热处理，如表面淬火和表面合金化等。表面淬火是用激光束扫描工件表面，使其迅速加热到钢的临界点以上。当激光束离开工件表面时，由于基体金属的大量吸热，表面急速冷却，而无需专用冷却介质。可获得深度为0.3～0.5mm的极细的马氏体硬度层，耐磨性比普通淬火加低温回火要提高50%，具有加热快，加热点小，便于控制等特点。主要用于形状复杂或精密的零件，特别适合沟槽、不通孔孔底等难以处理的部位。激光束加热表面淬火存在回火软区和设备功率不够稳定等缺点。电子束加热表面淬火可克服其缺点，保留其优点，它是依靠能量密度极高的电子束流在极短时间内加热工件，并快速冷却。由于是在真空中进行，工件不被氧化。

第五节　非铁材料

除钢铁等黑色金属以外的其它金属，统称为非铁材料，如铝、铜、镁、锌、钛、铅、锡等及其合金。非铁材料具有钢铁材料所不具备的某些特殊性能，如密度小、色泽艳丽、导电、耐热、耐蚀或良好的加工性能等优点，因而是现代工业中不可缺少的材料。尤其在空间技术、原子能及计算机等新型工业部门中，非铁材料的应用更为广泛。

非铁材料种类繁多，现只介绍机械工业中常用的铜及铜合金、铝及铝合金、轴承合金。

一、铜及铜合金

（一）纯铜

纯铜因其外观是紫红色，故过去又称紫铜。它具有良好的导电性、导热性和耐蚀性以及优良的塑性，易于热压和冷压，可制成各种板材、带材、棒材、管材和线材等。广泛用于电机制造、电力输配电和各种电气设备上。此外铜有较高的热容量，常被用来制造冷凝器、热交换器和其它容器。但其强度较低（$\sigma_b=230\sim250$MPa），不宜制作结构零件。

工业上按含氧量的不同，将铜分为工业纯铜和无氧纯铜。工业纯铜分非压力加工产品（代号有Cu-1，Cu-2两种，如铜锭、电解铜）和压力加工产品（有T1、T2和T3三种铜材）。T1～T3代号中数字越大，表示杂质含量越多，其导电性能越差。无氧纯铜中含氧量极低，$w(\mathrm{O})<0.003\%$，代号有TU1、TU2，它们也经过压力加工制成各种型材。

（二）铜合金

铜合金按化学成分可分为黄铜（铜锌合金）、青铜及白铜三类。按加工方法又可分为压力加工铜合金及铸造铜合金两类。普通机器制造中，应用较广的为黄铜和青铜。

1. 黄铜　是指以锌为主要合金元素的铜合金，它又分为普通黄铜和特殊黄铜二种。

（1）普通黄铜是Cu-Zn二元合金，多数通过压力加工成型材，称为普通加工黄铜。也有经过铸造成形的，称为普通铸造黄铜。普通加工黄铜牌号为“H”加两位数字，如H80即表示平均$w(Cu)=80\%$的普通加工黄铜。普通加工黄铜的性能与含锌量有密切的关系。当平均$w(Zn)<30\%$时，它的强度、塑性均随其含锌量的增加而增加，当$w(Zn)=30\%$时，加工黄铜塑性和强度最好，是工业上应用最多的铜合金。普通铸造黄铜不但具有优良的力学性能和铸造性能，而且切削加工性能好，也可以焊接。铸造黄铜的牌号为“Z”+铜元素符号+主加元素符号及元素的名义质量分数（%）+其它合金元素符号及元素的名义质量分数（%），如ZCuZn38表示平均$w(Zn)=38\%$，余量为Cu的普通铸造黄铜。

（2）特殊黄铜是指在普通黄铜基础上再加入其它合金元素（如Sn、Pb、Al、Si、Mn、Fe等）所组成的多元合金。加入合金元素后可提高强度和耐蚀性以及改善工艺性能。特殊加工黄铜的牌号为“H”+主加元素符号+铜的名义质量分数（%）+主加元素的名义质量分数（%），如HPb59-1表示含铜为59%，含Pb为1%，余量为Zn的铅黄铜。某些特殊黄铜也可铸造成形，如ZCuZn33Pb2为平均$w(Zn)=33\%$，平均$w(Pb)=2\%$，余为铜的特殊铸造黄铜。又如ZCuZn31Al2、ZCuZn40Mn2等。

2. 青铜　是指除Zn、Ni为主加合金元素以外的铜合金。它也分为普通青铜（锡青铜）和特殊青铜。

（1）锡青铜是指以锡为主加元素的铜合金。按加工方法可分为加工锡青铜和铸造锡青铜。锡青铜的力学性能与含Sn量直接有关。即当$w(Sn)<8\%$时，锡青铜具有良好的塑性和一定的强度，适于压力加工，故称加工锡青铜。当$w(Sn)>10\%$时，锡青铜由于塑性差，只适于铸造，故称铸造锡青铜。加工锡青铜的牌号为“青”的汉语拼音字首“Q”+第一个主加元素的符号及元素的名义质量分数（%）+其它添加元素的名义质量分数(%)(按规定，合金中若还有其它添加元素，则只写添加元素的名义质量分数(%))如QSn7-0.2表示平均$w(Sn)=7\%$，平均$w(P)=0.2\%$的加工锡青铜。又如QSn6.5-0.4，表示平均$w(Sn)=6.5\%$，平均$w(P)=0.4\%$的锡—磷青铜。铸造锡青铜的牌号和其它铸造铜合金表示方法一样，如ZCuSn10P1表示平均$w(Sn)=10\%$，平均$w(P)=1\%$，余为铜的铸造锡青铜。锡青铜抗蚀性好，耐磨性高，多用于制造轴瓦、轴套等耐磨零件。

（2）特殊青铜是指不含锡的青铜。常用的为加工铝青铜（如QAl7、QAl9-4等）和加工铍青铜（如QBe2、QBe1.9-0.1等）。此外还有铸造铝青铜（如ZCuAl9Mn2）和铸造铅青铜（如ZCuPb30）等。大多数特殊青铜都比锡青铜具有更高的力学性能、耐磨性与耐蚀性。

3. 白铜　白铜是以Ni为主加合金元素的铜合金。主要有普通白铜（如B19等）、铝白铜（如BAl13-3）和锰白铜（如BMn3-12等）等。白铜耐蚀性好、电阻率高，多用来制造船舶仪器零件，化工机械零件和医疗器械等。

二、铝及铝合金

铝及铝合金的应用仅次于钢铁，而且铝的蕴藏量居四大金属铝、铁、镁、钛之首，是我国优先发展的重要有色金属。

（一）纯铝

纯铝的主要特点是质轻、熔点低，具有良好的塑性、耐蚀性、导热性和导电性，且价格相对低廉，但其强度和硬度均低，因此用以制作电线、电缆、耐蚀器皿和生活用具以及配制各种铝合金。

纯铝中含有铁、硅等杂质，随着这些杂质含量的增加，其性能下降。根据 GB/T3190—1996 规定，工业高纯铝的牌号为 1A99、1A97、1A93、1A90、1A85 等（分别代替原牌号 LG5、LG4…LG1 等），其中“1”表示纯铝，“A”表示原始纯铝，最后两位数字表示铝的纯度。工业纯铝的牌号为 1070A、1060、1050A 等（分别代替原牌号 L1、L2、L3 等）。后面的两位数字直接表示铝的纯度。末位字符“A”表示优质纯铝。

（二）铝合金

为了提高铝的强度，通常加入一定量的其它元素制成铝合金，用以制造承受载荷的结构零件。

目前用于制作铝合金的元素大致分为主加元素和辅加元素两类，前者如铜、锰、硅、镁、锌等，一般具有高溶解度和能起显著强化作用。后者如铬、铁、锆等是用以细化铝合金晶粒和改善热处理性能。

根据铝合金的成分和工艺特点，可分为变形铝合金和铸造铝合金二大类。

1. 变形铝合金　变形铝合金的新牌号（摘自 GB/T3190—1996）系列用 2×××、3×××～9×××表示。如 2A11（即原 LY11,）其中“2”表示以铜为主加元素，“11”为标准硬铝，“A”为原始铝合金。又如 2A12（即原 LY12）表示以铜为主加元素、高强度硬铝的原始铝合金。

工业上常用的变形铝合金有防锈铝、硬铝、超硬铝和锻铝等。

2. 铸造铝合金　其力学性能不如变形铝合金，但因其铸造性能好，故适于铸造成形，生产形状复杂的零件。铸造铝合金的种类很多，主要有 Al-Si 系（ZL1××）、Al-Cu 系（ZL2××）、Al-Mg 系（ZL3××）和 Al-Zn 系（ZL4××），其中以 Al-Si 系应用最广。例如 ZL102 表示 2 号 AL-Si 系铸造铝合金。若为优质铸造铝合金则在代号最后面加“A”。

三、轴承合金

用于制造滑动轴承的轴瓦和内衬的合金称为轴承合金。为了使轴能正常运转和减小磨损，因此对轴承合金除了要求有高的抗压、抗疲劳强度和足够的硬度、塑性、吸振性外，还应有良好的跑合性、导热性和耐蚀性以及小的摩擦因数和膨胀系数。

常用的滑动轴承合金按主要成分可分为锡基、铅基、铜基和铝基等轴承合金。锡基，铅基等轴承合金因熔点较低，又称低熔点轴承合金。铸造轴承合金的牌号以符号“Z”当头（即“铸”的汉语拼音字首），后面附以基本元素和主加元素的化学符号，并标明主加元素的名义质量分数（%）。如 ZSnSb11Cu6 表示基本元素为 Sn，主加元素 Sb、Cu 且平均 $w(\mathrm{Sb})=11\%$，平均 $w(\mathrm{Cu})=6\%$ 的铸造锡基轴承合金。锡基轴承合金用于浇注汽轮机、大型发电机等的轴瓦。又如 ZPbSb16Sn16Cu2 是典型的铸造铅基合金，其中基本元素为 Pb，平均 $w(\mathrm{Sb})=16\%$，平均 $w(\mathrm{Sn})=16\%$，平均 $w(\mathrm{Cu})=2\%$，用于浇注中等载荷的轴瓦。常用的高熔点轴承合金是铜基轴承合金，如 ZCuSn5Pb5Zn5、ZCuAl10Fe3 等（摘自 GB/T1174—1992），用于耐蚀、耐磨轴瓦。灰铸铁 HT200、HT250 等也可用作圆周速度小于 2m/s 的轴承材料。

第六节　非金属材料和复合材料

机械工程中常用的非金属材料有高分子材料和陶瓷材料。

一、高分子材料

高分子材料是指相对分子质量很大的有机化合物，可分为天然的和人工合成的两大类。工程上应用的高分子材料主要指人工合成的高分子化合物，又称聚合物或高聚物。

机械工程材料中常用的高分子材料有塑料、橡胶、合成纤维、涂料和胶粘剂等。下面仅对工程塑料、橡胶和胶粘剂作简单介绍。

(一) 塑料

高分子材料中应用较广的为塑料，日常生活和生产中一般都离不开它。

1. 塑料的分类　塑料的品种很多，若按使用性能可分为通用塑料和工程塑料；若按受热时的性能又可分为热塑性塑料和热固性塑料。

2. 塑料的组成　塑料是以合成树脂（占总质量分数的30%以上）为主，再加入适量的添加剂而成。合成树脂是由低分子化合物经聚合反应而获得的高分子化合物，无一定熔点，受热可软化，它是塑料的主要成分，决定了塑料的主要性能，如聚乙烯、聚苯乙烯、酚醛树脂等。加入添加剂是为了改善塑料的某些性能，如强度、减磨性和耐热性等。常用的添加剂有填充剂、增塑剂、固化剂、润滑剂、稳定剂、阻燃剂和着色剂等。

3. 工程塑料的特性和应用　不同类别的塑料具有不同的特性，有的差别很大。它与金属材料相比，主要优点是密度小、比强度（强度/密度）高、化学稳定性和电绝缘性好、易成形以及好的耐磨性、减振性和自润滑性，因而常用来代替金属，制造机械零件和工程构件。缺点是易老化，强度和硬度比金属低，导热性和耐热性差，尚有待改进。选用塑料时要综合考虑工作温度、湿度、光和氧等条件。常用工程塑料的特性和应用见表1-11。

表1-11　常用工程塑料的特性与应用

类别	塑料名称	特　　性	应 用 示 例
一般结构的零件	丙、丁、苯树脂(ABS)	硬度高、耐冲击、表面可电镀，但耐候性和耐热性差	水表外壳、电话机外壳、泵叶轮、汽车挡泥板、小汽车车身
	聚丙烯(PP)	最轻的塑料，较高力学性能和抗应力开裂，密度小，耐腐蚀性好	化工容器、管道、法兰接头、汽车零件、仪表罩壳
	高密度聚乙烯(HDPE)	比水轻，-70℃仍柔软，耐酸、碱、有机溶剂，注射成形工艺好，成形温度范围宽	汽车调节器盖、喇叭后壳、电动机壳、手柄、风扇叶轮、机床低速运动导轨滚柱框
	改性聚苯乙烯(改性PS)	刚性好、韧性好、吸水性低，耐酸、碱好，不耐有机溶剂，成形性好	自动化仪表零件、切换开关、数字电压表壳、电镀表外壳
	改性有机玻璃(改性PMMA)	极好透光性，可透紫外线，耐日光老化性好，但不耐有机溶剂	微安表外壳，继电器罩壳等
	酚醛(PF)	强度和刚性好，变形小，良好的耐磨性，成形简单	仪表外壳、灯头、插座
耐磨受力传动零件	尼龙(PA)	良好冲击韧度、耐磨、耐油、吸水性大，影响尺寸稳定性	轴承、密封圈、轴瓦、高压碗状密封圈、石墨填充轴承
	MC尼龙	强度高、减摩、耐磨性超过尼龙，可浇注大型铸件	大型轴承、齿轮、蜗轮、轴套
	聚甲醛(POM)	耐磨、耐疲劳，抗冲击，摩擦因数低，吸水率小，但成形收缩率较大	同MC尼龙。汽车钢板弹簧衬套、阀杆、螺母等
	聚碳酸酯(PC)	抗蠕变性及冲击韧度好，脆化温度为-100℃，透明，精度高	小模数仪表齿轮、水泵叶轮、灯罩及电器仪表零件
	氯化聚醚(CPE)	耐磨性好，抗腐蚀性仅次于氟塑料	腐蚀介质中轴承、防腐涂层、化工管道

（续）

类别	塑料名称	特性	应用示例
减摩零件	聚四氟乙烯（F-4）	摩擦因数最低、不吸水、耐腐蚀，称"塑料王"。缺点是熔融状态时流动性差，加工成形性不好	无油润滑活塞环，密封圈，输送酚的离心泵端面密封圈，耐热250℃
	填充聚四氟乙烯	有玻璃纤维粉末、MoS_2、石墨和铜粉填充，增加承载能力和刚性	高温腐蚀介质中工作活塞环、密封圈，轴承等
	高密度聚乙烯（HDPE）	可喷涂于金属表面，防腐、耐磨	小载荷低温下衬套，机床导轨涂层
	聚全氟乙-丙烯（F-46）	一些性能仅次于F-4，可注射成形	大批量生产外形复杂零件，代替F-4
耐腐蚀的构件	聚四氟乙烯（F-4）	耐沸腾盐酸、硫酸、硝酸及王水。只有熔融碱金属、气态氟才能腐蚀它	硝铵捕集回流管子法兰，化工用阀隔膜
	聚三氟氯乙烯（F-3）	耐各种强酸、强碱、强氧化剂。在芳香烃及卤化烃中稍溶胀，悬浮液可涂金属表面	耐酸泵壳体、叶轮、阀座，可涂于反应锅、贮槽、搅拌器上
	氯化聚醚（CPE）	耐各种酸及有机溶剂，不耐高温下浓硝酸、浓双氧水、湿氯气等	腐蚀介质中摩擦传动零件，并可涂于设备表面
耐高温零件	聚砜（PSU）	较高变形温度，抗蠕变，155℃下长期工作	高温结构零件
	聚苯醚（PPO）	强度高、耐热性好、收缩率低	高温下齿轮、轴承，.外科医疗器械
	聚酰亚胺（PI）	200℃下长期工作，短时间达480℃，耐磨性好，长期蒸汽下工作易环	用F-4粉填充，制作高温无油润滑活塞环、轴承、封圈等
	氟塑料	耐腐蚀、耐高温，可在−196～260℃下工作	高温环境中化工设备及零件

4．塑料的成形　塑料成形的方法很多，工艺也不复杂。其原材料一般采用树脂与添加剂经混合成粉末或颗粒。热塑性树脂加热可软化变形，经加压后即成形。热固性树脂在加热成形时进行聚合反应，形成体型高分子结构而变硬。下面介绍几种典型成形方法。

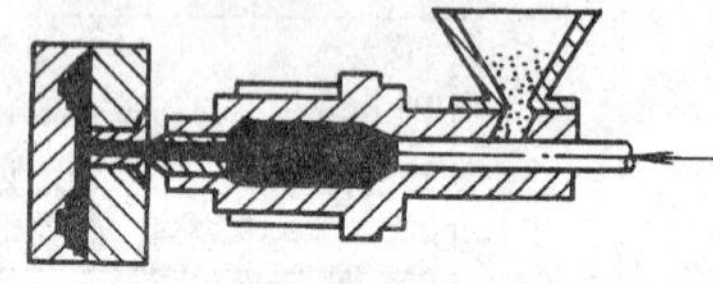

图1-12　塑料的注射成形示意图

（1）注射成形，是将粉状或粒状塑料放在注射机的料斗内，加热成粘流状态，用很高的速度将其注入闭合的模具内，冷却后脱模，即得到所需形状的制品，如图1-12所示。注射法生产率高，易实现自动化，可制造形状复杂、精密的制品，是热塑性塑料成形的主要方法之一。

（2）挤压成形，又称挤出成形。是将塑料粉末或颗粒放入加料室内加热呈粘流状态，在压力作用下（通过活塞或螺杆）挤入模膛，形成制品，如图1-13所示。挤压成形法也是热塑性塑料成形方法之一（热固性塑料成形也可用挤压法），适合制造塑料管材、板材、线材等。

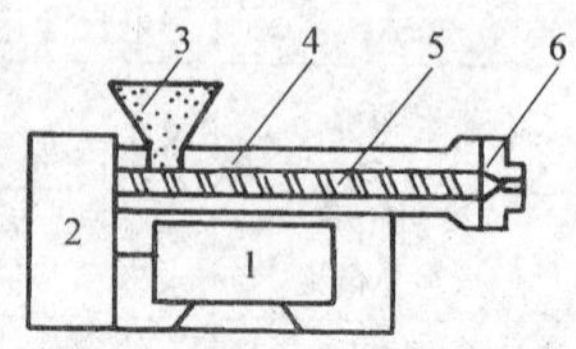

图1-13　塑料的挤压成形示意图

1—电动机　2—变速箱　3—料斗
4—料筒　5—螺杆　6—机头和口模

（3）吹塑成形，是在预热的管坯中吹入压缩空气，使管坯沿模腔变形而成制品。吹塑成形法只适用于热塑性塑料成形，可制成瓶、罐、桶等中空塑料制品。

(4) 压制成形，是将树脂粉末（或颗粒）或浸有树脂的纤维织物，放入金属模内，经加热、加压使其固化成形。也可将浸有树脂的薄片材料叠加，通过加热、加压制成塑料层压板。压制成形法多用于热固性塑料。

(5) 浇注成形，类似于金属浇注，是将液态塑料浇注到型腔内（也可采用离心浇注），再固化成形，适用于热固性塑料或某些热塑性塑料的成形。

5. 塑料的加工　塑料的加工包括切削、连接或表面处理。

切削加工是用于要求精密配合的塑料零件，如齿轮、支座的配合面。塑料的切削加工性能较好，可以进行车、铣、刨、钻、磨、抛光等加工。所用设备与工装也与金属切削加工基本相同。但由于塑料的导热性差容易产生过热、开裂或崩落，且易变形，在加工时需要采取一定的工艺措施，如加大刀具前、后角，充分冷却等。

塑料的连接或表面处理：同种塑料可用溶剂（丙酮、二甲苯等）粘接，有些也可以焊接。异种塑料或塑料与其它材料连接可用胶粘剂粘接。为了进行塑料表面的防护或装饰，可采用电镀或着色处理。

(二) 橡胶

橡胶也是高分子聚合物，它的突出优点是在很宽的温度范围内（－40～150℃）具有高弹性。此外它还有良好的耐磨性和绝缘性，故用来制造轮胎、传送带、密封圈以及电器的绝缘体。其缺点是易老化，应注意维护和保养。

橡胶若按原料来源可分为天然橡胶和合成橡胶，若按应用范围又分为通用橡胶和特种橡胶。由于天然橡胶在性能上和数量上不能满足工业发展的需要，于是出现了以烯烃，特别是丁二烯为主要单体所聚合而成的合成橡胶，应用较广。表 1-12 是常用橡胶（主要是合成橡胶）的特点和应用。

表 1-12　常用橡胶的特点和应用

类别	名称和代号	优　　点	缺　　点	应用示例
通用橡胶	天然橡胶 NR	抗拉强度和伸长率比丁苯橡胶好	耐磨性、耐热性和耐老化均比丁苯橡胶差	轮胎，通用制品等
	丁　苯 SBR	耐磨性较突出，耐老化和耐热性超过天然橡胶，其它物理性能接近天然橡胶	加工性能较天然胶差，特别是自粘性差	轮胎、胶板、胶布等通用制品
	异　戊 IR（又称合成天然胶）	有天然胶的大部分优点，吸水性低，电绝缘性好，耐老化优于天然胶	成本较高，弹性比天然胶低，加工性能较差	胶管、胶带
	顺　丁 BR	弹性与耐磨性优良，耐寒性较好，易与金属粘合	加工性能差，自粘性差，抗撕性差	轮胎及耐寒运输带
	丁　基 HR	耐老化性、气密性及耐热性优于其它通用橡胶；吸振阻尼特性良好，耐酸、碱及一般无机介质及动植物油脂	弹性大而加工性能差（包括硫化慢、难粘）；耐光老化性差	内胎、水胎、化工容器衬里及防振制品
	丁　腈 EBR	耐油性及气体介质优良；耐热性较好，可达 150℃；气密性和耐水性好	耐寒性及耐臭氧性较差，加工性能不好	输油管、耐油密封圈、汽车配件及一般耐油制品

（续）

类别	名称和代号	优　　点	缺　　点	应用示例
特种橡胶	聚氨脂 UR	耐磨性高于其它各种橡胶；抗拉强度最高可达 3.5MPa；耐油性优良	耐酸、碱和耐水性差，高温性能差	胶管、同步齿形带及耐磨制品
	丙烯酸脂 AR	耐热性较好，耐老化及耐候性良好	耐低温性能较差，不耐水	汽车配件，如油封
	氯　醇 （均聚，CHR） （共聚，CHC）	耐脂肪烃及氧化烃溶液，耐碱、耐水，耐老化性好（包括耐臭氧性、耐候性及耐热性）；抗压缩变形性好，气密性高	电绝缘性差，弹性差	胶管、密封件、薄膜和容器衬里、制冷设备密封件

（三）胶粘剂

胶粘剂通称为“胶”，用胶连接不同零件的工艺技术称为粘接。粘接可以代替部分传统的铆接、焊接和螺纹联接。胶粘剂可以用来粘接同种或异种材料（如金属、陶瓷、木材、塑料和织物，几乎是万能的），且不受厚度限制。接头处应力均匀，密封性和绝缘性好，耐腐蚀、抗疲劳、结构轻、工艺简单。

常见的天然胶粘剂有骨胶、虫胶和血胶，但不如合成胶。人工合成树脂胶粘剂是由粘结剂、固化剂、填充剂和附加剂（增韧剂）等组成。不同的配方可制成不同的胶粘剂，适宜粘接不同的材料。表 1-13 为举例说明常用胶粘剂适宜粘接的材料。

表 1-13　常用胶粘剂适宜粘接的材料

胶粘剂 ╲ 被粘接材料	聚氨酯	环氧：胺类固化	α—氰基丙烯酸脂	环氧丁腈	酚醛缩醛	酚醛丁腈	酚醛氯丁	氯丁橡胶	硅橡胶	聚醋酸乙烯脂	聚氯乙烯—醋酸乙脂	无机胶
钢铁、铝	良	优	良	优	优	优	可	可	可	–	可	可
热固性塑料	良	优	良	良	优	良	可	可	可	–	–	–
硬聚氯乙烯	良	–	可	–	–	–	–	良	–	–	良	–
软聚氯乙烯	可	–	可	–	–	–	–	可	–	–	优	–
聚乙烯、聚丙烯	可	可	可	–	–	–	–	–	–	–	–	–
聚酰胺（尼龙）	可	可	可	–	–	可	–	–	–	–	–	–
聚碳酸酯	良	–	良	–	–	–	–	–	–	–	–	–
聚甲醛	良	良	–	–	–	–	–	–	–	–	–	–
ABS	良	良	良	可	–	–	–	可	–	–	–	–
天然和丁腈橡胶	良	可	良	可	可	可	优	优	–	–	–	–
玻璃、陶瓷	可	优	良	良	良	良	–	可	可	–	–	优
混凝土	–	良	–	–	–	–	可	–	–	良	–	–
木　材	优	良	–	–	–	–	可	良	–	优	良	–
皮　革	优	可	–	–	–	–	可	优	–	良	可	–

注：“–”表示不适宜粘接该材料。

二、陶瓷材料

陶瓷是无机非金属材料。大致可分为传统陶瓷（通用陶瓷）和特种陶瓷（新型陶瓷）两大类。传统陶瓷是由粘土、长石和石英等天然原料，经粉碎、制坯和烧结等工序以获得所需性能和形状的制品。传统陶瓷按应用范围又可分为日用陶瓷、建筑陶瓷、化工陶瓷、多孔陶瓷和电器绝缘陶瓷。特种陶瓷是用人工化合物为原料，如氧化物、氮化物、硅化物等，采用烧结工艺制成的具有各种特殊的力学、物理或化学性能的陶瓷。特种陶瓷按应用范围又可分为压电陶瓷、磁性陶瓷、电光陶瓷、高温陶瓷和电容陶瓷等，它们主要用于化工、电子、冶金、机械、宇航、火箭和能源工业等。

陶瓷的优点是硬度很大、抗压强度高、耐高温、抗氧化、耐磨和耐蚀等。缺点是质脆易碎，延展性差，经不起急冷急热的温度突然变化。除传统陶瓷有广泛的用途外，特种陶瓷发展也越来越快。现简略介绍几种典型的特种陶瓷。

（一）氧化铝陶瓷

主要成分为 Al_2O_3，按其含量不同分为刚玉陶瓷、刚玉莫来石陶瓷和莫来石陶瓷三种。其中刚玉陶瓷所含 Al_2O_3 的质量分数最高，达 99%。

氧化铝陶瓷的硬度高（刚玉陶瓷硬度为 93～99HRA）、耐高温（可在 1200～1450℃下工作），热硬性好，此外还有良好的绝缘性和化学稳定性以及耐蚀性。广泛用于制造高速切削刀具、量块、拉丝模、内燃机火花塞和高温炉膛等零件。由于氧化铝能耐钠蒸汽腐蚀和有 90%的光透明度，因此已被用来制作高压钠灯管等。

氧化铝陶瓷只是氧化物陶瓷的一种。其它还有以 ZrO_2、MgO 和 BeO 等为基体的陶瓷。

（二）氮化硅陶瓷

除具有陶瓷的共同特点外，它的线胀系数比其它陶瓷材料小，同时还有良好的自润滑性，抗振性、绝缘性、耐蚀性（除氢氟酸外，可耐各种无机酸的腐蚀）和化学稳定性。主要用于制造形状复杂、精度要求高的零件。例如各种潜水泵、高温轴承、转子发动机刮片和化工球阀的阀芯等。热压氮化硅陶瓷可制造切削淬火钢等硬材料的切削刀具。

（三）碳化硅陶瓷

碳化硅陶瓷具有良好的耐磨性、耐蚀性、热稳定性和抗蠕变性。最突出的优点是有优异的高温强度，即使在 1400℃高温下仍可保持 500～600MPa 的抗弯强度。热压碳化硅是目前高温强度最高的陶瓷。

碳化硅陶瓷主要用作高温炉管、热电偶套管、砂轮磨料，燃气轮机叶片及火箭尾喷管的喷嘴等。

总之陶瓷的应用广泛，发展也非常迅速。以陶瓷为基础的玻璃纤维、碳纤维和金属纤维增强的复合材料——陶瓷基复合材料，也是一个很大的发展领域。

三、复合材料

复合材料是由两种或两种以上的化学性质不同的材料经人工合成获得的新型材料。通常是以其中某一组成物（金属或非金属）为基体，而另一组成物是增强材料，用以提高强度或韧性等。复合后的材料既保持了各组分材料的特点，又可使各组分之间取长补短，互相协调，获得一种综合性能优良的新型材料。人们不仅可复合出质轻、强度高、力学性能好的结构材料，也能复合出具有耐磨、耐蚀、导热或绝热、导电、隔声、减振、吸波、抗高能粒了辐射等一系列特殊的功能材料。

复合材料分类方法很多，按用途可分为结构复合材料（制作各种结构和零件用）和功能复合材料（利用其力学性能以外的某些物理性能的复合材料）；按基体类型可分为金属基复合材料和非金属基复合材料；按增强材料的种类和形状可分为纤维增强复合材料、颗粒复合材料和层状复合材料等。

（一）纤维增强复合材料

它是以树脂、塑料、橡胶、陶瓷或金属为基体相，以无机纤维（如玻璃纤维、碳纤维、硼纤维或碳化硅纤维）或有机纤维（如聚酯纤维、尼龙纤维或芳纶纤维）为增强相复合而成的。它具有高强度、高模量和密度小、易加工等优点，是复合材料中最重要的一种，应用最为广泛，如制造发动机体、轴瓦、齿轮和汽车与船舶的壳体等。

（二）颗粒复合材料

颗粒复合材料是以一种或多种颗粒为增强相均匀分布在基体材料内所组成的材料。颗粒的作用是阻止金属基体的塑性变形或高分子材料的大分子链的运动。颗粒大小要适当，一般直径为 $0.01 \sim 0.1 \mu m$，否则会降低增强效果。

陶瓷颗粒增强金属基复合材料——金属陶瓷，增强相主要为氧化物（Al_2O_3、MgO、BeO 等）和碳化物（TiC、SiC、WC 等），金属基体为 Ti、Cr、Ni、Mo、Fe 等。金属陶瓷具有高强度、高硬度、耐磨、耐热、耐腐蚀以及膨胀系数小等特性，用来制造高速切削刀具、重载轴承及火焰喷管的喷嘴。

复合材料是一个新兴的材料科学领域，在航空航天，火箭导弹、汽车、铁路车辆、化工装置、建筑结构以及体育、医疗器械等领域正获得越来越广泛的应用。复合材料将会异彩纷呈，获得飞速发展。有人预计，在 21 世纪复合材料可能占国民经济使用结构材料的 70%～80%，特别是某些特殊需要，单一材料根本无法替代。今后要加强它的基础理论研究，开发新型复合材料及提高复合材料的成形加工工艺技术。

第七节　工程材料的发展趋势

根据有关文献资料的分析，21 世纪初期，金属材料在工程材料中将仍占主导地位，其中钢铁仍是人类最主要的结构材料和产量最大、覆盖面最广的功能材料。非铁材料（有色金属）的使用比重还会继续上升。但非金属材料和复合材料的发展会更加迅速，大有与金属材料并驾齐驱之势。今后材料发展的总趋势是：以高性能和可持续发展为目标的传统材料的改造及以高度集成化、微细化和复合化为特征的新一代材料的开发。金属材料、非金属材料和复合材料相互竞争、相互促进、互相融合和渗透，形成规模宏大的新的材料体系，以适应信息技术和知识经济发展的需求。

一、金属材料

传统的金属材料除继续更新改造外，一般认为金属间化合物、金属基复合材料和快速凝固材料等是金属材料的主要发展方向。它们可通过高纯化、晶粒细化、简化合金成分和控制微观组织等主要手段来达到。

金属间化合物，除了用于航空航天工业外，也渗透到民用工业。除了 Ni-Al、Fe-Al 系等合金早已走向民用外，Ti-Al 合金在汽车上的应用（如用作汽车排气阀）也受到重视。目前研究的重点是其综合力学性能（尤其抗蠕变、抗疲劳性能）和加工成形能力。

二、先进的高分子材料

它的发展还是以结构、应用为主，同时重视功能高分子材料的开发。目前高分子材料在结构方面的应用主要是工程塑料、胶粘剂和树脂基复合材料等。

(1) 变通用塑料为高性能塑料。高分子材料已由材料合成以及合成物的结构和性能的研究，转向聚合物凝聚物理、材料加工与高性能化的研究，通过改变单一聚合物的聚合态或将不同聚合物共混，使产量大、价格低、性能一般的通用塑料（如聚乙烯和聚丙烯等）变为高强度、超高韧性的工程塑料。

(2) 研究开发低成本、高性能的结构胶粘剂，以降低表面处理对环境的污染和缩短生产周期。

(3) 高性能聚合物基体、聚合物与增强剂界面，增强剂结构设计以及新加工技术和工艺等，是树脂基复合材料的主要研究课题。

(4) 导电高分子、光敏高分子、磁性高分子、医用高分子和离子交换树脂等是功能高分子材料的主要研究对象，它们具有高附加值、用量少、品种多的特点。

(5) 其它如仿生高分子材料、环境友好高分子材料、信息功能高分子材料以及高分子材料的再生利用技术等，可望在21世纪初十年内取得较大进展。

需要特别指出的是：我国在灌浆材料、热缩材料和气体分离膜材料以及特种高分子材料等诸多方面均取得了可喜的成就。

三、先进的陶瓷材料

陶瓷材料目前研究开发的重点是功能陶瓷，而结构陶瓷的研究重点仍然是克服脆性，提高可靠性和开拓应用领域。

（一）功能陶瓷

由功能陶瓷制作的元件体积小、品种多、系列化、技术含量高、市场容量大、升级换代频繁。目前正向可靠性、多功能、微型化、智能化、集成化的方向发展。如低损耗、低温度特性、大容量、超薄型、片式化多层陶瓷电容器的材料与制备技术；用于微机械的高性能压电陶瓷和驱动陶瓷；气敏陶瓷材料与元件以及环保用陶瓷等等。特别是近年来用于催化反应工程的无机分离催化膜陶瓷，具有广泛的应用前景，将会对化学工业带来根本性的变革。

（二）结构陶瓷

主要研究发展方向是：新型层状碳化物和氮化物陶瓷，如 Ti_3SiC_2、Ti_2AlC 和 Ti_2AlN 等；高性能复相陶瓷及陶瓷基复合材料；高性能、低成本、批量化先进陶瓷的制备和加工技术等。

四、先进的复合材料

复合材料具有单质材料无可比拟的优点如质轻、高强、耐磨、防腐、导电、屏蔽、吸波、透波、绝缘、透光等，它为解决人类面临的能源危机、资源短缺、环境恶化以及信息技术发展和提高人类生活质量都可作出重要贡献。我国在玻璃纤维增强复合材料（玻璃钢）等方面取得了一定的成绩（年产量居世界第4位，机械化成形工艺已有一定基础），但与发达国家相比还有一定的差距，主要表现在应用研究上。复合材料当前主要研究方向如下：

（一）金属基复合材料

它是以金属或合金为基体、以纤维、晶须、颗粒为增强体的复合材料，具有强度和弹性模量高、高温性能与耐磨性能好等优点。目前已开发铝基、镁基、钛基和铜基等，其中以铝基发展最快，并成为当前金属基复合材料发展的主流。它除用于航空航天和国防工业外，有的国家正在试用于高速列车车盘，以代替钢材，可取得明显的减重效果。金属基复合材料的制备方法有粉末冶金法、熔铸法、压力浸渗法和雾化沉积法等，其中主要是粉末冶金法和熔铸法，目前已进入工业应用。

（二）树脂基复合材料

它是以开环聚合的热塑性树脂为基体、以长纤维或连续纤维为增强体的树脂基复合材料，具有低成本、高性能的优点。已有成套的材料制备技术，用于批量生产。

（三）有机—无机复合材料

通过精细控制无机超微粒子在高聚物中的分散与复合，可能仅以很少的无机粒子体积含量，就能在一个相当大的范围内有效地改变复合材料的综合性能，如增强、增韧和抗老化，且不影响材料的加工特性。该技术可望替代目前品种结构极为众多的高分子材料，同时也为提高材料的循环利用率创造了良好的条件。

（四）纳米复合材料

它是由两种或两种以上的固相至少在一个方向上以纳米级尺寸（1～100nm）复合而成的材料。这些固相可以是晶质态，半晶质态、非晶质态或者兼而有之，而且可以是无机的、有机的或两者都有。纳米复合材料广泛存在于整个生物体（如植物和骨质）中。真正人工合成的是有机－无机纳米复合材料，既有无机物优良的刚度、强度和热稳定性，又具备有机聚合物的断裂性能、加工性能和介电性能，可在汽车、飞机、电子、建筑、化工以及其它新技术领域获得广泛应用。

这里需要强调的是有机—无机纳米复合材料，是探索高性能复合材料的一条重要途径。

总之，先进的新型工程材料发展日新月异，层出不穷，除上述外，还有智能材料、稀土功能材料、生物医学材料、生态环境材料、信息材料和能源材料等。

第八节　钢铁材料的火花鉴别

金属材料的冶炼和机械零件的生产，要确保产品质量，首先要管住源头，即把好材料质量关。因而对材料的不合格品除采取纠正和预防措施外，还要进行必要的实验和检测。金属材料的实验和检测的方法很多，如火花鉴别、外观检查、声响鉴别、断口鉴别和色标鉴别等。上述鉴别方法都是生产现场简单易行的检测方法，但其判定都是定性的、粗略的。要定量地去判别材料，可在生产现场鉴别的基础上，进一步采用化学分析，金相检验和力学性能测试等实验分析手段。本节仅介绍钢、铁的火花鉴别。

钢、铁的火花鉴别法，简便易行，是工矿企业常用的一种现场鉴别方法，可用于区分钢和铸铁以及鉴别钢号（包括碳素钢中碳的质量分数的估计）和所含合金元素的类别。

一、火花鉴别的原理

火花鉴别就是将被检验的钢铁材料与高速旋转的砂轮接触。当打磨时，根据产生的火花束的形状与颜色，定性地确定钢、铸铁的化学成分，以此来区分钢、铸铁的类别。火花束形状如图 1-14 所示。

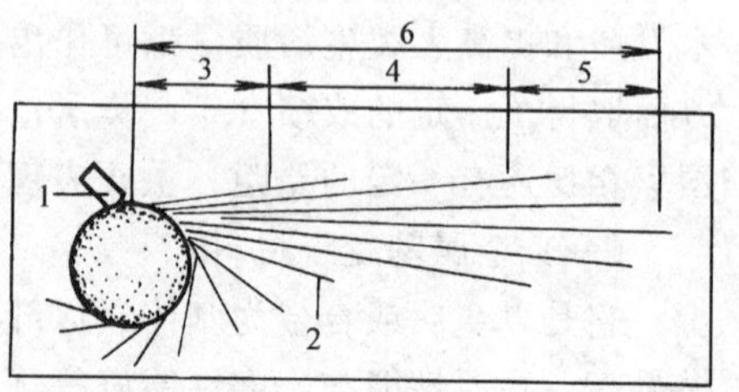

图 1-14　火花束形状

1—试样　2—流线　3—根部　4—中部　5—尾部　6—火花束

1. 火花束　是被检测材料在磨削时所产生的全部火花，常由三部分组成。

（1）根部，靠近砂轮一端的火花。

（2）尾部，火花束末端接近消失的部分，可根据其形状判断钢中所含合金元素的种类。

(3) 中部，介于根部和尾部之间的中央部分，可借以判断钢中碳的质量分数。

2. 流线　火花束中明亮的直线（碳钢）、断续线（高速工具钢和钨钢）或波浪线（铬钢和铬镍钢）。

每条流线上还可分为节点、芒线、节花和尾花等，如图 1-15 所示。

(1) 节点：流线上中途爆裂的原点，比较明亮。

(2) 芒线：由节点爆发出的细流线及有点状花粉。

(3) 节花：由节点和芒线所组成的火花。

(4) 尾花：流线尾部的火花。

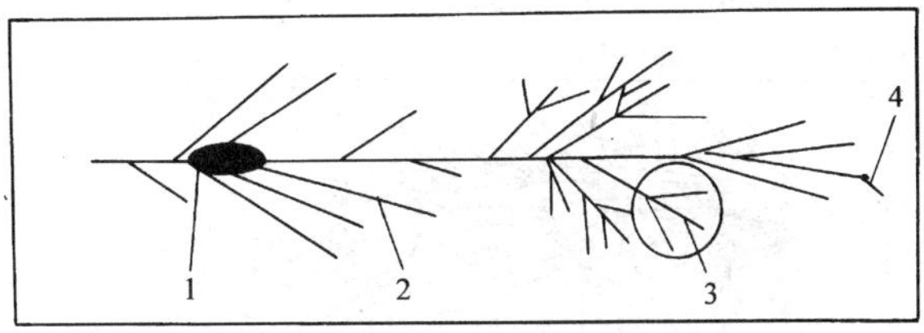

图 1-15　流线的组成

1—节点　2—芒线　3—节花　4—尾花

由于钢中碳的质量分数不同，发射出的芒线及节花的次数也不同，因而有一次、二次或三次芒线和节花。据此用以判定低碳钢、中碳钢或高碳钢。另外钢的化学成分不同，产生尾花的形状也不同。通常有直羽尾花（含硅）、枪尖尾花（含钼）和狐尾花（含钨）等。

二、火花鉴别所用设备和试件

(1) 砂轮机（包括 30～60 号普通 Al_2O_3 砂轮）。

(2) 无色平光眼镜。

(3) 20、45、T10 和 W18Cr4V 四种钢试件和 HT200 灰铸铁试件各 2 件，以供实验用。

三、火花鉴别的目的和内容

通过观察和记录火花特征先区分钢和铸铁，再进而区分 20、45、T10 和 W18Cr4V 钢，达到初步掌握火花鉴别原理和鉴别方法。

四、常用钢铁材料的火花鉴别方法

(1) 每组领取 20、45、T10 和 W18Cr4V 四种钢试件以及 HT200 灰铸铁的试件各 2 件，并编号，但不知道各试件属于何种材料。

(2) 操作前先熟悉所要检测材料的火花特征，然后戴上无色平光眼镜，手持试件慢慢与砂轮接触，压力要适中。场地光线要稍暗些，打磨时射出的火花应略高于水平面方向，这时可仔细观察试件的火花特征，如颜色、形状和长短等。

(3) 记录和描述上述材料的火花特征，判定钢与铸铁以及各种牌号。如有疑难时，可与相应牌号材料的标准试件的火花（或火花图片）进行比较，力求判断准确。

五、常见钢铁材料的火花特征

常见钢铁材料的火花特征，见图 1-16。

1. HT200（铸铁类）　它的火花束较短，多为橙红色。流线较多，尾部逐渐变粗并下垂成弧形，有羽毛状尾花一般为二次节花，花粉较多。打磨时手感较软。

2. 20 钢（低碳钢类）　它的整个火花束较长，草黄色带红。流线呈弧形，芒线稍短而多叉，发光适中。呈现一次节花。

3. 45 钢（中碳钢类）　火花盛开，整个火花束稍短，呈黄色，发光明亮。流线多而稍细，芒线多叉，花粉较多，花量占整个火花束的五分之三以上。呈现二次节花（也有三次

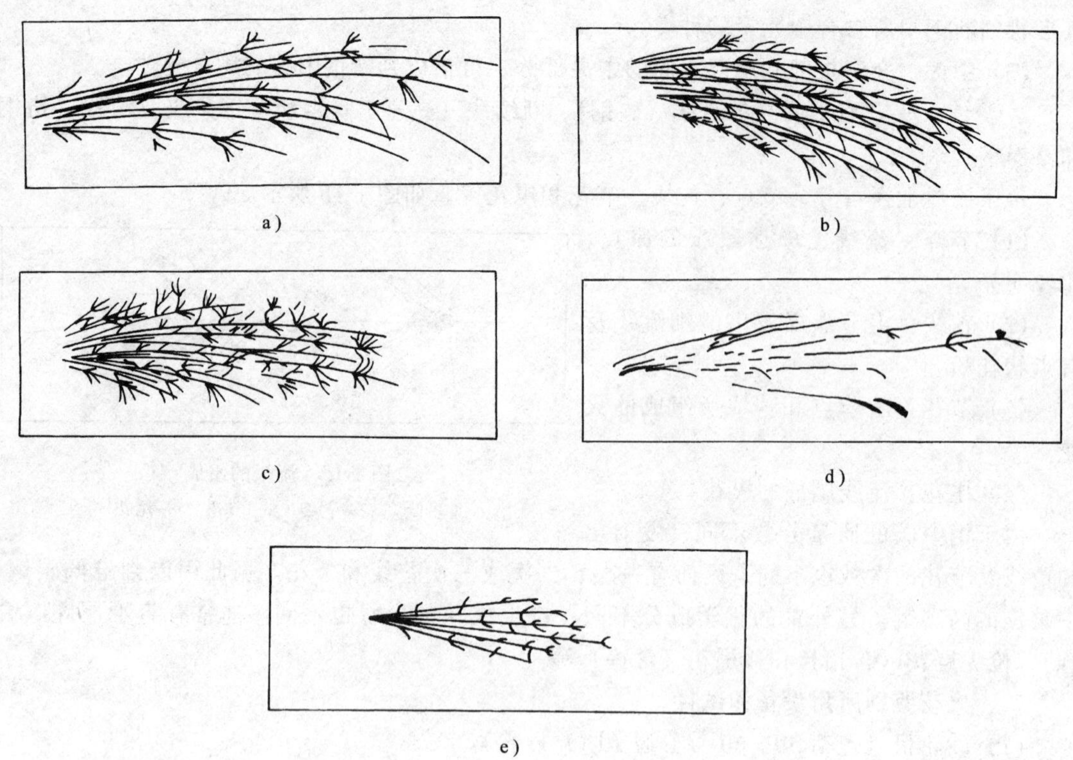

图 1-16　常见钢铁材料火花特征

a）20 钢火花　b）45 钢火花　c）T10 钢火花　d）W18Cr4V 钢火花　e）灰铸铁火花

的）。

4.T10（高碳钢类）　整个火花束短而粗，橙红色，根部色泽暗淡，发光稍弱。流线多而细密，碎花，花粉多，花量占整个火花束的六分之五以上。节花多根，分三次节花。打磨时手感较硬。

5.高速工具钢 W18Cr4V（合金钢类）　火花束细长，暗红色，发光极暗。由于大量钨元素的影响，几乎无火花爆裂（仅在尾部有三、四分叉爆裂），花量极少。流线根部及中部呈断续状态，尾部膨胀并下垂成点状的狐尾花。打磨时手感较硬。

总之碳素钢的碳的质量分数越大，则流线越多，火花束变短，节花和花粉增多，火花亮度增加，打磨时手感变硬。

上述各类材料的火花图仅仅表示各种火花束形状的区别及主要特征。实际上火花出现是一种动态的，要细心观察和揣摩，不断积累经验，就能快速地鉴别钢和铸铁。

复习思考题

1.解释下列符号的物理意义

σ_s、σ_b、δ、ψ、a_K

2.要测量下列材料或零件的硬度，应当使用何种硬度计为合理

（1）灰铸铁。（2）锉刀。（3）铜。（4）弹簧。（5）薄铝片。（6）硬质合金刀片。

3.判定下列说法是否正确？如不正确请更正

（1）材料塑性好，则强度、硬度高。

（2）材料的强度高，则硬度就高，所以变形就小。

（3）材料过硬或过软，一般都不易切削。

4．研究铁碳合金相图的目的是什么？

5．碳素钢与铸铁在成分和组织上有什么主要区别？

6．指出下列材料牌号的含义和主要用途：

Q235-AF、15、45、T12、T8A、ZG270-500、HT250、QT400-15、Q345、40Cr、W18Cr4V

7．高碳钢和高速钢经淬火后都可达到62HRC以上的硬度，为什么高碳钢只能制造锯条、锉刀等，而车刀、铣刀则需用高速钢制造？

8．什么是正火与完全退火？二者的特点和用途各有何不同？

9．指出下列材料牌号的含义和主要用途：

H80、ZCuZn33Pb2、1A90、BMn3-12、ZPbSb16Sn16Cu2

10．除了铝、铜及其合金外，你还知道哪些非铁材料（有色金属）？试述它们的主要性能和用途。

11．塑料的典型成形方法有哪些？

12．典型特种陶瓷有哪些？各用于制造哪些机械零件？

13．什么是复合材料？主要有哪些复合材料？

14．我国在先进高分子材料的发展方面有哪些特色？

第二章　铸　造

目的和要求

1. 了解铸造生产工艺过程、特点和应用。

2. 了解砂型铸造工艺的主要内容。熟悉铸型分型面的选择。掌握两箱造型（整模、分模和挖砂等）的特点和应用。能独立完成简单铸件的两箱造型。

3. 了解模样、铸件和零件间的关系和区别。

4. 了解常见铸造缺陷。

5. 了解常用特种铸造方法的特点和应用。

6. 了解铸造的安全技术。

安全技术

1. 舂砂时不得将手放在砂箱上。

2. 清除模样上和型腔内的散砂时，不得用嘴吹，以防迷眼。

3. 在造型现场要小心行走，以免损坏砂型。

4. 不得用手脚触摸尚未冷凉的铸件或铁块，以防烫伤。

5. 不得对着人打砸浇冒口或凿飞翅，以免伤人。

第一节　概　述

铸造是熔炼金属、制造铸型，并将熔融金属浇入铸型，凝固后获得具有一定形状、尺寸和性能金属零件毛坯的成形方法。

常用的铸造方法是砂型铸造，即在砂型中生产铸件的铸造方法。砂型是用型砂制成的铸型。砂型铸造工艺过程见图 2-1。

有别于砂型铸造的其它铸造方法统称为特种铸造，目前已发展到几十种之多。

铸型是用型砂、金属或其它耐火材料制成，包括形成铸件形状的空腔、型芯和浇冒口系统的组合整体。砂型用砂箱支撑时，砂箱也是铸型的组成部分。不准将铸型称为“铸模”或“模型”。图 2-2 所示的砂型是由上型、下型、型芯和浇注系统等组成。上、下型间的接触面称为分型面。型芯是为获得铸件的内孔或局部外形用芯砂或其它材料制成的，安放在型腔内部的铸型组元。浇注系统是为填充型腔和冒口而开设于铸型中的一系列通道，通常由外浇口、直浇道、横浇道和内浇道组成。

铸造使熔融金属一次成形，可得到形状复杂、尤其是具有复杂内腔的毛坯，从而大大节省金属材料和切削加工工时。铸造的工艺灵活，对各种成分、形状和重量的铸件几乎都能适应，铸铁和铸铝等脆性材料还只能用铸造成形。铸造的原材料价格低廉，设备投资较少，因此铸件的成本较低。

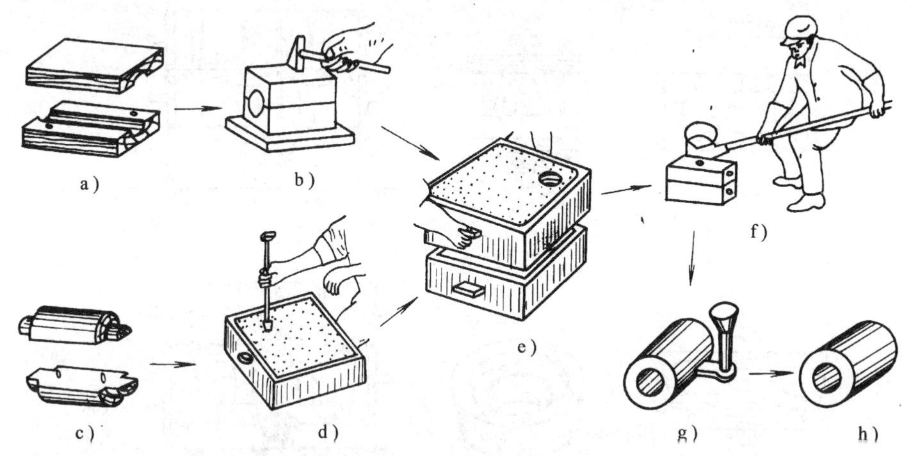

图 2-1　采用手工造型的砂型铸造工艺过程

a）芯盒　b）造芯　c）模样　d）造型　e）合型　f）浇注　g）落砂后的铸件　h）清理后的铸件

铸件的力学性能和表面质量一般不及锻件；铸造过程工艺繁杂，难以综合控制，致使铸件质量不稳定，废品率较高；砂型铸造的劳动强度大、环境污染严重，直接影响人体健康。随着现代铸造技术的不断发展，铸造的这些缺点正在逐步得到克服。

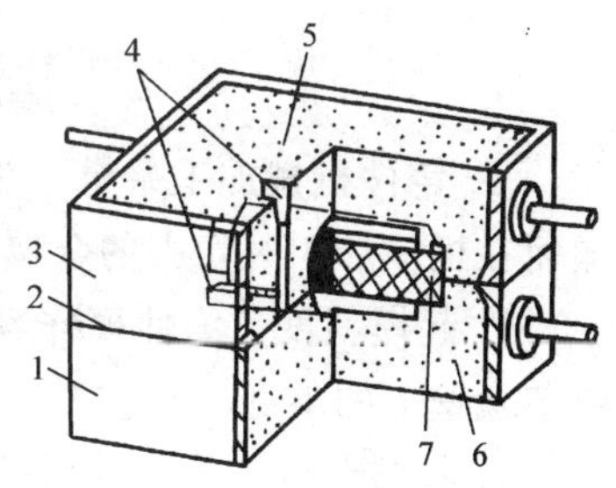

图 2-2　砂型的组成

1—下砂箱　2—分型面　3—上砂箱　4—浇注系统　5—上型　6—下型　7—型芯

我国铸造技术历史悠久，早在四千年前即已生产、应用青铜铸器，当时生产的最大铸件司母戊鼎重达 875kg。公元前 6 世纪我国就已掌握了生铁铸造技术，比欧洲早 1800 多年。铸造生产在现代机械制造业中占有十分重要的地位。一般机械中，铸件要占其总重的 40%～90%。如机床床身、内燃机机体和减速器壳体等多采用铸件作毛坯。在国民经济各个部门，铸件都得到了广泛应用。

砂型铸造要考虑的工艺因素有：

1. 分型面　铸型组元间的接合面。它是为了造型时能从砂型中取出模样而设置的。分型面应取在模样的最大截面处，否则难以起模（见图 2-3）。为便于造型，分型面应尽量为

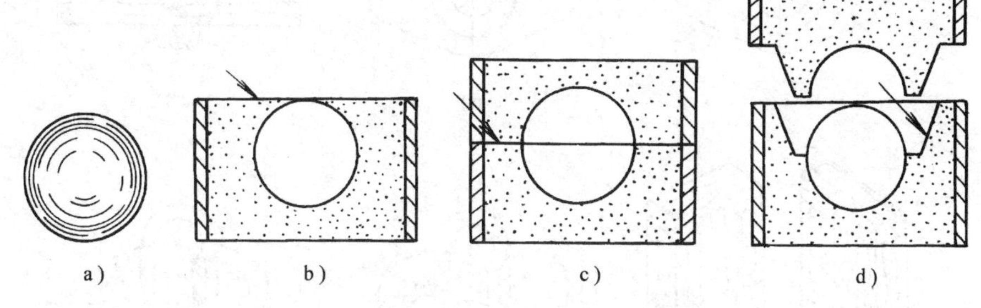

图 2-3　圆球模样的分型面设置比较

a）模样　b）分型面取在模样顶端，无法取出模样　c）分型面取在模样最大截面处，能取出模样　d）采用挖砂造型，使分型面位于模样最大截面处　注：箭头指处为分型面

平面，数目应尽量少。图 2-4 所示为批量较大时采用外型芯减少分型面数目的实例。应尽量使铸件位于同一个砂箱内，并尽量在下型中，以便于造型、下芯和合型。

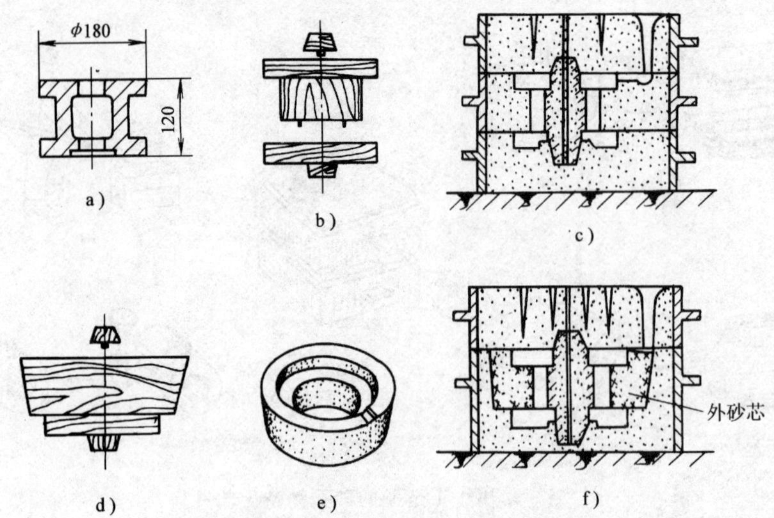

图 2-4　采用外型芯减少分型面数目
a) 零件图　b)、d) 模样　c) 三箱砂型，两个分型面　e) 外型芯
f) 两箱砂型，一个分型面

2. 铸件机械加工余量　为保证铸件加工面尺寸和零件精度，在铸件工艺设计时预先增加而在机械加工时切去的金属层厚度。

3. 起模斜度　为使模样容易从铸型中取出或型芯自芯盒脱出，平行于起模方向在模样或芯盒壁上的斜度。

4. 收缩余量　为了补偿铸件收缩，模样比铸件图样尺寸增大的数值。

模样、铸件和零件间的关系如图 2-5 所示，铸件图较之零件图增加了加工余量和起模斜度，两个小孔亦未铸出。模样外形与铸件外形相同，芯盒内腔形状与铸件孔腔形状相同，但

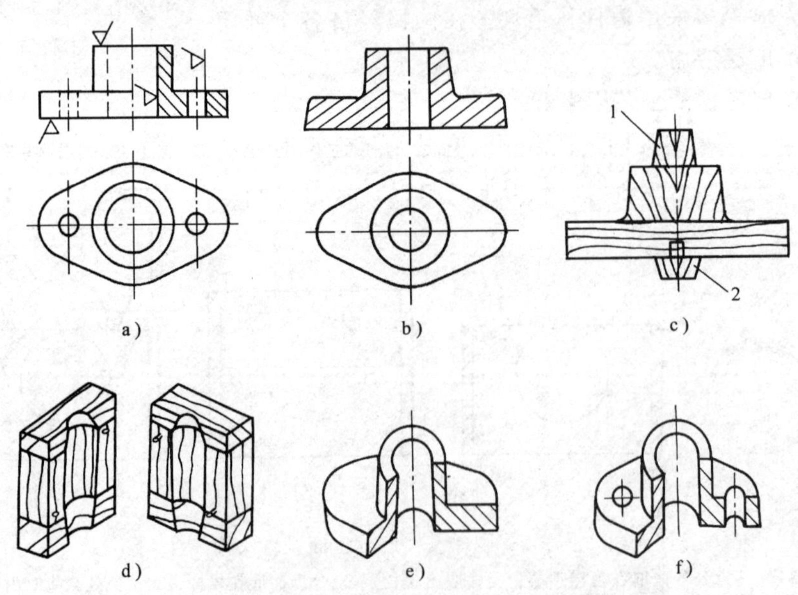

图 2-5　法兰盘零件与其铸件、模样及芯盒的比较
a) 零件图　b) 铸件图　c) 模样　d) 芯盒　e) 铸件　f) 零件
1、2—芯头

模样尺寸和芯盒内腔尺寸都比铸件尺寸放大了一个收缩率，且模样加设了芯头，芯盒内腔亦增设了制出芯头的部分。

型砂和芯砂是按一定比例配合的造型材料，经过混制，符合造型和制芯要求的混合料。型砂广义上包括芯砂，砂子多采用优质的硅砂或海（河）砂，粘结剂常用粘土、水玻璃或树脂等。据统计，铸件缺陷中约有一半是由于型砂和芯砂的质量不高所致。

型砂应具备的性能主要有：

1. 型砂强度　型砂试样抵抗外力破坏的能力。

2. 流动性　型(芯)砂在重力或外力作用下，沿模样表面和砂粒间相对移动的能力。

3. 透气性　表示紧实砂样孔隙度的指标。用在标准温度和 98Pa 气压下，1min 内通过 $1cm^2$ 截面和 1cm 高紧实砂样的空气体积量表示。

4. 耐用性（复用性）　加热的粘土可保持其固有性质的能力。主要由粘土失去结构水的温度高低来决定。型砂耐用性通常由其中粘土耐用性高低决定。

5. 退让性　型砂不阻碍铸件收缩的高温性能。

由于型芯的工作条件更为恶劣，所以对芯砂的性能要求比型砂更高。

第二节　手工造型和制芯

手工造型和制芯是全部用手工或手动工具完成的造型和制芯工序，其操作灵活，方法多样，不需专用设备；但铸件质量差、劳动强度大、生产率不高，主要用于单件小批生产。

常用手工造型方法有：

一、整模造型

整模造型是用整体模制造砂型的。整体模是手工造型中常用的无分模面（可带有活块）的模样。造型时分型面在模样的一个端面，造型过程如图 2-6 所示。这种方法操作最简便，

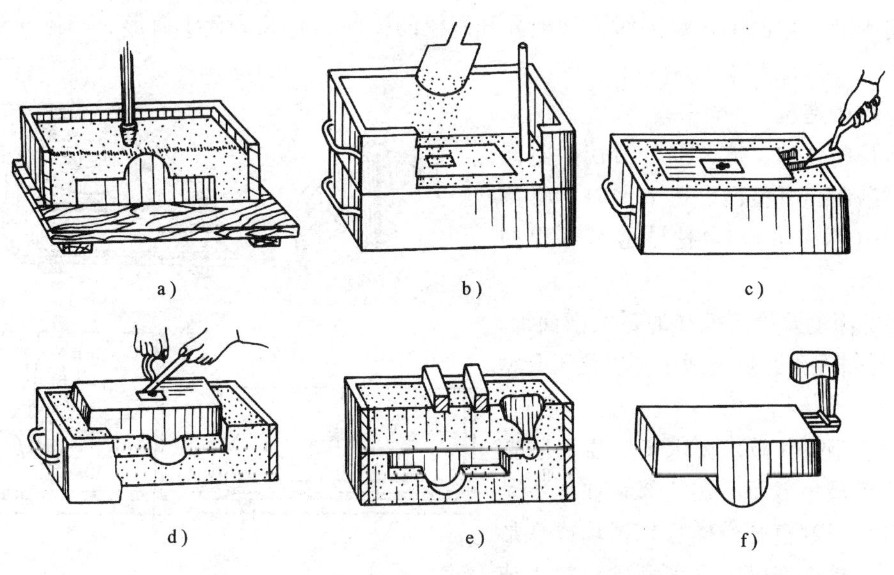

图 2-6　整模造型

a）造下型　b）造上型　c）开挖内浇道　d）取模　e）合型，放压铁　f）落砂后的铸件

也不会产生错型缺陷，适用于截面由小到大，最大截面在一端且为平端面的铸件。

二、分模造型

分模造型是用分块模造型的。分块模是为造型和起模方便，由几块组合在一起，带有分模面的模样，分别在两个或多个砂箱中造出型腔。图 2-7 所示为三通管铸件的分模造型过程。

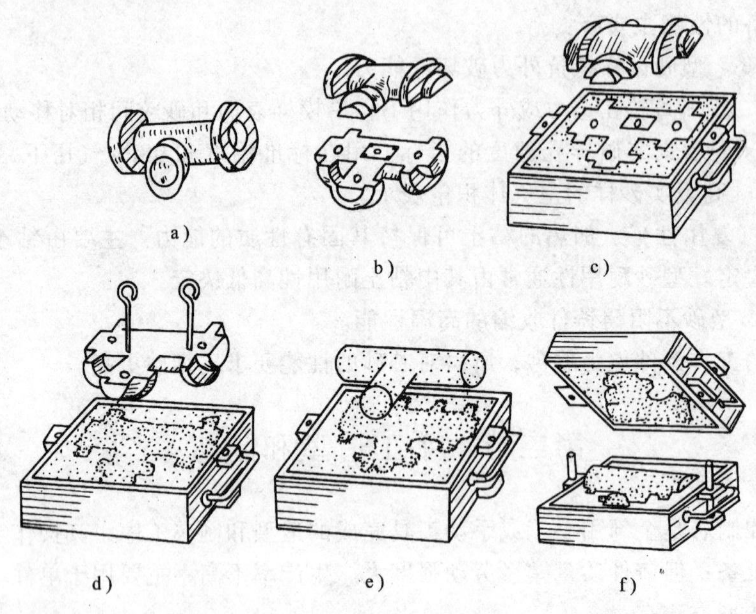

图 2-7　三通管的分模造型过程

a）铸件　b）模样　c）放上半模，造上型　d）起模　e）下芯　f）合型

这种方法操作简便，但要求合型时定位准确，以免产生错型缺陷。分模造型应用最广泛，适用于最大截面不在端部而又易于分开制模的铸件，尤其适合于筒形、阀体和箱体类铸件。

三、挖砂造型

模样是整体的，造下型时需挖出阻碍起模的型砂制出分型面，造上型时再将该部分制出（称为吊砂）。挖砂造型过程如图 2-8 所示。

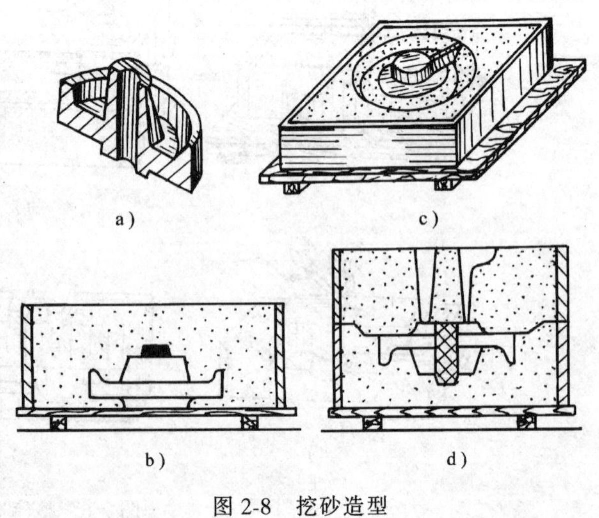

图 2-8　挖砂造型

a）铸件　b）造下型　c）挖制　d）合型的砂型

挖砂的深度要恰到模样的最大截面处，分型面要修抹平滑，坡度适中，以便于开型和合型。

挖砂造型操作技术要求高，生产效率低，适用于最大截面不在端部且往往不是平面，若分开制模则模样容易损坏或变形的铸件。小批生产时，可用型砂、粘土或水泥等材料预制一个与上型相同的辅助装置，代替底板进行造型，以省去挖砂操作，称为假箱造型（见图 2-9）。批量较大时，常用木板或金属制成的成型底板代替假箱进行造型（见图 2-10）。

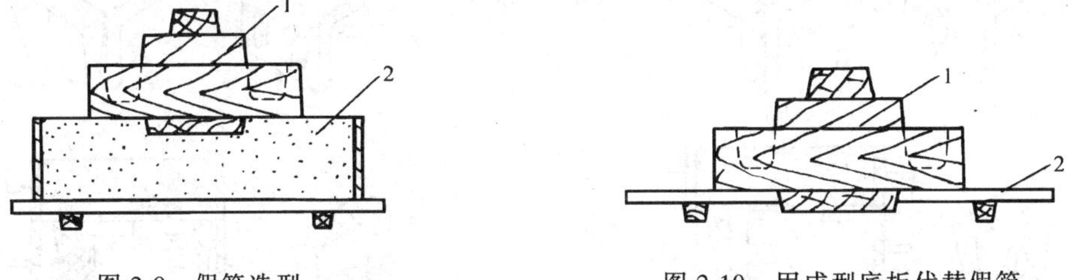

图 2-9　假箱造型

1—模样　2—假箱

图 2-10　用成型底板代替假箱

1—模样　2—成型底板

四、活块模造型

活块模造型是用带有活块的模样来造型的。活块是模样上可拆卸或能活动的部分。可用于整体模、分块模或芯盒的侧面伸出部分，起模或脱芯后，再将活块取出（见图 2-11）。

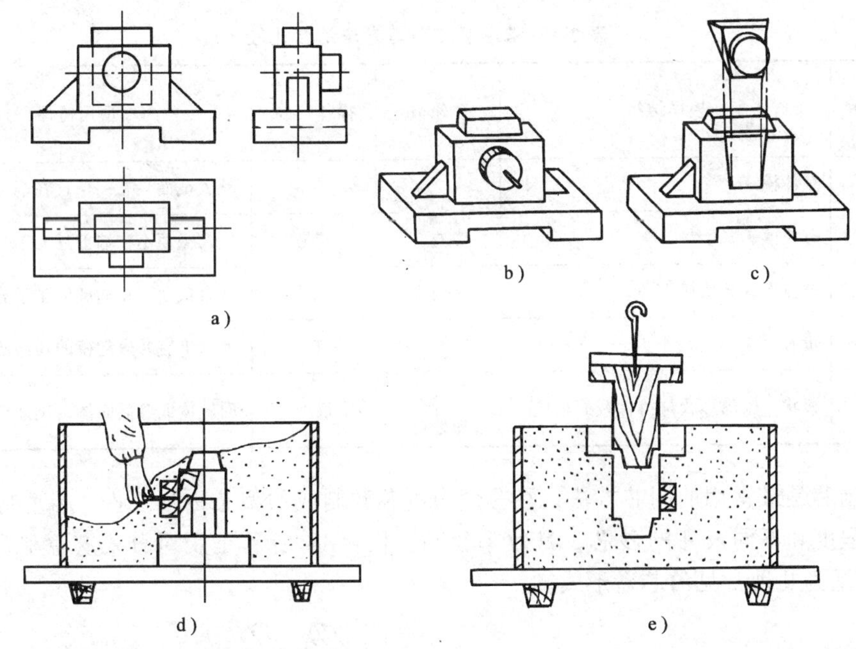

图 2-11　活块模造型

a）零件图　b）销钉连接的活块模　c）燕尾销连接的活块模

d）造型时拔出铁钉　e）取出主体模

活块模造型有利于减少分型面数目或避免挖砂，但操作复杂，生产效率较低，还常因造型时活块位移影响铸件精度，只适用于侧壁上有局部凸台的铸件。生产数量较多时，常采用外型芯来形成突出部分（见图 2-12）。

表 2-1 从模样结构和操作难易等多个方面对常用的手工造型方法进行了综合比较。

型芯主要用来构成铸件的空腔或孔洞，也可用于构成铸件侧面的突出部分或深沟槽，如图 2-13 所示。对于外形复杂的铸件，还可完全由型芯来构成型腔，称为组芯造型。

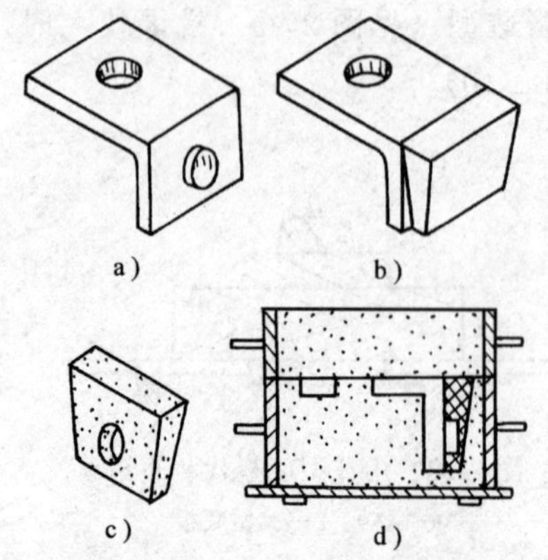

图 2-12 外型芯造型
a）铸件 b）模样
c）外型芯 d）砂型

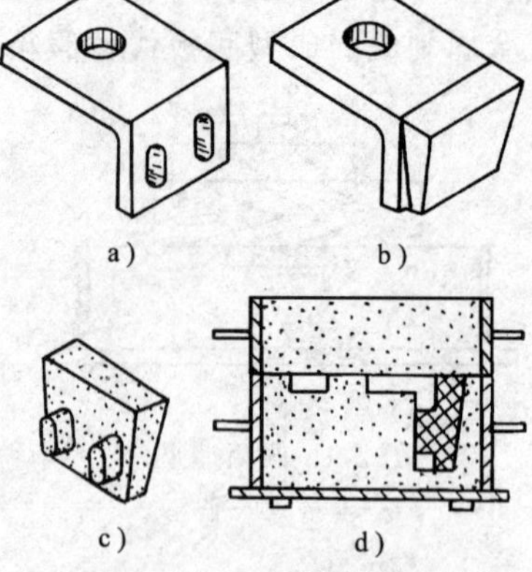

图 2-13 外型芯的应用
a）铸件 b）模样
c）外型芯 d）合型后的砂型

表 2-1 常用手工造型方法综合比较

项目 造型方法	模样结构	砂箱数	操作难易	适用铸件
整模造型	整体模	2	易	最大截面只有一个且在端部
分模造型	分块模	2 或 3	较易	最大截面不在端部且易于分开制模
挖砂造型	整体模或分块模	2 或 3	难	最大截面不在端部但难于分开制模
活块模造型	带有活块	2 或 3	难	侧壁上有妨碍起模的局部凸台
刮板造型	板状，轮廓形状与铸件截面相似	2 或 1 （加地坑）	很难	回转体或等截面体，尺寸较大

芯盒制芯是最常用的制芯方法，在芯盒内用芯砂制成的型芯称为砂芯。芯盒制芯可制造各种复杂程度和不同尺寸的砂芯，且效率较高。图 2-14 所示是用对分式芯盒制芯的过程。图 2-15 所示为几种常见的芯盒形式。

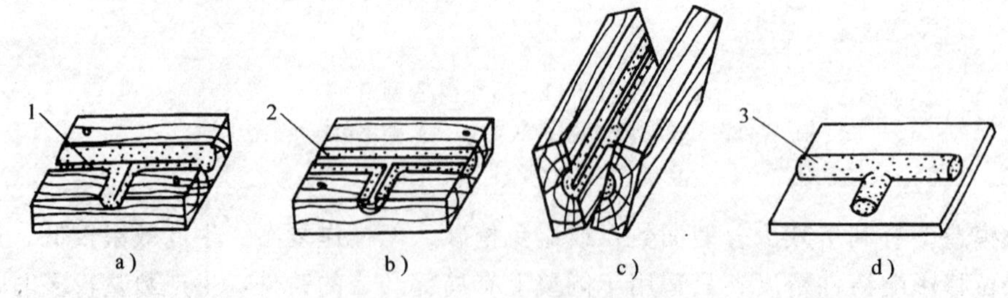

图 2-14 用对分式芯盒制芯
a）在半个芯盒中填实芯砂，放入芯骨并刮平表面
b）在另半个芯盒中填实芯砂并刮平表面后开出气孔
c）在刮平的表面上刷涂泥浆后合拢芯盒 d）打开芯盒，取出型芯
1—芯骨 2—出气孔 3—砂芯

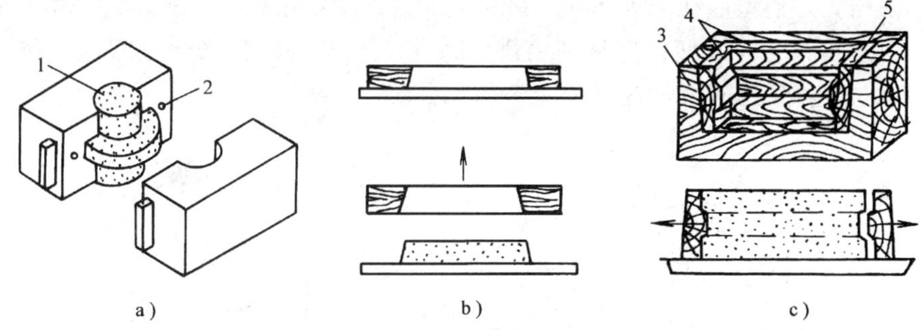

图 2-15　几种常见的芯盒

a）对分式　b）整体式　c）可拆式

1—砂芯　2—定位销孔　3—芯盒框　4、5—活块

第三节　机 器 造 型

用机器全部完成或至少完成紧砂操作的造型工序称为机器造型，它是采用模板造型的。模板是模样和模底板的组合体，一般带有浇口模、冒口模和定位装置。单面模板是一面有模样的模板。上下两半模样分装在两块模底板上，分别称为上模板和下模板（见图 2-16)，分别在两台造型机上造出上、下型。双面模板是两半模和浇注系统分别安装在同一模底板两面对应位置的模板，可用同一模板完成上型和下型（见图 2-17)，仅用于小铸件。

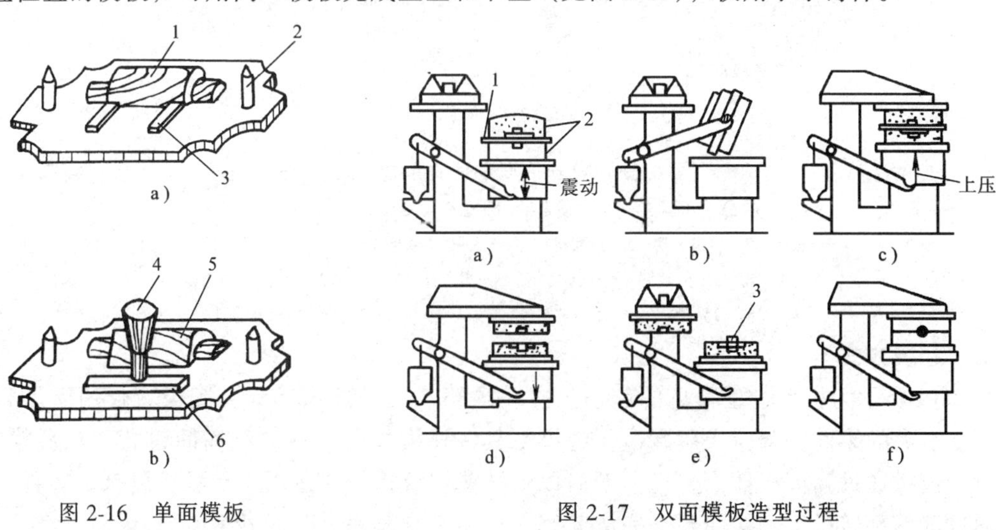

图 2-16　单面模板

a）下模板　b）上模板

1—下模样　2—定位销　3—内浇道

4—浇口盆　5—上模样　6—横浇道

图 2-17　双面模板造型过程

a）震动紧砂　b）翻转砂箱　c）压实型砂

d）脱去模板　e）下芯　f）合型

1—双面模板　2—砂箱　3—型芯

一、紧砂方式

图 2-18 所示是机器造型常见的紧砂方式。震压式是震击紧实后进行压实的，常用于中、小型铸件造型和制芯，应用最广泛。抛实式通过高速旋转的叶片产生的离心力，将型砂或芯砂抛入砂箱或芯盒使型砂在惯性力下完成填砂和紧实的，多用于大、中型铸件造型和制芯。射压式利用压缩空气将型砂或芯砂射入砂箱或芯盒而进行紧实的方法，因紧实度不够高，多

用于制芯。射压式是使型砂在压力下射入砂箱或芯盒，随后用模板压实的，多用于中、小型铸件造型。另外还有气冲造型，它是利用燃气或压缩空气瞬间膨胀产生的压力波紧实型砂的，是20世纪80年代迅速发展起来的，多用于自动造型线。

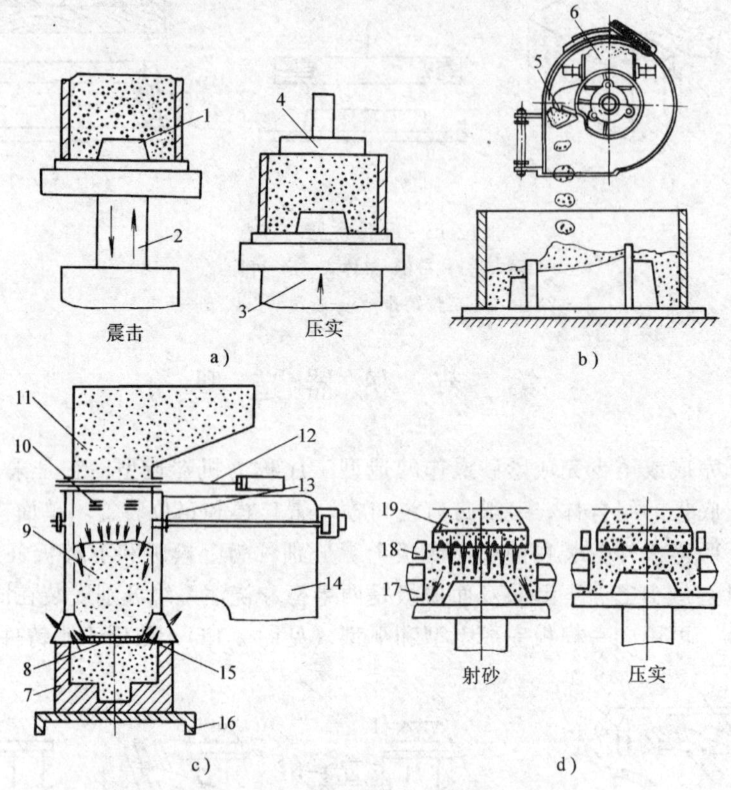

图 2-18 机器造型常见的紧砂方式

a) 震压紧实 b) 抛砂紧实 c) 射砂紧实 d) 射压紧实

1—模样 2—震击机构 3—压实机构 4—压头 5—叶片 6—送砂带 7—芯盒 8—射砂孔 9—射砂筒 10—进气缝 11—储砂斗 12—进砂闸 13—射砂阀 14—气包 15—排气孔 16—工作台 17—砂箱 18—辅助框 19—射砂头

二、起模方式

图 2-19 所示为机器造型常见的起模方式。顶箱式用顶杆顶起砂箱起模，仅用于形状简单、高度不大的铸件。漏模式用漏模作起模工具，在模样与砂型分型面间设置一层漏模板，起模时，模样通过漏模板抽出，而分型面以上被漏模板托住，适用于形状较复杂的铸件。翻转式通过砂型翻转后落到接箱台上完成起模，适用于有较深吊砂的砂型。

三、机器造型的特点

机器造型生产率高，铸件质量较好，劳动条件也大大改善；但设备投资较大，生产准备时间较长，且不易生产特大型铸件，仅适用于成批大量生产。机器造型还不能进行三箱造型，不宜采用活块模造型，常采取相应措施如外型芯造型来简化模样，以保证较高的生产效率。为充分发挥造型的生产能力，常通过各种输送设施将造型机和各种辅机组合成一个生产线，使铸造生产的机械化和自动化程度大幅度提高。图 2-20 所示为一种铸造生产流水线的立体图。

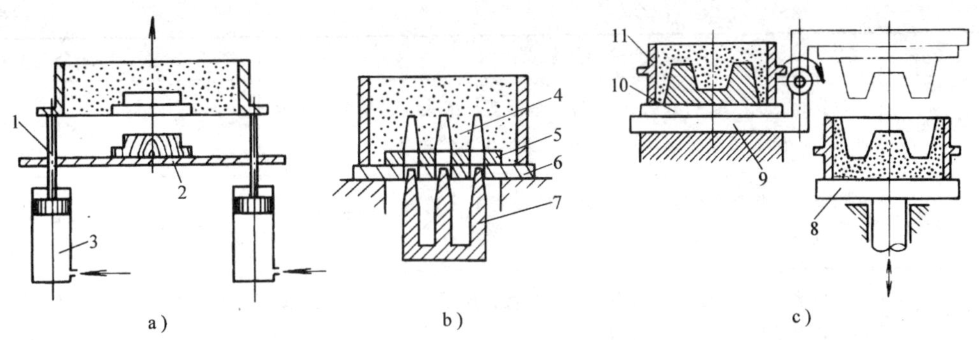

图 2-19 机器造型常见的起模方式

a）顶箱起模 b）漏模起模 c）翻转起模

1—顶杆 2—模板 3—气缸 4—被托住的型砂 5—模样的平面部分 6—带漏孔的模底板 7—模样的凸起部分 8—接箱台 9—翻转板 10—模板 11—砂箱

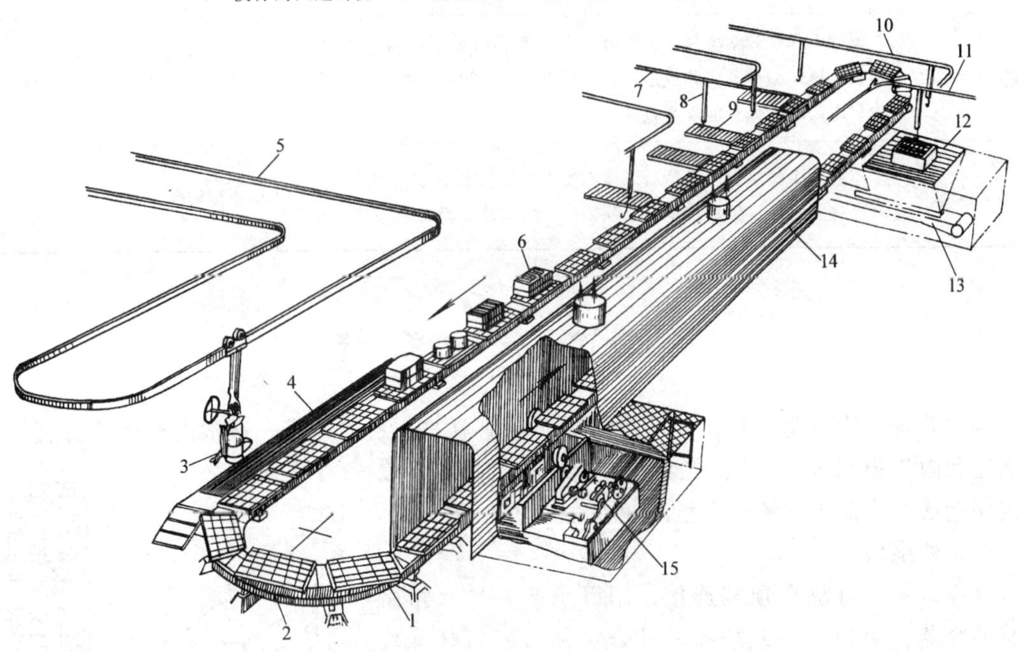

图 2-20 铸造生产流水线立体图

1—输送小车 2—输送轨道 3—浇包 4—浇注平台 5—浇注用单轨 6—砂型 7—造型用单轨 8—砂型吊运车 9—砂型辊道 10—送空砂箱用单轨 11—打箱用单轨 12—落砂机 13—旧砂输送带 14—冷却室 15—驱动装置

四、各种机器造型方法综合比较

随着科技进步，机器造型方法也在不断改进和发展。表 2-2 为各种机器造型方法的特点和适用范围，其中气流冲击造型和低温硬化造型为现代造型方法。

表 2-2 各种机器造型方法的特点和适用场合

造型方法	主要特点	适用场合
震压造型	型砂经多次震击后压实，压实比压较低，砂型紧实度不高，但均匀。机器结构简单但噪声大，效率较高	中小型铸件，成批生产
微震压实造型	在压实型砂的同时进行微震，振幅小而频率高，砂型紧实度高而均匀。噪声较小，效率较高	中小型铸件，成批生产

（续）

造型方法	主要特点	适用场合
高压微震造型	压实比压大于0.7MPa，压头为多个浮动小压头，砂型紧实度高而均匀。机器结构复杂，但噪声小、灰尘少、效率高	中小型铸件，大批大量生产
抛砂造型	用离心力将型砂成团抛入砂箱，砂型紧实度均匀。机器结构简单、噪声小、能耗少、效率高	大型铸件，中小批量生产
射压造型	用压缩空气将型砂射入砂箱后，再用高比压压实，型砂紧实度均匀。机器结构复杂，但效率高	形状简单的中小型铸件，大批大量生产
气流冲击造型	用压缩空气突然膨胀时产生很强的冲击波紧实型砂，砂型紧实度高而均匀。铸件精度高、表面质量好、机器结构简单、噪声小、能耗少、效率高	中小型铸件，单件或成批生产
真空密封造型	型砂不含水和粘结剂，造型时用塑料薄膜将砂子密封并抽真空，借助负压使型砂紧实和成形。铸件精度高、缺陷少。噪声小、灰尘少、生产成本低、但效率较低	形状简单、高度不大的铸件
低温硬化造型	型砂含少量水分，造型后经冷冻使型砂紧实和成形，型砂紧实度高、透气性好、铸件质量好、缺陷少、污染小、落砂和清理方便	中小型铸件

第四节 浇注系统

浇注系统是为填充型腔和冒口而开设于铸型中的一系列通道。通常由外浇口、直浇道、横浇道和内浇道组成，如图2-21所示。因浇注系统开设不当而造成的废品多达铸件产量的30%。

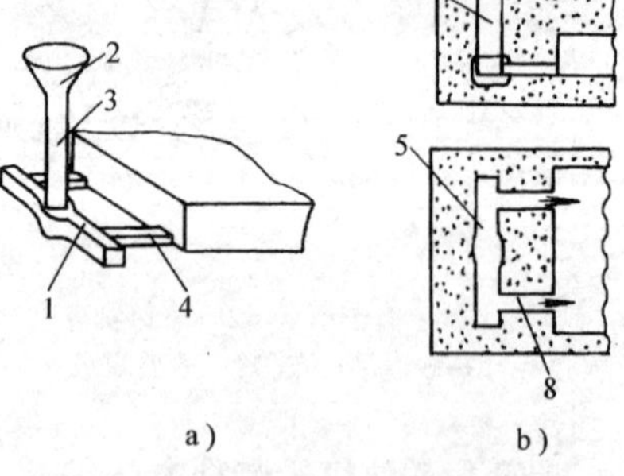

图2-21 浇注系统简图
a）带浇道的铸件 b）铸型截面
1、5—横浇道 2、7—外浇口
3、6—直浇道 4、8—内浇道

一、外浇口

外浇口是与直浇道顶端连接，用以承接并导入熔融金属的容器，形似漏斗或浴盆，可分别称为浇口杯和浇口盆。

二、直浇道

直浇道是浇注系统中的垂直通道，通常带有一定的锥度，主要用于使金属液产生一定的静压力，以利于充满型腔，一般应高出型腔顶部100～200mm。

三、横浇道

横浇道是浇注系统中连接直浇道和内浇道的水平通道部分，一般开挖于上型分型面处，断面多呈梯形，主要用于挡渣，兼起将金属液分配到各内浇道的作用。

四、内浇道

内浇道是浇注系统中引导液态金属进入型腔的部分，断面多呈扁梯形或三角形，主要用于控制金属液流入型腔的速度和方向，并能控制铸件各部分的凝固顺序。

第五节　金属的熔炼

熔炼是通过加热使金属由固态转变为液态，并通过冶金反应去除金属液中的杂质，使其温度和成分达到规定要求的过程和操作。熔炼是铸造生产中的重要环节，直接影响到铸件质量和生产率等。熔炼金属的设备常用冲天炉、电炉和感应炉等。

一、冲天炉熔炼

冲天炉是一种以生铁和（或）废钢铁为金属炉料的竖式园筒形化铁炉，金属与燃料直接接触，从风口鼓风助燃，能连续熔化。

图 2-22 所示的冲天炉分为前炉和后炉两部分。外壳均为钢板焊接圆筒，内衬耐火材料。前炉用于储存由后炉熔炼的铁液。

冲天炉结构简单，连续熔炼，生产效率较高，熔炼成本较低；但熔炼时合金元素烧损较多，铁液质量不稳定，劳动条件较差。随着我国电力工业的发展，在铸铁熔炼上将会愈来愈多地采用感应电炉。

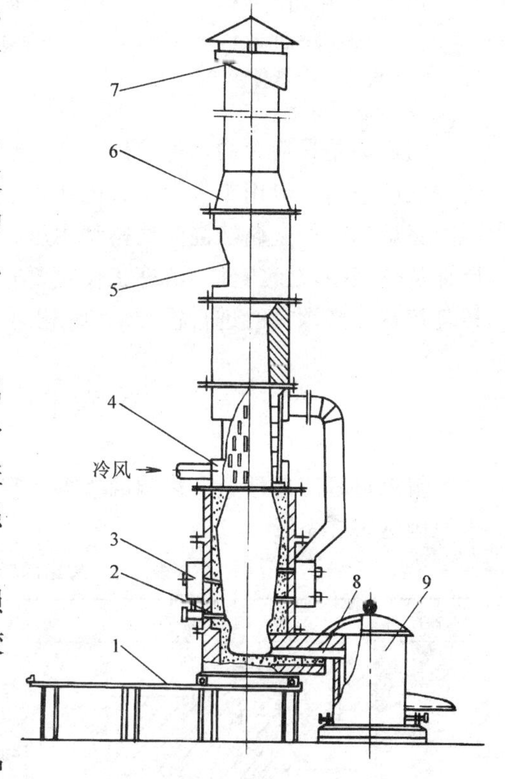

图 2-22　冲天炉简图

1—滑道　2—最下排风口　3—环形风带　4—热风装置　5—加料口　6—烟囱　7—除尘装置　8—过桥　9—前炉

二、电弧炉熔炼

电弧炉是电弧与炉料间产生电弧用以熔炼金属的炉子。图 2-23 所示为常用的三相电弧炉，炉身为钢制外壳，内衬耐火材料，三根石墨电极从炉盖插入炉膛内。工作时，电极下端与金属料间产生强烈的电弧，使金属料熔化并过热到高温。

电弧炉熔炼温度高、操作方便、合金元素烧损较少；但设备投资较大、耗电量大、熔炼成本较高，常用于熔炼铸钢。

三、感应电炉熔炼

感应电炉是利用感应电流加热和熔炼金属的炉子。图 2-24 所示为无芯感应电炉，坩埚用耐火材料制成，感应线圈用铜管绕制以便通水冷却。当交流电通过感应线圈时，置于坩埚里的金属炉料内就会产生感应电流，并产生很高的电阻热使金属料熔化和过热。

感应电炉熔炼速度较快、热效率高、合金元素烧损很少、易于控制合金液的化学成分和温度，且环境污染小；但设备投资较大、耗电量大，目前主要用于熔炼铸钢和合金铸铁。

四、坩埚炉熔炼

坩埚炉是在坩埚内熔化金属的炉子，是利用电能或燃料燃烧产生的热能从坩埚外加热的。图 2-25 所示的为电阻坩埚炉，坩埚用耐火材料与石墨混合烧制，也可用铸铁或钢料制成，电阻丝均布于炉膛内壁。

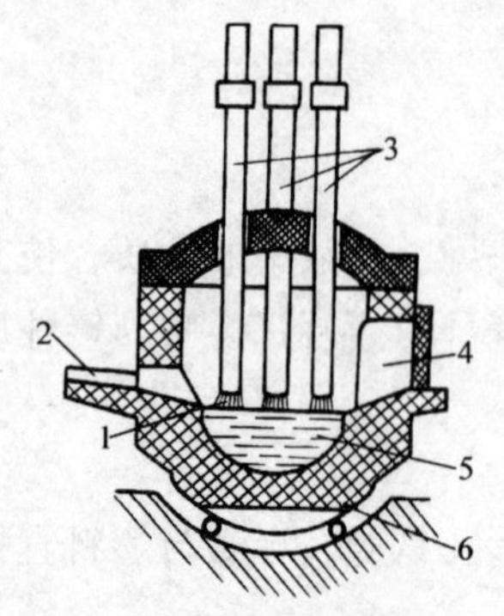

图 2-23　三相电弧炉

1—电弧　2—出钢口

3—电极　4—加料口

5—钢液　6—倾斜机构

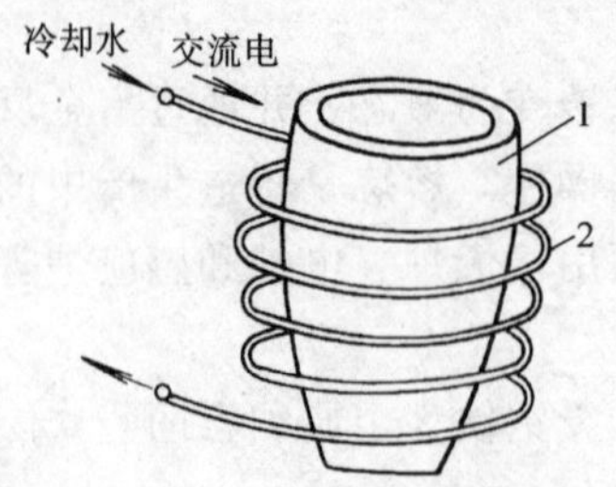

图 2-24　无芯感应电炉示意图

1—坩埚　2—感应线圈

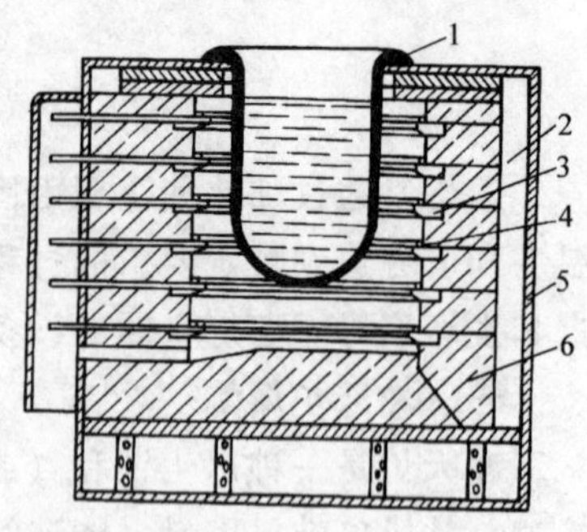

图 2-25　电阻坩埚炉示意图

1—坩埚　2—隔热材料

3—电阻丝托板　4—电阻丝

5—炉壳　6—耐火砖

坩埚炉是最简单的一种熔炉。其优点是金属液不受炉气污染，成分易控制，烧损率低，纯净度较高，一般用于批量不大的非铁合金铸件的熔炼。

将熔炼好的金属液浇注到铸型中后，再经落砂，清理和检验，最后得到合格的铸件。落砂即从砂型中取出铸件。清理工作主要有去除浇冒口、清除砂芯、清理表面和热处理等。在铸件清理时必须及时进行检验，以查出有缺陷的铸件，予以修补或报废。

第六节　常见的铸造缺陷

铸造过程工序繁杂，影响因素多，很容易产生铸造缺陷。常见的铸造缺陷的特征及其产生原因见表 2-3。

表 2-3　常见的铸造缺陷的特征及其产生原因

名称	图　　例	特征及产生的主要原因
缩孔		是由于金属液冷却凝固时，没有及时得到足够的金属液补缩而产生的孔洞。缩孔的孔壁粗糙，形状不规则，常出现在铸件最后凝固的厚大部位
气孔		是由于金属液冷却凝固时，侵入或析出其内的气体来不及逸出造成的孔洞。气孔的孔壁光滑，呈圆形或梨形，常出现在铸件表面或砂芯、冷铁及浇冒口附近
错型		是铸件的两部分在分型面处相互错开而造成的形状和尺寸的不合格。错型主要是由于造型时上、下模错动或合型时上、下型错位引起的

（续）

名称	图　　例	特征及产生的主要原因
偏芯		是由于型芯下垂或在金属液作用下漂移等原因造成的铸件孔腔或局部形状的位置偏移。通常由型芯形成的孔腔形状未变，但一侧壁厚减薄，另一侧加厚
浇不到		是浇注过程中由于金属液未能完全充满型腔，使铸件产生的边角圆滑光亮的局部残缺。在浇注温度过低，浇注速度过慢或内浇道截面尺寸过小等情况下易于产生
冷隔		是铸型中金属流会合处由于金属熔合不完善而产生的穿透或不穿透的接缝，其边缘圆滑，多出现在远离浇道的宽大上表面和薄壁处。产生原因与浇不到相似
粘砂		是指铸件表面上粘附着的一层难以清除的砂粒，多发生在铸件厚壁处和浇冒口附近。在型腔表面不紧实或浇注温度过高等情况下易于产生
夹砂结疤		指铸件表面上一种凸起的金属疤片，表面粗糙，边缘锐利，与铸件本体间夹有砂层。这种缺陷常出现在铸件的大平面上或浇注时因液流量大而造成局部过热的部位。在这些部位，型腔表面容易鼓胀开裂而形成夹砂结疤
热裂		是铸件在较高温度（常在凝固末期）时产生的裂纹。裂口曲折而不规则，断口表面因氧化而呈暗兰色。铸型的退让性差及钢和铸铁中硫含量过高时易于产生
冷裂		是铸件在较低温度（钢和铸铁在620～650℃以下）时产生的裂纹。裂口常呈直线状，断口表面未氧化或有轻微氧化色。铸型的退让性差及金属液中磷含量过高时易于产生

第七节 特 种 铸 造

特种铸造是指与普通砂型铸造不同的其它铸造方法，目前已发展到几十种之多。这些方法主要从制模及造型材料、造型工艺和充型方式等方面进行了改革，一般都使铸件质量和生产率有了显著提高，但在应用上又都有一定的局限性。

一、熔模铸造

熔模铸造是用易熔材料如腊料制成模样，在模样上包覆若干层耐火涂料，制成型壳，熔出模样，后经高温焙烧即可浇注的铸造方法。熔模铸造的工艺过程如图 2-26 所示。

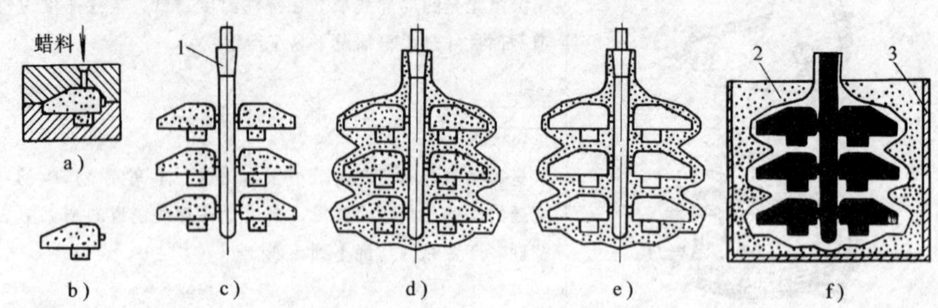

图 2-26 熔模铸造的工艺过程

a) 在压型中压制蜡模 b) 取出的蜡模 c) 焊合成的蜡模组 d) 制耐火型壳

e) 熔失蜡模，焙烧 f) 造型，浇注

1—涂有蜡料的浇道棒 2—砂子 3—砂箱

制模用的压型常用碳钢或铝合金等材料制成。模样材料一般用硬脂酸和石蜡配制。型壳材料主要采用硅砂和水玻璃。制壳过程要多次重复进行，使型壳厚度达到 5～10mm。

熔模铸造又称为失蜡铸造或精密铸造，所生产的铸件表面光洁、精度较高、形状可较复杂、合金种类不限；但这种方法工艺繁杂，大尺寸蜡模制壳时容易变形。目前常用于小型精密铸件的生产，尤其适合于高熔点、难切削的高合金钢铸件，如高速工具钢、不锈钢等。

二、壳型铸造

壳型铸造是在树脂砂壳型中浇注铸件的精密铸造方法。壳型的制造过程见图 2-27 所示。

型砂一般用酚醛树脂和硅砂配混而成，模板用金属制成，预热温度约为 250～300℃，结壳厚度可达 5～15mm。

壳型铸造工艺简便，无需砂箱，用砂量仅为砂型铸造的 1/5～1/10；效率高，结壳时间仅为 15～50s，烘烤时间仅为 30～50s。铸件表面光洁、精度较高。但因树脂价格高及能耗较大，所以铸件成本较高，目前多用于生产小型精密铸件。

三、消失模铸造

消失模铸造是用泡沫塑料模制造铸型后不取出模样，浇注金属时模样气化消失获得铸件的铸造方法，又称为实型铸造，如图 2-28 所示。

模样既可用聚苯乙烯发泡板材切块粘合而成，也可将聚苯乙烯颗粒放进预制的金属模具的模膛内加热发泡形成。

消失模铸造可生产近无余量、形状很复杂和尺寸很大的铸件；工序简化，操作技术要求不高；劳动条件好、劳动强度低、对环境的污染程度也很小。目前尚存在模样气化时有大量

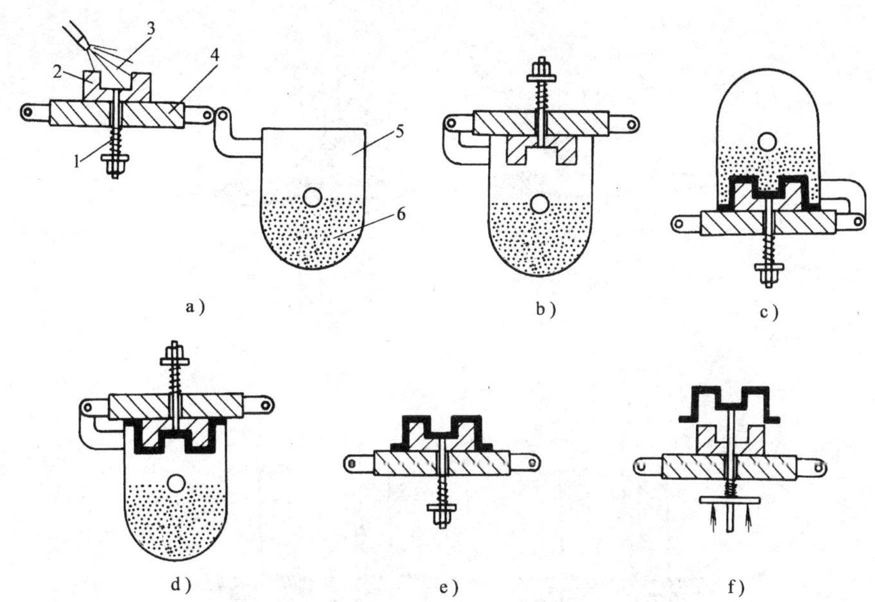

图 2-27 壳型的制造过程

a）将覆膜砂倒入翻斗 b）将预热好的模板扣在翻斗上 c）翻转翻斗，覆膜砂结壳

d）翻斗复位，取出模板 e）烘烤型壳 f）顶出型壳

1—顶杆 2—模样 3—喷涂分型剂 4—模板 5—翻斗 6—覆膜砂

烟雾、铸件表面易产生皱皮和低碳钢表层增碳等问题。

消失模铸造广泛用于铸铁和铝合金铸件的生产，并越来越多地用于生产铸钢件。

四、压力铸造

压力铸造是熔融金属在高压下高速充型，并在压力下凝固的铸造方法，如图 2-29 所示。

铸型材料为耐热合金钢，压射压力通常为 30～80MPa，充型时间仅 0.1～0.25s。

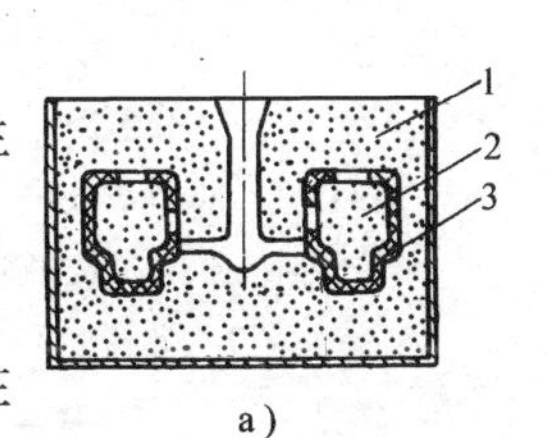

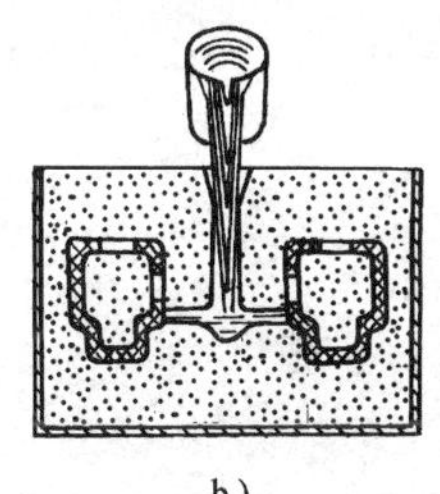

图 2-28 消失模铸造工艺示意图

a）造型 b）浇注

1—砂型 2—砂芯 3—消失模

压力铸造既实现了“一型多铸”，又缩短了充型时间，所以生产率很高；铸件尺寸精确、表面光洁、组织致密、力学性能显著提高。但铸件内易产生小气孔，所以不能进行热处理，也不能在高温下使用，以防气体膨胀引起铸件变形和开裂。压力铸造的设备投资大、铸型昂贵，致使铸件成本较高。目前，压力铸造主要用于大批量生产中小型铝、锌等非铁合金铸件。

五、离心铸造

将金属液浇入绕水平、倾斜或立轴旋转的铸型，在离心力作用下凝固成铸件的铸造方法称为离心铸造，如图 2-30 所示。

铸型多采用金属型，也可用砂型。铸件多是简单的圆筒体，不用芯子形成圆筒内孔。也可用于生产异形铸件。生产空心回转体铸件时，金属液在离心力作用下，均匀地分布到型腔表面，可省掉型芯和浇注系统。离心力还使金属凝固时保持较高压力，组织致密，极少有气孔、夹渣和缩孔等缺陷，力学性能较高。但铸件内孔精度低，表面粗糙，需留有较大的加工

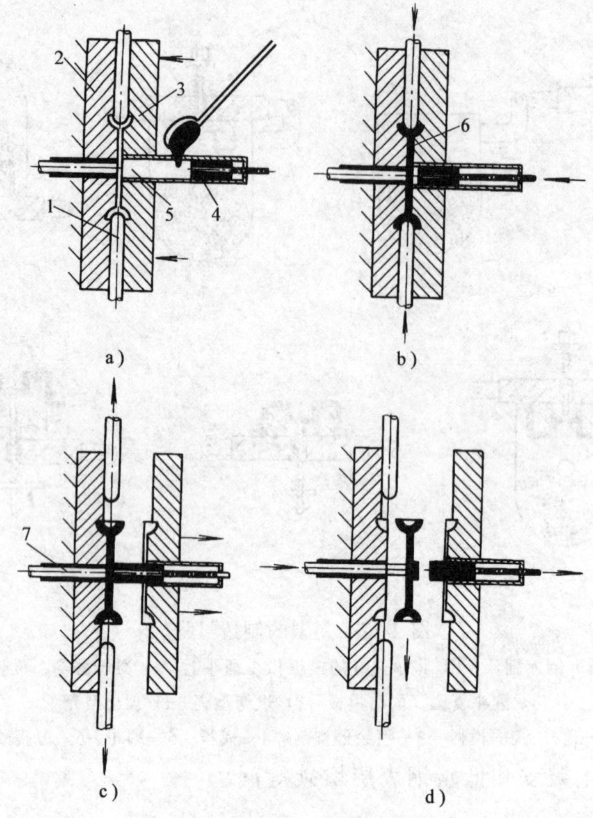

图 2-29　卧式压铸机工作原理

a）合型，将金属液浇入压室　b）柱塞将金属液压入型腔

c）芯棒退出，动型移开　d）柱塞退回，顶杆推出铸件

1—芯棒　2—定型　3—动型　4—柱塞

5—压室　6—铸件　7—顶杆

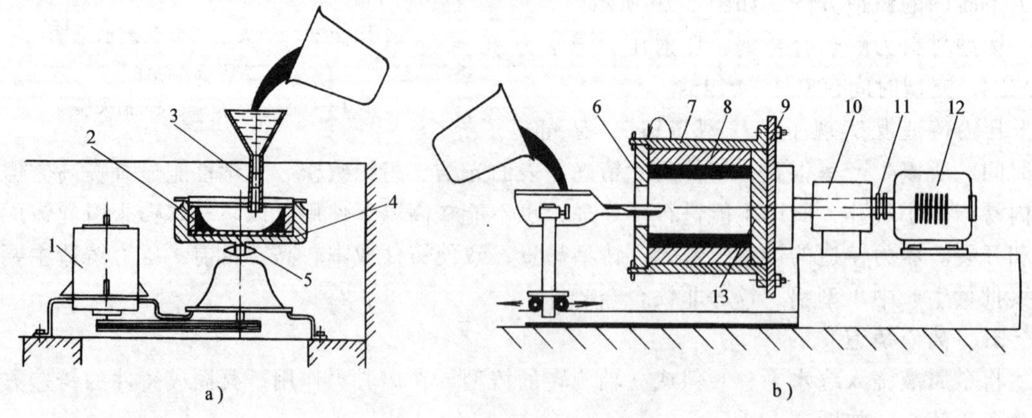

图 2-30　离心铸造示意图

a）立式离心铸造机　b）卧式离心铸造机

1、12—电动机　2、8—金属型　3—定量浇杯　4、7—外壳　5、10—轴承　6—前盖　9—后盖

11—联轴器　13—底板

余量。

离心铸造自1920年开始大量用于生产铸铁管，以后又发展到普通成形件的离心铸造，目前主要用于生产空心旋转体铸件，如各种圆管和内燃机缸套等。

六、连续铸造

连续铸造是往水冷金属型（结晶器）中连续浇注金属，凝固成金属型材的铸造方法。结晶器形状决定型材断面形状。图2-31所示为一种卧式连续铸造机，可铸造钢锭和非铁合金铸锭。

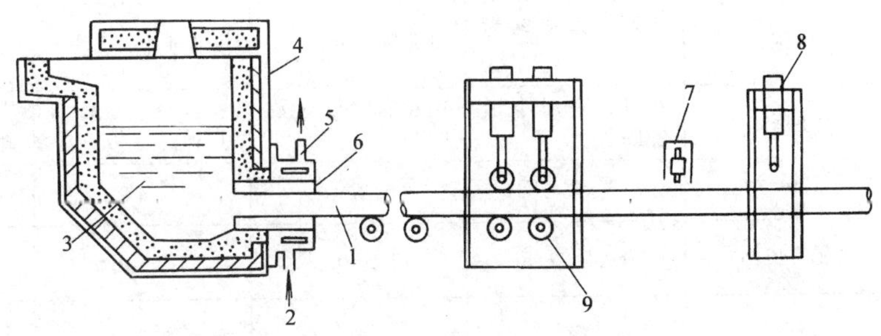

图2-31　卧式连续铸造机工作原理图

1—铸锭　2—冷却水　3—铁液　4—保温炉 5—冷却套

6—结晶器　7—切断用砂轮　8—剪床　9—拉出滚轮

结晶器是一种特殊的铸型，采用金属或石墨制成，连续铸管的结晶器有内外两个，内结晶器用于铸出管孔。

连续铸造生产效率高、铸件组织致密、力学性能好；铸件上没有浇注系统和冒口，所以铸锭轧制时不必切头去尾，金属利用率高；但只能铸造等截面的长形铸件。目前已被广泛用于连续铸锭和铸管。

七、其它特种铸造方法

其它特种铸造方法的特点和适用场合见表2-4。

表2-4　其它特种铸造方法的特点和适用场合

铸造方法	主要特点	适用场合
金属型铸造	在重力作用下将熔融金属浇入金属型。铸型材质为铸钢或铸铁，可反复使用。铸件组织致密，力学性能好，表面质量较高	非铁合金铸件，大批生产。也可用于钢铁金属铸件
陶瓷型铸造	用由耐火浆料浇灌成形后再喷烧和焙烧而成的实体铸型或薄壳铸型浇注铸件的精密铸造方法。设备和操作简单。铸件精度高，力学性能和表面质量好。生产成本低，效率较高	单件小批制造金属型、金属模及汽轮机叶片、叶轮等精密铸件
磁型铸造	一种实型铸造方法。以铁丸代替型砂，以磁场力将铁丸吸固，以泡沫塑料制模。铸件凝固后断电，磁场消失，铁丸松散后取出铸件。优缺点类似消失模铸造	结构复杂、难以起模的铸件
石墨型铸造	铸型材质为人造石墨，使用寿命长。铸件组织致密，精度高，力学性能和表面质量好。生产效率较高	活性金属，如钛合金等。也适用于铸造高碳钢车轮等
低压铸造	充型和凝固时压力较低，充型平稳且易于控制。铸件组织致密、精度高、力学性能好、废品率低	中小型非铁合金铸件

第八节　常用铸造方法的综合比较

表 2-5 对常用的铸造方法从适用的合金、铸件质量和生产率等多个方面进行了比较。

表 2-5　常用铸造方法的综合比较

项目 \ 铸造方法	砂型铸造	熔模铸造	金属型铸造	压力铸造	离心铸造
合金种类	不限	不限，以铸钢为主	以非铁合金为主	以非铁合金为主	以铸铁、铜合金为主
铸件大小	不限	小件，一般小于 25kg	中小件，可达数吨	中小件，一般小于 10kg	中小件，可达数吨
尺寸精度(IT)	9	4	6	4	7～9（内孔除外）
表面粗糙度 $R_a/\mu m$	100～12.5	12.5～1.6	12.5～6.3	3.2～0.8	12.5～6.3（内孔除外）
结晶粗细	粗	粗	细	细	细
生产率	低、中	低、中	中、高	很高	中、高
主要应用范围	各种材质，各种批量，各种形状和大小的铸件	铸钢复杂小件的中小批生产	非铁合金中小件的大批生产	非铁合金薄壁复杂小件的大量生产	空心回转体铸件的大批生产

由表 2-5 可知，常用的铸造方法中，砂型铸造的适应性最强，故应用最广泛。其它各类铸造方法在铸件的精度、内在质量和生产率等方面均优于砂型铸造，但在应用上又各有局限性。

选择铸造方法时，必须综合考虑铸件的结构和材质、精度要求和生产批量，才能在满足铸件设计要求的同时尽量降低生产成本。

第九节　铸造技术现状和发展趋势

近年来，新一轮技术革命正席卷全球，高新技术以前所未有的规模和速度迅速转化为实际生产力，科技进步已成为经济发展的决定性因素。与此相应，铸造行业正由劳动密集型转向高科技型，智能化正在取代机械化和自动化，新工艺和新材料正在取代传统工艺和材料。

一、机器造型和制芯技术

大量自动化程度高、功能完善和规格齐全的造型和制芯设备用于生产，机器人正在取代部分人工操作。新一代无箱造型线集造型机、低压浇注和机器人清理于一体，实现了全过程自动化。最新应用的冷芯盒制芯系统集混砂机、制芯机和机器人于一体，用激光切除砂芯飞边，在真空中加热烘干砂芯。

二、计算机的应用

在发达的工业国家，计算机已成为铸造技术不可分割的组成部分，从工艺和模具设计、凝固过程的模拟设计直到铸造生产过程的监控无不广泛采用计算机。铸造工艺过程的数值模拟技术已达到十分成熟的阶段。最新开发的软件系统能提供任意时间铸件和金属型的温度分布情况、预热金属型达到型温稳定的周期及最佳取件时间等数据。许多型砂性能检测仪器采用计算机控制，实现了数据自动采集、存储、数显及打印，有的还能根据检测结果自动调整型砂各组分的配比。由于铸造行业的高科技含量迅速提升，使铸造生产全过程有可能处于严密的监控和管理之下，“自动化”正在为“智能化”所取代，少人或无人直接参与生产的情景已不再是幻想。

三、铸型材质

由于湿砂造型工艺成熟，原材料价廉易得，实现自动化和智能化后的生产能力仍是各种造型方法中最高的，对铸件材质、重量和生产批量的适应性也是最强的，所以仍将是今后相当长的一段时间内的主要造型方法。

四、特种铸造工艺

在各种特种铸造工艺中，压力铸造和消失模铸造的迅速发展尤其引人注目。压铸机正趋于大型化，轿车车门已能整体压铸，性能优异的实时控制的压铸机正逐步取代传统压铸机。年产 30 万只铝合金发动机缸盖的消失模铸造生产线已投产多年，每一个铸件都经过严格的 X 光检测，废品率稳定在 10% 以下。解决长期困扰消失模铸造的铸钢件增碳问题已有新的突破。消失模铸造在生产近净形（即结构上接近零件形状，尺寸上少余量或无余量）、形状非常复杂的铸件和实现绿色生产方面的优越性，已逐步显现出来。

在广泛用于供排水和燃气输送的铸铁管的生产中，离心铸造法正在取代连续铸造法，球墨铸铁正在取代灰铸铁。工艺发达国家已基本完成这两大转变，铸铁管的质量和性能大大提高。目前，球墨铸铁离心铸管已占世界铸铁管产量的 80% 左右。

五、铸铁熔炼

感应电炉正逐步取代冲天炉，预计将以无芯感应电炉为主导，成为今后铸铁熔炼和保温的主要设备。电炉结构将趋于熔炼和保温单一电源多炉体，能耗降低，自动化程度提高。

六、铸件材质

轻合金铸件如铝合金、镁合金可满足一般的强度要求，质轻、美观，在实现汽车的轻量化、获得高速和节能的整体功能方面，效果明显，在许多工业领域，尤其是汽车工业上有扩大采用之势。近年来，镁合金铸件的产量正以每年 20%～25% 的速度增长。比较普遍的看法是，在铸件材质构成上，轻合金和球墨铸铁的比重仍将大幅度上升，灰铸铁将大幅度下降，可锻铸铁可能将趋于消失。

七、未来铸件的基本特征

铸件能综合反映铸造技术的发展水平。从国外最新展示的铸件看，未来市场的铸件将具有以下特征：

（1）大件整体铸出且具有较高技术难度。

（2）以铝合金和镁合金为代表的非铁合金占据主流。

（3）尺寸趋于精确化，少余量或无余量。

（4）无缺陷或少缺陷。

八、我国铸造技术现状

我国铸造行业自改革开放以来，在技术上已获得长足的进步，正向着铸造生产全过程的机械化和自动化方向发展，计算机已逐步应用到生产过程的控制系统和检测环节中，铸件产量已跃居世界前列。但发展很不平衡，大多数企业在工艺设计、模具设计和铸件成本计算等方面还处于手工作业阶段，与世界工业国技术水平的差距仍很大。应继续扩大计算机在铸造生产中的应用范围和深度，加速开发生产所需的各种计算机软件，不断提高生产的机械化、自动化和智能化程度。

我国铸铁件生产中，电炉熔炼不到2%，约95%的铸铁件采用对废气不加治理的小型短炉龄冲天炉熔炼，致使我国每吨铸件的能耗约为工业发达国家的2～3倍，大气也受到严重污染。应尽快实现经济规模生产，由小型短炉龄冲天炉熔炼向能耗较低、污染较轻的长炉龄冲天炉和电炉熔炼过渡。

我国的铸造轻合金近年来虽有较大发展，但品种少，镁合金铸件的生产和应用还十分有限。有学者提出，鉴于我国镁资源不丰富，应加紧研制适应我国资源情况的轻合金。

复习思考题

1. 铸造的成形原理是什么？为什么在机械制造中，铸造得到广泛应用？
2. 什么叫砂型铸造？其工艺过程中有哪些主要工序？
3. 零件与其模样和铸件在形状和尺寸上有什么区别？为什么要有这些区别？
4. 型砂和芯砂应具备哪些主要性能？如何凭经验判断型砂性能？
5. 常用的手工造型方法有哪些？各种方法在模样结构上有什么区别？
6. 常用的手工制芯方法有哪些？制芯时是如何保证砂芯的性能要求的？
7. 机器造型时常见的紧砂方式有哪些？各用于哪些场合？
8. 机器造型时常见的起模方式有哪些？各用于哪些场合？
9. 浇注系统由哪几部分组成？它们各起什么作用？
10. 铸造时常采用哪些熔炼方式？它们各有什么特点和应用？
11. 常见的铸造缺陷有哪些类型？如何鉴别气孔和缩孔、热裂和冷裂、浇不到和冷隔？
12. 常见的特种铸造方法有哪些？各有哪些特点和局限性？
13. 比较熔模铸造、壳型铸造和消失模铸造在模样材料、铸型材料和取模方式上的区别。
14. 国外铸造技术取得哪些新进展？未来铸件将具有哪些基本特征？

第三章　锻　　压

目的和要求

1. 了解锻压生产的工艺过程、特点及应用。

2. 了解坯料加热目的、常见加热缺陷和碳钢的锻造温度范围。

3. 了解自由锻设备，着重了解自由锻造主要基本工序及适用范围，结合实习制作件进行操作练习。

4. 大致了解胎模锻、模锻和冲压的工艺特点及适用范围。

5. 了解锻压生产的有关安全技术。

6. 大致了解锻压生产的发展趋势及特点。

安全技术

1. 实习前应穿好工作服，并检查所需使用的工具是否完好且安全可靠。

2. 操作前工具、材料及相关物品必须摆放整齐，并清除设备周围的一切障碍物。

3. 严禁身体的任何部位进入设备的落下部分下方。

4. 操作时思想要集中，注意姿势正确。

5. 去除砧面上的杂物应用扫帚或刷子，不得用嘴吹或用手直接清除。

6. 不要站立在容易飞出火星和料边的地方。

7. 不要用手摸或脚踏未冷透的工件，以免烫伤。

第一节　概　　述

利用压力使金属产生塑性变形，使其改变形状、尺寸和改善性能，获得型材、棒材、板材、线材或锻压件的加工方法，统称为金属压力加工。

属于压力加工的生产方法有轧制、挤压、拉拔、自由锻造、模型锻造和板料冲压等。其中自由锻造、模型锻造和板料冲压在机械制造业中使用最多，习惯上又称为锻压生产。

锻压加工时，金属铸态组织中的孔洞和裂纹能被压合，塑性变形使其内部组织致密、晶粒细化，从而使力学性能有较大提高。所以，承受重载及冲击载荷的重要零件，如机器的主轴、连杆和齿轮等常采用锻件作毛坯。板料冲压可提高产品的强度，得到重量轻、刚度好的产品。塑性变形还能使金属材料的体积按产品的实际形状合理分布，既减少了后续的切削加工工时，也减少了金属材料的消耗。所以，锻压生产被广泛应用于机械制造的各个工业领域中。

塑性变形是锻压生产能否顺利进行的保证，所以用于锻压生产的金属材料必须具有良好的塑性。钢和大多数有色金属及其合金都有不同程度的塑性，因而都可以用于锻压生产。

第二节　金属的加热和锻件的冷却

一、加热的目的

锻压前加热金属材料，目的是提高其塑性，降低变形抗力，即改善金属的锻造性，以利于金属变形。对锻造生产而言，加工前的加热尤为重要。

加热能提高金属的锻造性。但若加热不当，不仅造成消耗增大，且影响产品的质量，严重的甚至造成废品。

二、加热缺陷

加热时可能出现的缺陷有：氧化、脱碳、过热、过烧和心部裂纹。

（一）氧化和脱碳

氧化和脱碳是加热过程中钢材表层和加热气氛中的氧化性气体发生化学反应的结果。金属被氧化会造成金属损耗，所产生的氧化皮会导致工具磨损，还可能在锻造过程中被压入坯料表面，形成锻造裂纹。表层的碳被氧化造成碳的烧损，称为脱碳。脱碳使钢表层含碳量下降，并导致表层的强度、硬度下降。

对于表面质量要求高的产品，可考虑采用少、无氧化加热，以减轻或避免氧化、脱碳带来的危害。

（二）过热和过烧

一般把金属由于加热温度过高或高温下保持时间过长引起晶粒粗大的现象，称为过热。过热的材料强度和塑性都会下降，而冲击韧度下降得更为明显。

加热温度超过始锻温度过多，使晶粒边界出现氧化及熔化的现象称为过烧。过烧的坯料一经锻打就会碎裂。

防止过热和过烧的方法是严格控制最高加热温度，并尽量缩短坯料在高温下的停留时间。

（三）心部裂纹

大型锻件和导热性较差的高合金钢坯料加热时，如果装炉温度过高或加热速度过快，则坯料表层和心部温差较大并进而引起热应力，表层的膨胀使坯料心部受到拉应力的作用，当此应力过大时坯料就会被拉裂。

防止产生心部裂纹的主要措施是低温装炉，缓慢加热，以避免坯料内部出现大的温差。

三、锻造温度范围

坯料加热时允许的最高加热温度称为始锻温度。锻造时坯料温度逐渐降低，锻造性也随之变差。为减轻锻造生产的困难，防止出现裂纹，当温度下降到一定程度时，就应该停止锻造。此应该停止锻造的温度称为终锻温度。始锻温度和终锻温度间的温度区间称为锻造温度范围。

常用钢材的锻造温度范围见表 3-1：

加热时，金属材料的温度可用仪表测量。生产中，多用看火色（即坯料的颜色）的方法来粗略估计，如钢在 1200℃时，呈淡黄色；1000℃时，呈桔黄色；800℃时，呈樱红色。

表 3-1 常用钢材的锻造温度范围

材料种类	始锻温度/℃	终锻温度/℃	材料种类	始锻温度/℃	终锻温度/℃
低碳钢	1200～1250	800	低合金工具钢	1100～1150	850
中碳钢	1150～1200	800	高速工具钢	1100～1150	900
碳素工具钢	1050～1150	750～800	铝合金	450～500	350～380
合金结构钢	1100～1180	850	铜合金	800～900	650～700

四、加热炉

实际生产中使用的加热炉，根据其所用能源和结构形式的不同，可以有多种分类。目前我国使用较广的是火焰反射炉。其结构如图 3-1 所示。

火焰反射炉用烟煤作燃料，燃料在燃烧室内燃烧，高温炉气（或火焰）越过火墙经炉顶反射到加热室中对坯料进行加热。其加热室的最高温度可达 1350℃。

火焰反射炉热效率较高，燃料消耗较少，加热速度也较快。它用火墙将燃料和坯料分隔开来，坯料加热较为均匀，但结构较为复杂。

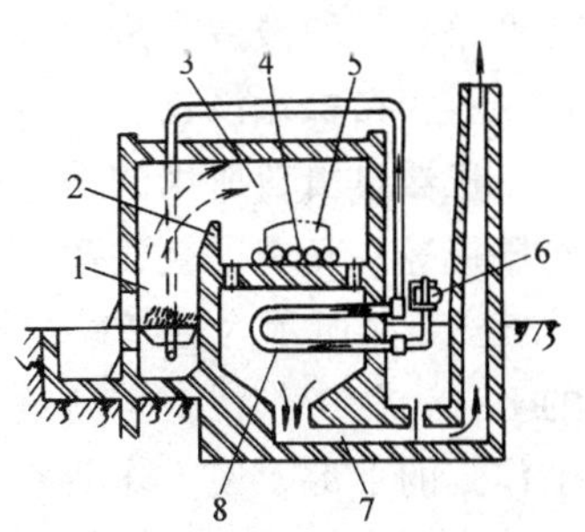

图 3-1 火焰反射炉结构示意图
1—燃烧室 2—火墙 3—加热室 4—坯料 5—炉门 6—鼓风机 7—烟道 8—换热器

除传统的火焰反射炉外，现在广泛使用重油炉、煤气炉和电阻炉。图 3-2 和图 3-3 分别是重油炉、煤气炉和电阻炉的结构示意图。这些加热炉只有一个加热室，所以结构比较简单，热效率也高。但若用重油、煤气作燃料时，须先将重油、煤气雾化，附加设施较多；用电加热，则生产成本较高。

电阻炉加热温度和炉气成分均易于控制，加热质量好，主要用于加热质量要求高的产品。

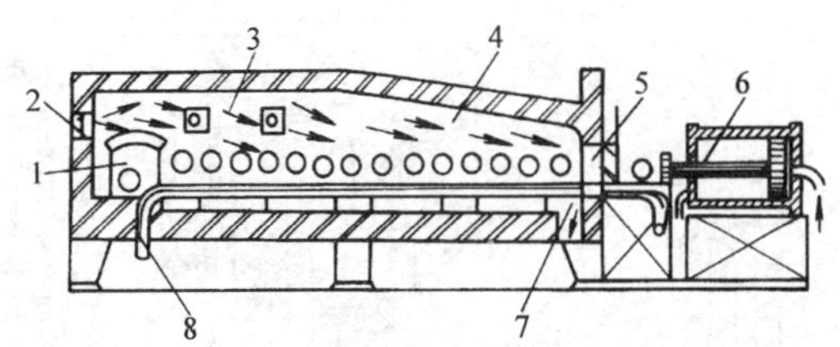

图 3-2 推杆式重油（煤气）炉示意图
1—出料口 2—烧嘴或喷嘴 3—高温区 4—低温区 5—装料口 6—推送器 7—烟道 8—水冷管

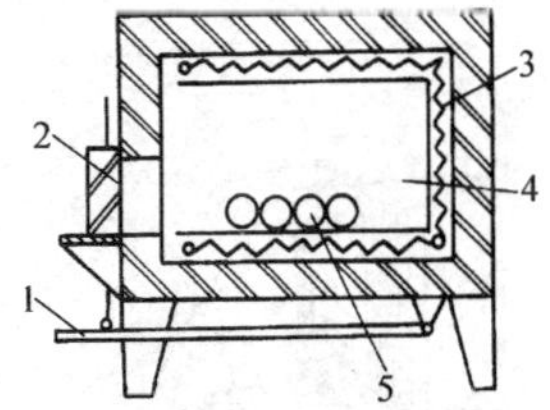

图 3-3 箱式电阻炉示意图
1—踏杆 2—炉门 3—电阻丝 4—炉膛 5—工件

五、锻件的冷却

锻制好的锻件还必须进行正确的冷却，才能保证产品质量。冷却方式有三种：

1. 空冷 在无风的空气中，放在干燥的地面上冷却。

2. 坑冷 放入充填有炉灰、砂子或石灰等保温材料的坑中以较慢的速度冷却。

3. 炉冷 锻制完成后，立即放入 500～700℃ 的加热炉中，随炉缓慢冷却。

通常，碳素结构钢和低合金结构钢的中、小型锻件采用空冷，高合金钢一般采用冷却速度较慢的坑冷或炉冷，以防止表面硬化及可能出现的表面裂纹。

第三节　自　由　锻

只用简单的通用性工具，或在锻造设备的上、下砧间直接使坯料变形而获得所需的几何形状及内部质量的锻件的方法称为自由锻。

自由锻有手工自由锻和机器自由锻之分。手工自由锻是最原始的锻造生产方法，它靠人力利用大锤及其它辅助工具使坯料成形。劳动强度大，生产率低，目前已极少采用。机器自由锻利用机器产生的冲击力或压力使坯料变形，是自由锻的基本方法。

自由锻使用的工具简单，操作灵活，但是，锻件的精度低，生产率低，工人劳动强度大，所以，只适用于单件和小批生产。自由锻适于锻造各种重量的锻件，对于大型锻件，它几乎是唯一的锻造方法。

一、自由锻设备

机器自由锻所用的设备有产生冲击力的空气锤和蒸汽—空气自由锻锤以及产生静压力的水压机等，其中以空气锤应用最为广泛。

图 3-4 所示为空气锤的结构和工作原理。它由压缩气缸内的压缩活塞把空气压入工作缸的上部，使工作活塞带动锤头和上抵铁下击，迫使坯料变形；压缩活塞下降时，把空气压入工作缸的下部，使工作活塞连同锤头上升。

通过手柄或踏杆的控制，能实现锤头的上悬、连续打击、单次打击和压紧等动作。

空气锤的规格是以落下部分（包括工作活塞、锤杆与锤头）的重量来表示的。常用的空气锤为 45～750kg。空气锤只适用于小型锻件的生产。

图 3-5 所示为水压机的结构简图。水压机是依据帕斯卡原理工作的。它通过高压水带动活动横梁上下运动，并产生很大的静压力使坯料变形，完成自由锻造。其规格是以它能产生的最大变形力来表示的，如 6000kN（600t），12000kN（1200t）等。

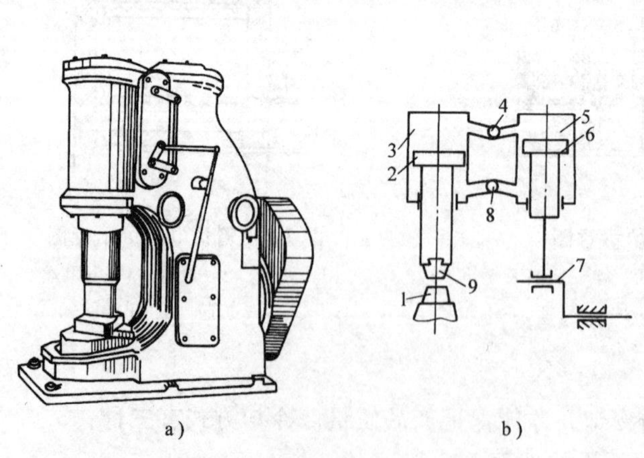

图 3-4　空气锤的结构和工作原理

a）外形　b）工作原理

1—下抵铁　2—工作活塞　3—工作缸　4—上旋阀　5—压缩缸　6—压缩活塞　7—曲柄连杆机构　8—下旋阀　9—上抵铁

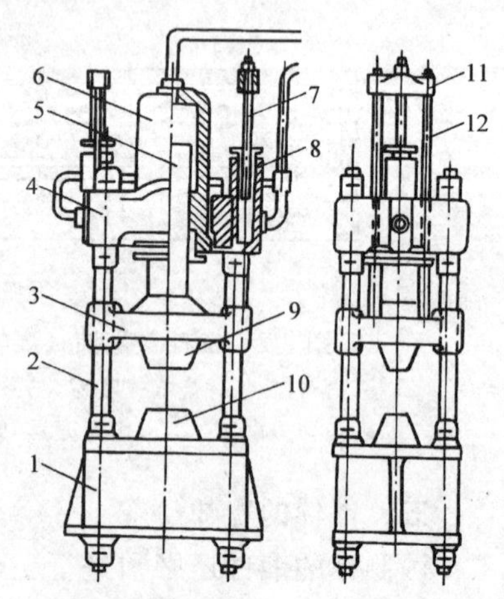

图 3-5　水压机结构简图

1—下横梁　2—立柱　3—活动横梁　4—上横梁　5—柱塞　6—工作缸　7—小柱塞　8—回程缸　9—上抵铁　10—下抵铁　11—小横梁　12—拉杆

水压机锻造时，静压力作用时间长，有充足的时间把变形力传至坯料心部，有利于把锻件锻透，且它在活动横梁的整个工作行程中都可以用最大变形力工作，故其能力的发挥不受坯料尺寸的限制。水压机工作时振动小，劳动条件好，对设备和厂房的地基要求也低。

但水压机主体结构庞大，还必须另外配备相关设施，因而整个系统造价较高。同时，水压机工作速度较慢，受坯料散热的限制，一般不适于锻造小件。

通常，中、小型锻件用蒸汽—空气自由锻锤生产，而大型锻件采用水压机生产。

二、自由锻工序

自由锻造时，锻件的形状是通过一系列的变形工序，逐渐得到的。

自由锻的基本工序有镦粗、拔长、冲孔、弯曲、扭转、错移和切割等，其中最常用的是镦粗、拔长和冲孔，这三个工序的示意图和工艺要点见表 3-2。

表 3-2　自由锻主要基本工序

名　称	示　　意　　图	工　艺　要　点
镦粗	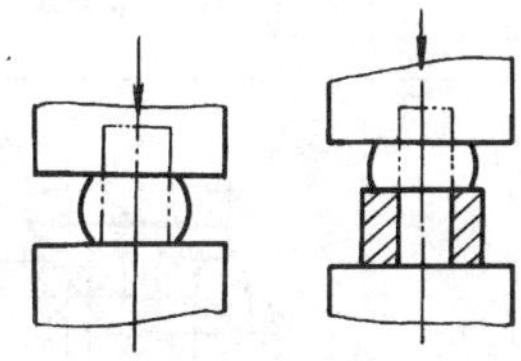	1. 圆形截面坯料的高径比（局部镦粗时为变形部分的高径比）小于 2.5～3；方形截面坏料的高度与较小基边之比小于 3.5～4 2. 一旦出现镦弯或镦歪，必须及时纠正，否则会产生折叠或裂纹
拔长	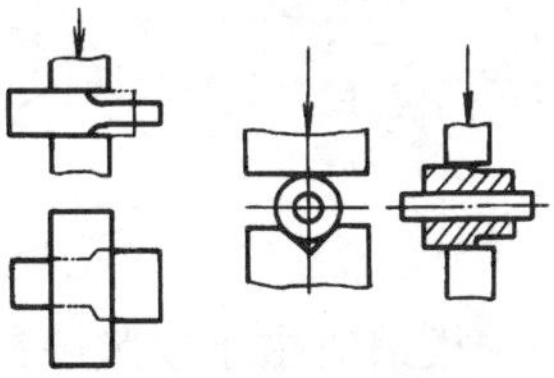	1. 坯料的下料长度应大于直径或边长 2. 拔长过程中应边锻打边翻转边送进 3. 拔长圆杆件时，应先锻成方形，到接近所需直径时，锻成八角形，最后滚圆 4. 拔长凹档或台阶前应先压肩
冲孔	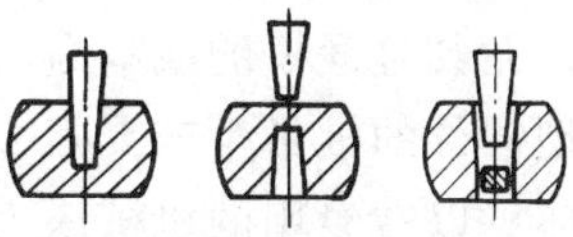	1. 直径小于 30mm 的孔一般不冲出 2. 冲孔前，通常需将坯料镦粗，以使端面平整并减小冲孔深度 3. 孔径小于 400mm 时，用实心冲子冲孔；大于 400mm 时，用空心冲子冲孔

三、自由锻工艺过程示例

锻造时的基本工序选择及顺序安排，对锻件质量和生产率等有直接的影响。现以表 3-3 所示的齿轮自由锻工艺过程为例，说明各工序的应用和配合。

表 3-3　齿轮自由锻工艺过程

锻件名称	齿轮
坯料重量	17.9kg
坯料尺寸	ϕ120mm×202mm
材　　料	45
设　　备	500kg（空气锤）

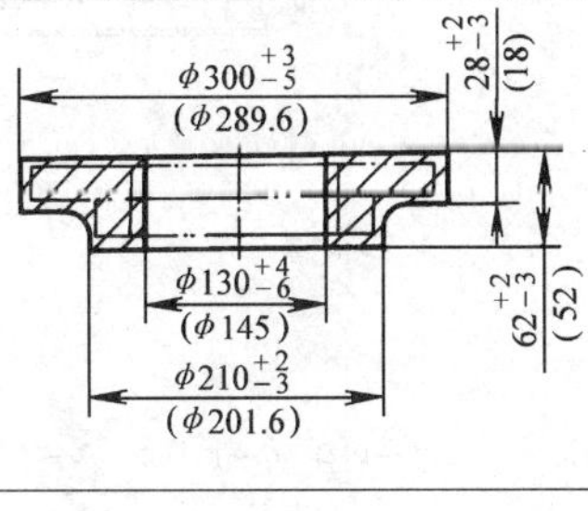

$\phi 300^{+3}_{-5}$ （ϕ289.6）　28^{+2}_{-3} （18）　$\phi 130^{+4}_{-6}$ （ϕ145）　$\phi 210^{+2}_{-3}$ （ϕ201.6）　62^{+2}_{-3} （52）

（续）

序号	工序名称	变形简图
1	镦粗	202　ϕ120
2	垫环镦粗	ϕ280　40　ϕ154
3	冲孔	
4	扩孔（三次）	
5	修整	ϕ300　28　62　ϕ130　ϕ210

第四节　模锻和胎模锻

一、模锻

模锻是利用模具使毛坯变形而获得锻件的锻造方法，模锻时由于模膛限制了金属的塑性流动，迫使金属充满模膛，从而获得和模膛形状及尺寸相符合的锻件。

和自由锻相比，模锻的产品形状较复杂，精度较高，表面粗糙度较低；而且生产率较高，生产条件也有所改善。但是，模锻设备造价较高，尤其是锻模的成本高、损耗大，生产中能耗也较大，生产准备周期长，故只适用于中、小型锻件的批量生产。

模锻可以在模锻锤上，也可以在摩擦压力机上，还可以在专用的机械压力机上进行。现在使用较多的是在模锻锤上模锻。

模锻锤上模锻的工艺流程见图 3-6，模锻工艺过程见图 3-7。

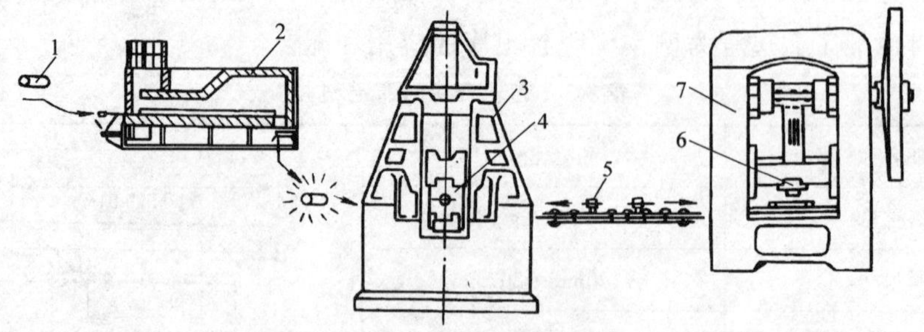

图 3-6　锤上模锻的工艺流程

1—坯料　2—加热炉　3—模锻锤　4—锻模　5—带飞边的模锻件　6—切边模　7—切边压力机

模锻件的成形是由坯料整体变形得到的，因而需要较大的变形力，这就对模锻设备有较高的要求。所以模锻锤的砧座重量比自由锻锤的砧座大得多，砧座和锤身也连成一个整体；同时，模锻锤的导轨较长，与锤头的配合也较精密，保证了模锻过程中上、下锻模的配合。

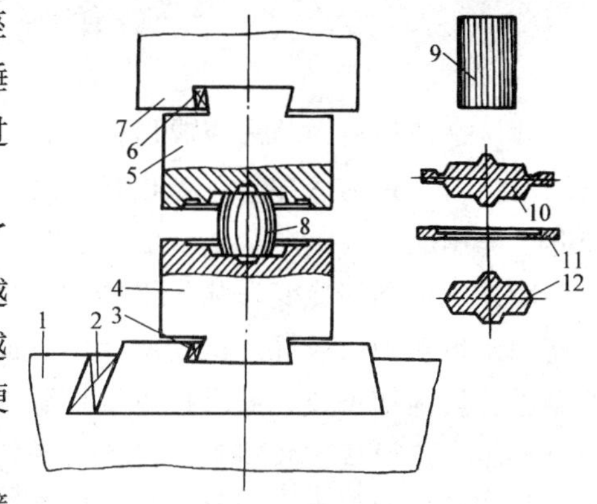

图 3-7　模锻工艺过程

1—砧座　2、3、6—楔铁　4—下模　5—上模　7—锤头　8、9—坯料　10—带飞边的锻件　11—切下的飞边　12—锻件

模锻时，坯料经一系列打击后成为锻件，而为了完成这些打击，就必须有相应的模膛。锻件的形状越复杂，模锻时所需的模膛就越多，锻模的尺寸就越大，结构也就越复杂。锻模还必须用具有较高的热硬性、耐磨性和耐冲击性能的热模具钢制成。

为了使锻件易于从模镗中取出，锻件与模膛侧壁接触部分所需带一定斜度。锻件上的这一斜度称为模锻斜度。模膛内所有转角处都应作成圆角，以利于金属充满模膛且防止由于应力过大使模膛开裂。

为了防止坯料不能完全充满模膛及上、下锻模直接碰击造成锻模损坏，模锻件下料时应使坯料的体积大于锻件的实际体积，终锻模膛的周边也相应加工出容纳多余金属的飞边槽。锻造过程中，多余金属进入飞边槽，锻后再将锻件上的飞边切去。

模锻时，锻件的通孔不可能直接锻出，而必须留有一定厚度的冲孔连皮，以防止模膛凸出部位压塌，锻后再将其冲除。

锻件在切边和冲孔后通常还需经过正火或退火处理以及表面清理后才能成为最终的模锻件。

二、胎模锻

胎模锻是在自由锻设备上使用可移动的模具（称为胎模）生产模锻件的一种锻造方法。实际上，它是介于自由锻和模锻之间的生产方法。可以视为将模锻锻模的每个模膛部分单独做成一个胎模，根据锻制时的需要，将胎模放在下砧座上对坯料进行锻造，用完后取下，按变形顺序放上另一个胎模，继续锻造，直至完成锻件的生产。

在现代的工业生产中，已很少单独使用自由锻来生产锻件了，往往根据具体需要，在不同工序中灵活使用胎模锻制锻件。如表 3-3 中的垫环镦粗就是一例。

胎模锻同时具有自由锻和模锻的某些特点，和模锻相比，不需昂贵的模锻设备，锻模制造成本较低，适应性强；和自由锻相比，锻件在模膛内最终成形，锻件表面质量和尺寸精度较高，力学性能较好，生产效率较高；因而，胎模锻为在自由锻设备上生产模锻件提供了有效途径。

胎模锻的工艺极为灵活，它既可以完全由胎模完成锻件的锻制过程，也可以用自由锻制坯，胎模最终成形来保证锻件的形状和尺寸；还可以根据锻件各部分的要求，有选择地对要求高的部位用胎模成形，而其它部位用自由锻成形。

胎模锻的主要缺点是模具寿命短，需用较大吨位的自由锻设备以及劳动强度大等。

胎模锻适用于小型锻件的中、小批量生产。

第五节　冲　压

冲压是使板料经分离或成形而得到制件的工艺的统称。通常，冲压是在室温下进行的，所以习惯上又称为冷冲压。当板料厚度超过 8～10mm 时，需采用热冲压。冲压可生产金属和非金属制品。

冷冲压可利用冷变形强化提高冲压件的强度和刚度。所以，冲压件虽然多是薄壁件，但在使用中也表现出较好的抗变形能力；而且冲压件具有较好的尺寸精度和表面质量，故一般不需进行切削加工或只需进行少量切削加工即可直接使用。

冲压生产设备比较简单，操作容易，生产率高，加工费用低，且容易实现机械化和自动化，其产品可大可小，因而得到了广泛应用。

一、冲压设备

冲压生产中常用的设备有剪板机、机械压力机和油压机。剪板机的作用是将板料按冲压件的实际需要剪裁成供冲压生产用的条形或块状坯料；机械压力机和油压机则用来完成冲压工作。油压机造价较高，使用和维修要求也高，一般中、小型企业多用机械压力机。机械压力机俗称冲床。剪板机和冲床的工作原理见图 3-8。

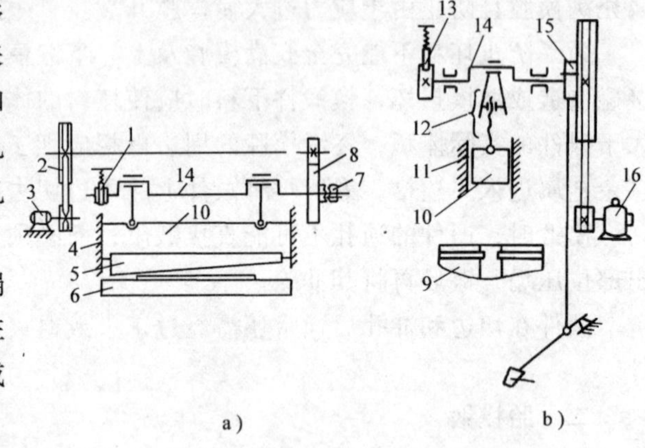

图 3-8　剪板机和冲床的工作原理

a）剪板机　b）开式冲床

1—制动器　2—带轮　3、16—电动机　4、11—导轨　5—上刀片　6—下刀片　7、15—离合器　8—齿轮　9—工作台　10—滑块　12—连杆　13—制动器　14—曲轴

剪板机和冲床都是利用曲柄（或偏心）连杆机构将回转运动转换为滑块的往复直线运动，带动安装在滑块上的刀刃或冲模完成剪切或冲压工作的。

工作时电动机不停的转动，操作者通过离合器控制滑块的运动。当离合器结合时，滑块连同固定在其上的刀刃或冲模上下运动，完成冲压工作；离合器脱开时，制动器使滑块停留在最高位置，以便取料或送进坯料。

二、冲模

冲模是完成冲压工作必不可少的工艺装备。冲模结构在很大程度上决定着冲压件的质量、冲压生产的效率和安全程度。

常见的冲模按其结构特点分为简单模、连续模和复合模等三类。

（一）简单模

简单模又称为单工序模，在压力机的一次行程中只完成一道冲压工序的冲模，如图 3-9 所示。这类模具结构简单，制造和调整方便，造价较低，通用性强，但生产率和产品的精度较低。多用于形状简单，精度要求不高的冲压件的小批量生产。

（二）连续模

连续模又称级进模，它是在条料的送料方向上，具有两个以上的工位，并在压力机一次行程中，在不同的工位上完成两道或两道以上的冲压工序的冲模，如图 3-10 所示。连续模生产率高，操作简单，且安全性较好，易于实现机械化和自动化；但结构复杂，造价较高，且坯料的定位精度要求高，多用于冲压件的大批量生产。

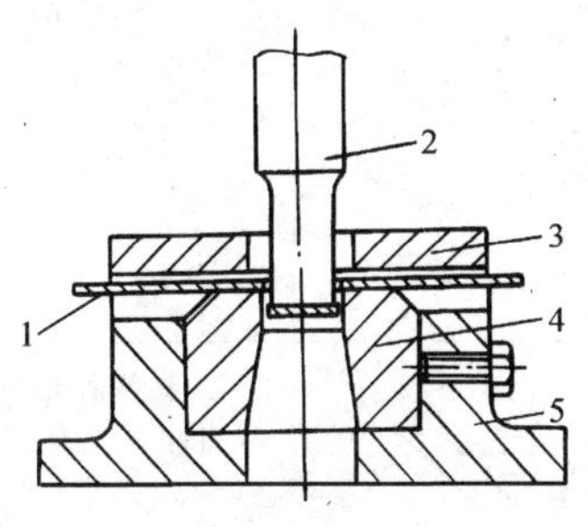

图 3-9 简单模的结构及工作示意图

1—板料 2—凸模 3—卸料板 4—凹模 5—下模座

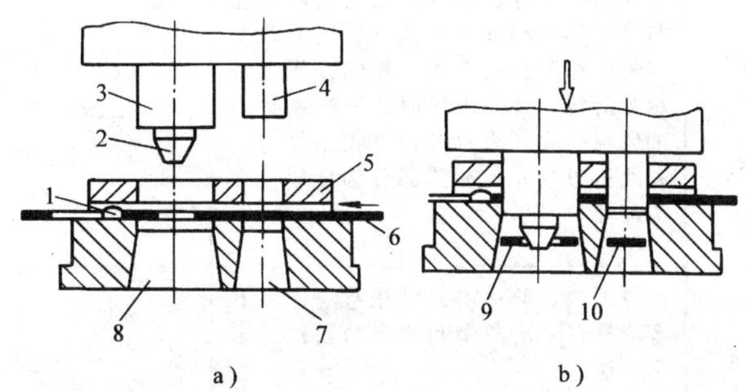

图 3-10 连续模的结构及工作示意图

a) 冲压前 b) 冲压中

1—挡料销 2—定位销 3—落料凸模 4—冲孔凸模 5—导板（卸料板） 6—条料 7—冲孔凹模 8—落料凹模 9—冲裁件 10—废料

（三）复合模

复合模是只有一个工位，并在压力机的一次行程中同时完成两道或两道以上的冲压工序的冲模，如图 3-11 所示。复合模的结构紧凑、生产率较高、产品的尺寸精度和位置精度都较高；但制造复杂、造价较高、安全性不如连续模，多用于精度要求较高的冲压件的大批量生产。

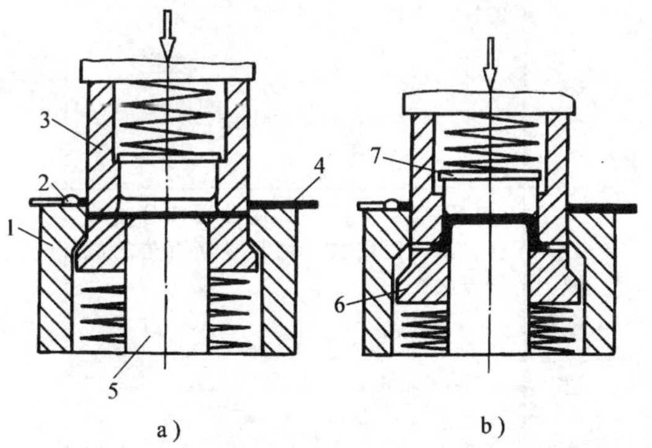

图 3-11 复合模的结构及工作示意图

a) 落料 b) 拉深

1—落料凹模 2—定位销 3—凸凹模 4—条料 5—拉深凸模 6—拉深压板 7—顶出器

三、常用冲压工序

冲压的工序较多，各种工序的区别主要表现在坯料的受力状况和变形特征上，冲压生产常用的工序及应用见表 3-4。

表 3-4 冲压常用工序及应用

名称	定义	示意图	应用
切断	将材料沿不封闭的曲线分离的一种冲压方法	a)斜刃剪切 b)圆盘剪切	将板料剪成条状、块状，作为其它工序的毛坯

（续）

名称	定义	示意图	应用
冲裁	利用冲模将板料以封闭的轮廓与坯料分离的一种冲压方法。利用冲载取得一定外形的制件或坯料的冲压方法称为落料。将冲压坯内的材料以封闭的轮廓分离开来，得到带孔制件的一种冲压方法。其冲落部分为废料，称为冲孔	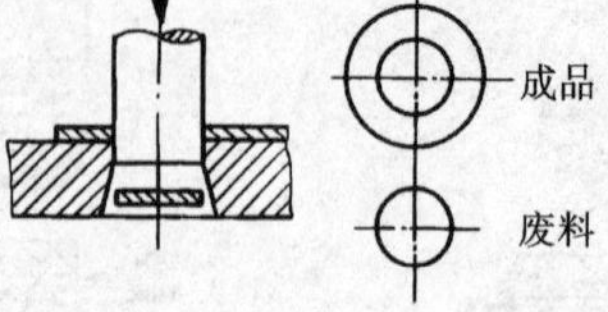 成品 废料	制造各种具有一定平面形状的产品或为后续变形工序准备毛坯
弯曲	将板料、型材或管材在弯矩作用下弯成具有一定曲率和角度的制件的成形方法	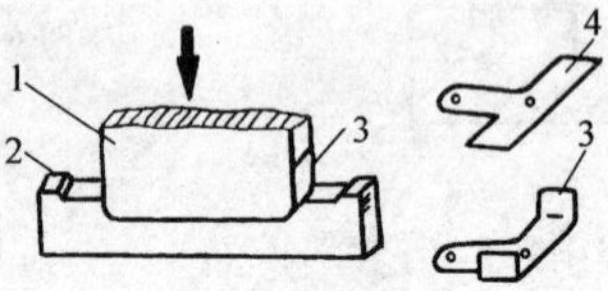 1-凸模 2-凹模 3-弯曲件 4-坯料	制造各种形状的弯曲件
拉深	变形区在一拉一压的应力状态作用下，使板料（浅的空心坯）成形为空心件（深的空心件）而厚度基本不变的加工方法	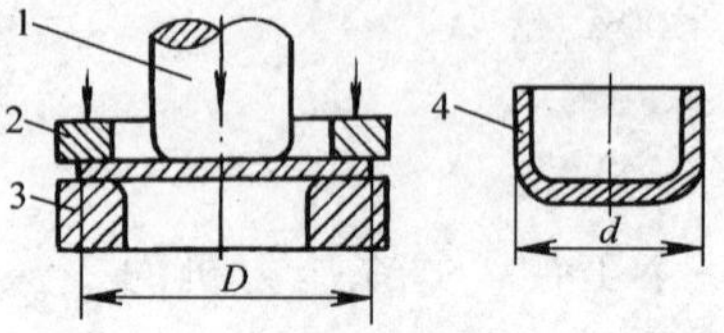 D d 1-凸模 2-压板 3-凹模 4-拉深件	制造各种形状的中空件
翻边	在毛坯的平面部分或曲面部分的边缘，沿一定曲线，翻起竖立直边的成形方法	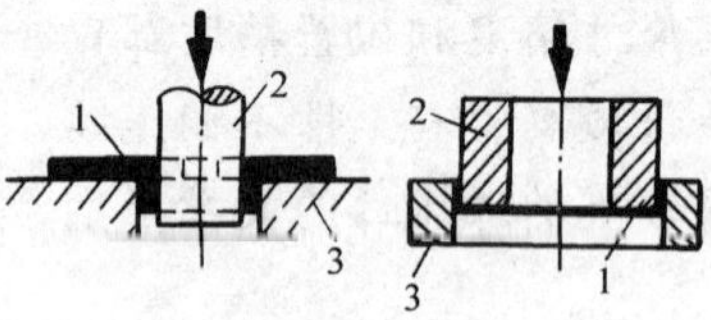 1-翻边件 2-凸模 3-凹模	制造带凸缘或具有翻边的制件，以增加产品的刚度或美观
压肋	使坯料通过变薄形成局部凸起或凹下的部分	 1-橡皮	制造突起的肋条，增加制件的刚度
胀形	坯料成空心坯料在双向拉应力作用下，使其产生塑性变形，取得所需制件的成形方法	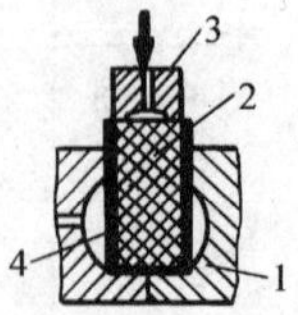 1-可分凹模 2-橡皮 3-凸模 4-坯料	制造具有局部凸起的筒形件

图3-12所示为某汽车玻璃升降器外壳零件的冲压工艺过程。

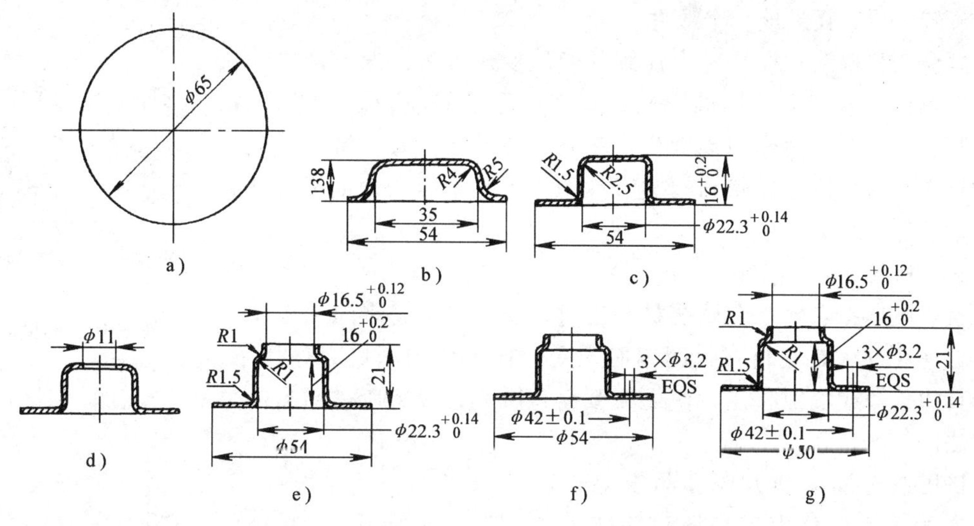

图 3-12 玻璃升降器冲压工艺过程

a）落料 b）一次拉深 c）二次拉深 d）冲底孔 e）翻边—整形 f）冲孔 g）切边—整形

第六节 锻压技术发展概况

随着经济发展、技术进步和市场需求的变化，锻压生产在保持自身特点的同时，针对传统锻压生产的一些缺点，发展了许多新设备、新技术、新工艺。锻压设备正向高效率、高精度、大型化、多工位及计算机控制方向发展。在配套技术上，煤气、重油及高效优质的电加热正在逐渐取代污染严重的燃煤加热；新型的模具材料使得模具易于制造，使用寿命也更长；计算机辅助设计（CAD）和辅助制造（CAM）的应用已逐渐普及。工艺方面，精度较高、耗能较少的局部小量的连续变形正逐步取代断续变形；少无切削的精密成形工艺应用已日趋成熟；边缘工艺和复合工艺的发展使得锻压生产与其它相关工艺互相配合、互相渗透。

下面简要介绍几种较为成熟的新工艺：

一、辊锻

辊锻是由纵轧（即轧辊轴线与坯料轴线相垂直的轧制方法）发展起来的锻造工艺。如图3-13所示，在辊锻机上装有一对相对旋转的轧辊，轧辊上安装着扇形模块，当坯料沿轧辊切向通过模块时，受压变形形成锻件。

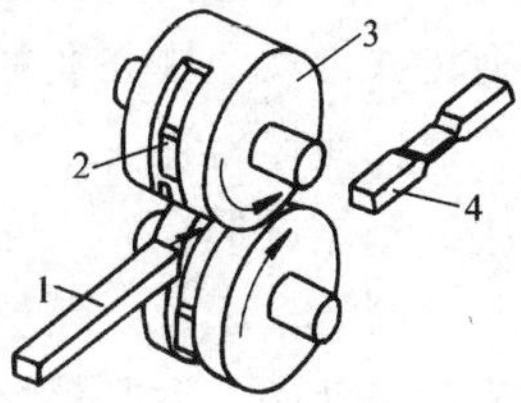

辊锻设备结构较简单，造价低，对模具材质的要求低；产品尺寸稳定，形状精度较好，节省金属材料；生产率高，劳动条件好。目前，辊锻主要适用于生产扁截面的长杆件，带有头部、沿长度方向横截面积递减的锻件和连杆类锻件，也可为其它模锻件制坯。

图 3-13 辊锻

1—坯料 2—模块 3—轧辊 4—锻件

二、楔横轧

楔横轧是一种横轧（即轧辊轴线与坯料轴线相平行的轧制方法）工艺，利用坯料在两轧辊摩擦力带动下能作旋转运动的特点，轧制回转体类锻件。图 3－14 所示的楔横轧轧机上的两个装有楔形模块的轧辊作同向旋转，坯料沿着轧辊的轴向送进并在轧辊的带动下旋转时在楔形模块间受压变形，而获得所需锻件。轧辊每旋转一周，便形成一个锻件。

楔横轧和辊锻一样是一个连续的静压变形过程，没有冲击和振动，因而具有和辊锻相同的特点，其产品形状较准确，节省材料，模具制造较容易且寿命较高，生产率高，劳动条件好，易于实现机械化操作。现多用于齿轮和轴类锻件的大批大量生产，也可为其它轴类模锻件制坯。

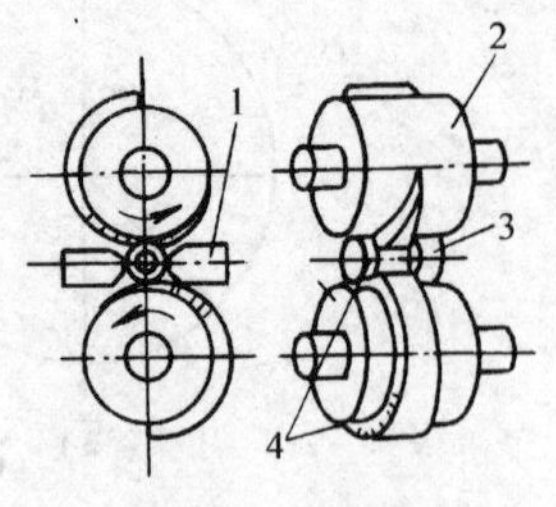

图 3-14　楔横轧
1—导板　2—轧辊
3—锻件　4—模块

三、挤压

挤压最早用来生产金属线材和管材，现已越来越多地用于生产零件。这种方法是坯料在封闭模腔内受三向不均匀压应力作用下，从模具的孔口或缝隙挤出，使之横截面积减小，成为所需制品的加工方法。

挤压按金属流动方向和凸模运动方向的关系，分为正挤压、反挤压、径向挤压和复合挤压等四种，如图 3-15 所示。

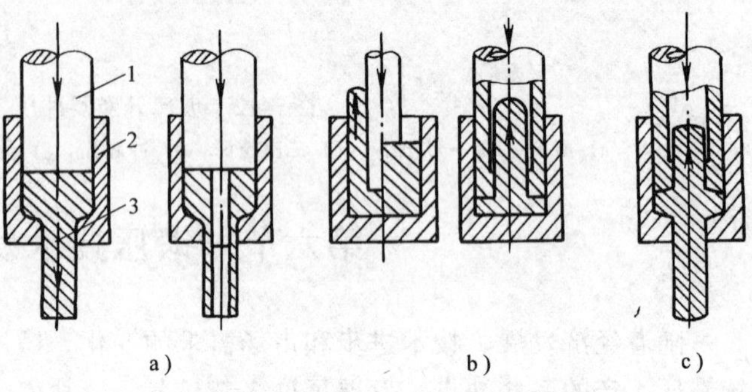

图 3-15　挤压
a）正挤压　b）反挤压　c）复合挤压
1—凸模　2—挤压筒　3—坯料

挤压过程中，金属坯料在强大的三向压应力作用下变形，提高了金属材料的塑性，所以，它可以挤压出各种形状复杂、深孔、薄壁或异型断面的零件。

挤压具有较高的生产率，产品的尺寸精度高，表面粗糙度值小，金属材料消耗少，后续切削加工工时少，特别是金属内部的纤维组织分布合理，提高了力学性能。

四、摆动辗压

摆动辗压是利用一个绕中心轴摆动的圆锥形模具对坯料局部加压的工艺方法。如图 3-16 所示，坯料固定在摆辗机的下模上，上模是一个母线与产品上表面母线一致的圆锥体，安装在和摆辗机主轴中心线有一定倾角的摆头上，摆头旋转并带动上模在坯料上不断滚动，依次对坯料局部加压，同时向下不断进给，使坯料在一个不大的接触面积内变形，并呈螺旋面逐渐扩展，最终达到整体成形。

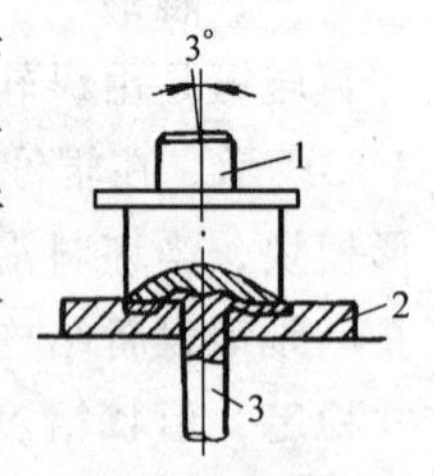

图 3-16　摆动辗压原理
1—摆辗上模
2—下模　3—坯料

摆动辗压时，坯料的极限变形程度大，所需变形力小，产品质量好，劳动条件好，尤其适用于加工轴对称的薄盘形或局部薄盘形锻件。

五、超塑性成形

金属材料在极低的变形速率（$10^{-2}\sim10^{-4}$s）、一定的变形温度（约 0.5～0.7）$T_{熔}$，$T_{熔}$ 为金属熔点的热力学温度）和均匀的细晶粒度（晶粒平均直径 0.5～5μm）等特定条件下变形时，其伸长率超过 100％的特性称为超塑性。在超塑性成形时，钢的伸长率超过 500％，锌铝合金超过 1000％。

超塑性成形可一次成形出形状很复杂的零件，且变形应力只有常态下金属变形应力的几分之一到几十分之一，成形后的零件几乎没有内应力，这就为制造重量轻的高效结构件提供了条件。

只要创造了所需的变形条件，超塑性成形可在多种工艺方法中应用，特别是一些常规工艺。某些难以锻压成形的金属材料，如镍基合金、高温合金及钛合金等，也可进行超塑性模锻和挤压，而在冲压生产中，超塑性应用就更为普遍了。

超塑性成形是近二十年来发展起来并逐渐成熟的一种少、无切削加工和精密成形新工艺，必将在机械制造中显示出更大的优越性。

第七节　粉末冶金及粉末锻造工艺

一、概述

粉末冶金是将金属粉末（或与非金属粉末的混合物），压制成形和烧结等形成各种制品的方法。它既是一种不需熔炼的制取金属材料的方法，又是一种精密、少无切削的制造零件的工艺方法。

粉末冶金的主要特点是无废料、生产率高、多数可省去切削加工。但成本高，强度也低于铸件和锻件。可制造形状复杂、性能特殊、重量小于10kg的零件，适合于批量生产。目前粉末冶金在机械制造业中常用来制造含油轴承、齿轮、凸轮、过滤器、刹车片和硬质合金刀具等。

近年来粉末冶金新工艺发展很快，除传统的模压成形外，相继出现了粉末注射成形（粉末冶金与塑料注射成形相结合）和喷射沉积（使雾化液滴处于半凝固态而沉积为预成形的实体）等工艺。现仅介绍机械行业用得较多的粉末锻造成形工艺。

二、粉末锻造工艺

粉末锻造工艺是粉末冶金成形法与精密模锻相结合的一种粉末锻造复合工艺。

粉末冶金锻造先通过机械粉碎法、雾化法、还原法等制粉方法将各种原材料制成金属或合金粉末，按照要求的粒度和组成进行混合。再将金属（或合金）粉末压制成形为预制坯。然后把预制坯放置有保护性气氛的烧结炉内烧结，烧结温度和烧结时间应严格控制，通常烧结温度为1000～1200℃。接着放在封闭模膛内锻造成形。如齿轮、阀头、小型曲轴和连杆等均可通过粉末锻造工艺成为零件。其工艺流程为：

制粉（金属或合金粉末）→粉料混合→压制成形→烧结→加热→锻造（模锻）→热处理→机械加工→成品

三、粉末锻造工艺的特点

（1）材料利用率高，成本只有普通锻造的一半。

（2）尺寸准确、表面光洁，可达到少、无切削的目的。

（3）材质均匀、无各向异性、耐磨性好。

（4）可制造形状复杂的锻件，特别适用热塑性不良的材料。

复习思考题

1. 锻压生产的基本特点是什么？

2. 锻造前加热的目的是什么？

3. 锻造温度范围是根据什么确定的？实践中怎样粗略判断锻造温度是否合适？

4. 加热时可能产生哪些缺陷？如何防止？

5. 自由锻的适用范围如何？理由何在？

6. 自由锻的最基本工序有哪些？

7. 自由锻件图和零件图有哪些区别？

8. 自由锻和模锻在坯料的成形上各有什么样的特点？对生产过程有什么影响？

9. 模型锻造和胎模锻造有哪些异同？应用上有何区别？

10. 冲压生产有什么特点？适于生产哪类产品？

11. 冲模有哪几类？各有什么特点？

12. 冲压常用的工序分哪几类？各有什么特点？

13. 下列零件各应采用何种方式生产？说明理由。

(1) 机床主轴使用中损坏，需要修复。

(2) 搪瓷缸制造。

(3) 汽车发动机连杆（大批量生产）毛坯制造。

(4) 金属勺子加工。

(5) 机床变速齿轮（中等批量）毛坯制造。

(6) 起重吊钩（小批量）加工。

14. 锻压工艺的发展趋势如何？

第四章 焊　　接

目的和要求

1. 了解焊条电弧焊、气焊等常用焊接方法的工艺过程、特点、应用及其所用设备与材料。

2. 了解焊条电弧焊焊接工艺参数，初步掌握焊条电弧焊的引弧及平焊操作技术。

3. 了解气焊火焰，能进行气焊平焊操作；了解气割过程及金属气割条件。

4. 了解常见的焊接缺陷及焊接变形。

5. 了解焊条电弧焊、气焊和气割的安全技术。

6. 了解其它常用焊接方法的特点和应用，一般了解焊接新方法、新技术的发展概况。

安全技术

1. 实习时要穿好工作服和胶鞋，焊条电弧焊操作时还要戴好面罩和手套等防护用品。

2. 焊机外壳应可靠接地，焊钳和焊接电缆的绝缘必须良好，并防止高热或机械损坏绝缘。

3. 施焊人员引弧时要防止弧光伤人，清渣时要防止渣屑飞出伤人。非操作人员亦应注意避开弧光照射和渣屑伤害。

4. 发现焊机异常时应立即停止工作并切断电源，检查焊机、操作完毕时必须拉闸断电。

5. 氧气瓶和乙炔瓶放置必须稳定可靠，附近严禁火种，不得撞击、敲打、曝晒、火烤，不得沾染油脂等易燃物品。乙炔瓶只能直立，不得卧放。

6. 工作前应检查回火防止器的水位是否正常；发生回火时要立即关闭焊炬上的乙炔阀门。

7. 焊接和切割后的工件不得直接用手去拿，应使用夹钳。

8. 工作场地应保持通风良好，不得放置易燃易爆物品，下班前应认真检查、清除残留火种。

第一节 概　　述

一、焊接的实质和分类

焊接是通过加热或加压，或二者并用，并且用或不用填充材料，使焊件达到结合的一种方法。被焊接的材料的统称叫母材，可以是同种或异种金属，也可以是金属与非金属等异种材料。

由于被焊材料的接触表面不可能绝对光洁干净，表面粗糙和存在油污、氧化膜等都是实施焊接的障碍，因此在焊接过程中必须采用加热、加压等手段，促使被焊材料连接面间的原子相互接触、扩散而达到焊接的目的。按照焊接过程的特点，焊接方法可分为熔焊、压焊和钎焊三大类。每一大类中又可按所用热源不同或其它特点而再分为若干类型。

熔焊是将待焊处的母材金属熔化以形成焊缝的焊接方法。常用熔焊方法有气焊、电弧焊、电渣焊、电子束焊和激光焊等。

压焊是焊接过程中，必须对焊件施加压力（加热或不加热），以完成焊接的方法。常用压焊方法有电阻焊、摩擦焊、爆炸焊、超声波焊和扩散焊等。

钎焊是采用比母材熔点低的金属材料作钎料，将焊件和钎料加热到高于钎料熔点、低于母材熔化温度，利用液态钎料润湿母材，填充接头间隙并与母材相互扩散实现连接焊件的方法。常用钎焊方法有铬铁钎焊、火焰钎焊、炉中钎焊、感应钎焊和盐浴钎焊、真空钎焊等。

二、焊接的特点和应用

焊接作为一种不可拆卸的连接方法，与铆接相比，具有节省材料、生产率高、适应性广、连接质量优良、劳动条件较好、易于机械化和自动化等优点，已基本取代铆接成为连接成形的主要方法。与铸造、锻压等成形方法相比，焊接可以小拼大，以简拼繁，尤其适宜于制造大型或结构复杂的构件。焊接还可以制造双金属构件，从而大量节省贵重金属。

由于焊接具有上述优点，因而广泛用于各个工业部门，主要有：

制造金属结构　如船体、车辆、锅炉、容器、管道、桥梁，以及各种建筑结构等。

制造机器零件或毛坯　如轧辊、飞轮、轴类、齿轮、机架和床身等。

连接电气线路　如电子管或晶体管电路，变压器绕组以及输配电线路等。

修复工作　如修补铸、锻件缺陷和局部损坏的零件等。

当然，焊接目前也还存在一些问题：焊接接头的组织和性能可能变差，有可能产生各种焊接缺陷，焊件存在焊接残余应力和变形，某些材料的焊接还有一定的困难等等。因此，需要进一步改进和完善现有的焊接技术，探索并应用新的焊接方法。

第二节　焊条电弧焊

电弧焊是利用电弧作为热源的熔焊方法。用手工操纵焊条进行焊接的电弧焊称为焊条电弧焊。焊接电弧是在电极与焊件间产生的强烈而持久的气体放电现象。其主要特点是电压低（十几至几十伏）、电流大（几十至几百安）、温度高（弧柱中心达 6000K 左右），易于引燃，使用方便。

焊条电弧焊的设备简单，操作方便，适应性强，目前仍然作为主要的焊接方法而得到广泛应用，特别适合于单件小批生产、焊件结构复杂、焊缝短小弯曲以及各种空间位置的焊接。其主要缺点是生产率较低、劳动条件较差、焊接质量不够稳定和对焊工的操作水平要求较高。

一、焊条电弧焊过程

如图 4-1 所示，用焊接导线将焊钳和焊件分别接到焊接电源输出端的两极，并用焊钳夹持焊条。焊接时，在焊条和焊件间引燃电弧，电弧高温使焊条端头和焊件待焊处局部熔化形成液态的金属熔池。随着电弧沿焊接方向前移，新的熔池不断形成，原先的熔池金属则冷却

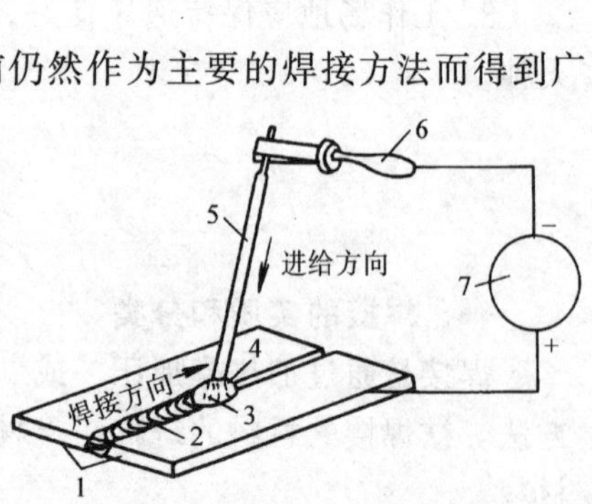

图 4-1　焊条电弧焊过程
1—焊件　2—焊缝　3—熔池　4—电弧
5—焊条　6—焊钳　7—焊接电源

凝固成为焊缝。

在焊接或切割过程中，材料因受热的影响而发生金相组织和力学性能变化的区域称为焊接热影响区。焊接接头中，焊缝与母材交接的过渡区，即熔合线处微观显示的母材半熔化区称为熔合区（又叫半熔化区），焊缝、熔合区和热影响区构成焊接接头，如图 4-2 所示。

二、焊条电弧焊设备

焊条电弧焊设备主要是专用的焊接电源，焊条电弧焊电源分交流和直流两大类。

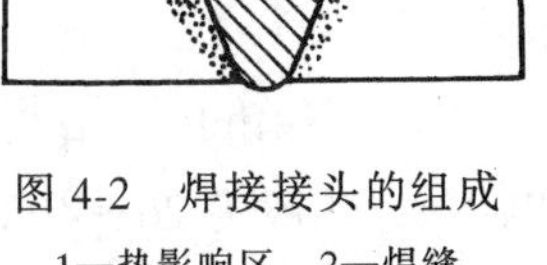

图 4-2　焊接接头的组成
1—热影响区　2—焊缝
3—熔合区　4—母材

（一）常用的焊条电弧焊电源

1. 弧焊变压器　是应用广泛的交流弧焊电源。它是一种特殊的降压变压器，具有结构简单、易造易修、价格低、效率高等优点。但电弧稳定性较差，有些场合不能使用。常见型号有 BX1－250（见图 4－3）、BX3－500、BX6－315 等。型号中 B 表示弧焊变压器，X 表示下降外特性，1、3、6 分别表示系列品种序号，250、500、315 表示额定焊接电流分别为 250A、500A、315A。

2. 弧焊发电机　是最早使用的直流弧焊电源，它由一台原动机和特殊的直流发电机组成。弧焊发电机输出稳定的直流电，因此引弧容易，电弧稳定，焊接质量较高，但其效率低、能耗大、价格高、噪声大、维修难，我国已规定停止生产和使用由交流电动机驱动的弧焊发电机。

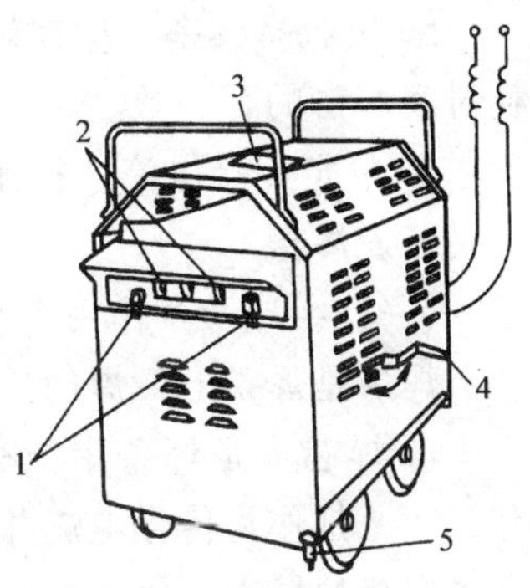

图 4-3　弧焊变压器
1—焊接电源两极
2—线圈抽头（粗调电流）
3—电流指示盘
4—调节手柄（细调电流）
5—接地螺钉

3. 弧焊整流器　是将电网交流电经过降压、整流、滤波后输出的直流弧焊电源。它弥补了弧焊变压器和弧焊发电机的主要缺点，正被大量使用。常用弧焊整流器中的整流元件有硅二极管和晶闸管两种，前者如 ZXG－400 型，型号中 Z 表示弧焊整流器，G 表示硅整流元件，后者如 ZX5－315 型等。

4. 弧焊逆变器　是近年来迅速发展的新一代弧焊电源。它把电网交流电（工频）整流后，逆变为几千至几万赫兹的中频交流电，再降压输出或再降压、整流、滤波后输出。具有高效、节能、体积小、重量轻、电弧稳、无噪声、调节范围广等优点，是弧焊电源的发展方向。我国已有 ZX7 等系列弧焊逆变器在生产中使用。

（二）直流弧焊电源的接线方法

直流弧焊电源的输出端有正负极之分，它们与焊条、焊件有两种不同的接线方法，如图 4-4 所示。将焊件接电源正极，电极接电源负极的接线法，称为正接；将焊件接电源负极，电极接电源正极的接线法，称为反接。由于电弧正极的温度和热量一般比其负极要高，故在焊接厚板时采用正接能获得较大熔深，焊接薄板时采用反接以防止烧穿。在使用某些碱性焊条时则只能采用直流反接。

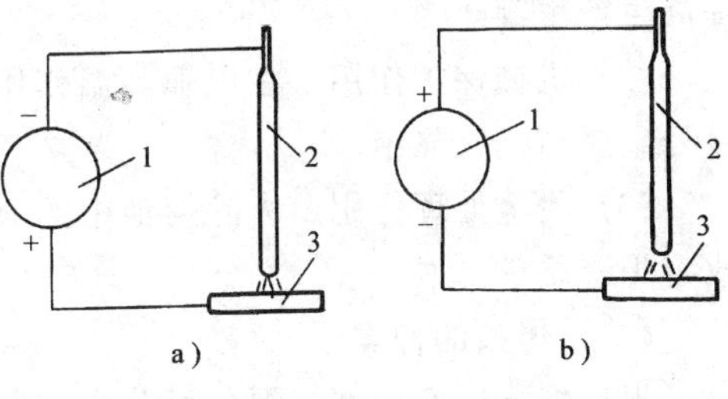

图 4-4　直流弧焊电源的正接和反接
a）正接　b）反接
1—直流弧焊电源　2—焊条　3—焊件

用交流弧焊电源焊接时，由于其输出端两极的极性周期性地改变，故无正接、反接之分。

（三）弧焊电源的主要技术参数

弧焊电源的铭牌上均标明其主要技术参数：

1. 一次电压　指弧焊电源接入网路所要求的网路电压，一般弧焊变压器的一次电压为单相 380V，弧焊整流器的一次电压为三相 380V。

2. 空载电压　指弧焊电源没有负载（即无焊接电流）时的输出端电压。一般为 50～80V。

3. 工作电压　指弧焊电源在焊接时的输出端电压，也可视为电弧两端的电压（即电弧电压），一般为 20～40V。

4. 电流调节范围　指弧焊电源在正常工作时可提供的焊接电流范围，一般为几十到几百安。

5. 负载持续率　指在规定的工作周期中（焊条电弧焊规定为 5min），弧焊电源平均有负载时间所占的百分数。

6. 额定焊接电流　指弧焊电源在额定负载持续率时许用的焊接电流。

三、焊条

（一）组成及其作用

焊条是焊条电弧焊的焊接材料，由焊芯和药皮两部分组成，如图 4-5 所示。

1. 焊芯　是焊条中被药皮包覆的金属芯，其作用有二：一是作为传导电流并形成电弧的电极；二是作为组成焊缝的填充金属。焊芯直径代表焊条直径，通常为 2mm、2.5mm、3.2mm、4mm、5mm；焊芯长度代表焊条长度，通常为 250mm、300mm、350mm、400mm、450mm，直径较细焊条其长度也较短。近年来为适应装璜及薄板焊接等需要，已有直径 1.0～1.6mm 的特细焊条面世。

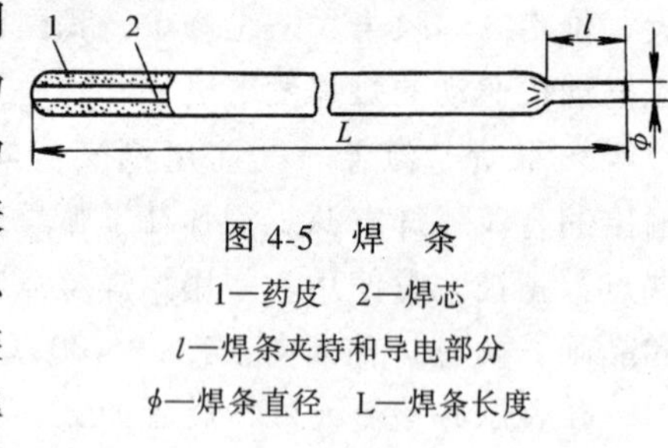

图 4-5　焊　条

1—药皮　2—焊芯

l—焊条夹持和导电部分

ϕ—焊条直径　L—焊条长度

2. 药皮　是压涂在焊芯表面上的涂料层，由多种矿物质、铁合金粉、有机物和粘结剂等原料按一定比例配制而成。其主要作用为：

（1）改善焊条的焊接工艺性，使电弧容易引燃并稳定燃烧，有利焊缝成形，减少飞溅，提高生产率等。

（2）机械保护作用，在电弧高温作用下，药皮分解产生大量气体并形成液态熔渣，使焊接处金属与空气隔绝。

（3）冶金处理作用，去除熔池中的氧、氢、硫、磷等有害元素，添加有益的合金元素，改善焊缝质量。

（二）焊条的种类

根据焊条国家标准，焊条可分为碳钢焊条、低合金钢焊条、不锈钢焊条、铸铁焊条、堆焊焊条、铜及铜合金焊条、铝及铝合金焊条等七大类。按焊条药皮性质分，焊条可分为酸性焊条与碱性焊条两大类。酸性焊条具有良好的焊接工艺性，可用交流或直流电源，对引起焊缝产生气孔的铁锈、油污和水分的敏感性较低，但焊缝的塑性、韧性和抗裂性能较差。碱性焊条又称低氢焊条，焊缝的塑性、韧性和抗裂性能较高，但其焊接工艺性较差，大多需采用直流电源（反接），焊前需经烘干。

（三）焊条的型号与牌号

1. 焊条的型号　GB/T5117—1995 规定了碳钢焊条型号的编制方法。现以常用焊条 E4303 和 E5015 为例说明：型号中 E 表示焊条，前两位数字表示焊缝金属抗拉强度的最小值分别为 420MPa（43kgf/mm²）和 490MPa（50kgf/mm²）；第三位数字表示焊条适用的焊接位置，0 和 1 均表示可全位置焊接；第三位和第四位数字组合表示焊接电源种类和药皮类型，03 为钛钙型药皮，可用交流或直流，15 为低氢钠型药皮，采用直流反接。

2. 焊条的牌号　焊条牌号全国统一编制，将焊条分为十大类，其中第一类为结构钢焊条（包括碳钢和普通低合金结构钢焊条）。以常用的 J422 和 J507 焊条为例，牌号中 J 表示结构钢焊条（J 是结的拼音首字母），前两位数字 42 和 50 表示焊缝金属抗拉强度不低于 420MPa（42kgf/mm²）和 490MPa（50kgf/mm²），第三位数字表示药皮类型和焊接电源种类，2 为钛钙型药皮，可用交流或直流，7 为低氢钠型药皮，采用直流反接。可知，J422 符合 E4303，J507 符合 E5015。

不锈钢焊条、堆焊焊条及其它焊条型号、牌号国家标准规定的编制方法可参阅有关焊接手册。

（四）焊条的选用

焊条选用的基本原则是要求焊缝和母材具有相同水平的使用性能。结构钢焊条只需要其焊缝满足力学性能要求，可根据母材的抗拉强度，按“等强”原则选用。对承受冲击、动载等重要构件或当母材焊接性能差、环境温度低、焊件厚度或结构刚度大等易产生焊接裂纹时，应选用碱性焊条。其它焊条通常需要其焊缝能满足化学成分和使用性能的要求。

四、焊条电弧焊工艺

（一）焊接位置

熔焊时，焊件接缝所处的空间位置称为焊接位置，有平焊、立焊、横焊和仰焊四种，如图 4-6 所示。平焊时熔化金属不易外流、操作方便、生产率高、劳动条件好、焊缝质量容易保证。立焊、横焊次之，仰焊位置最差。

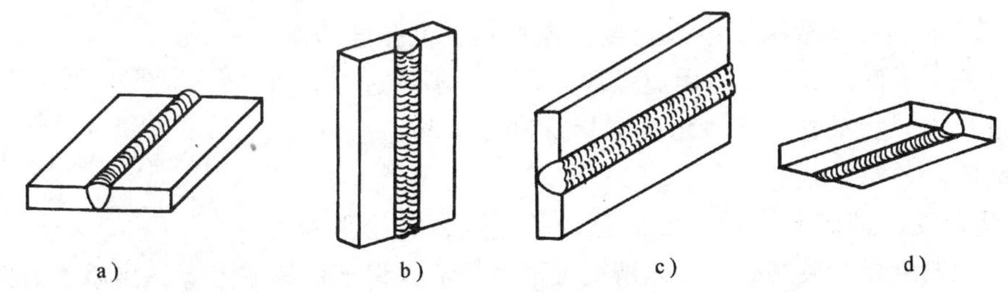

图 4-6　焊接位置

a) 平焊位置　b) 立焊位置　c) 横焊位置　d) 仰焊位置

（二）焊接接头形式与坡口形式

1. 接头基本形式　如图 4-7 所示。

2. 常用坡口形式　焊薄件时，在接头处只要留有一定间隙，采用单面焊或双面焊可以保证焊透。焊件较厚时，为了保证焊透，则需焊前把焊件待焊处加工成所需要的几何形状，称为开坡口。对接接头常见的坡口形式如图 4-8 所示。加工坡口时，常在焊件厚度方向留有

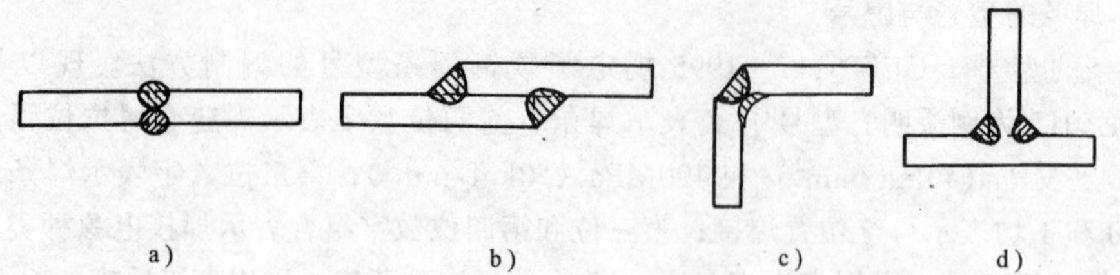

图 4-7　焊接接头的基本形式

a) 对接接头　b) 搭接接头　c) 角接接头　d) T形接头

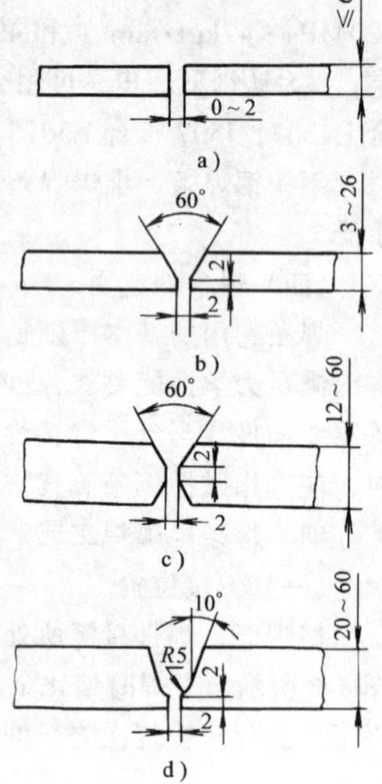

图 4-8　对接接头常见坡口形式

a) I形坡口　b) V形坡口　c) X形坡口　d) U形坡口

直边，称为钝边，以防止烧穿；接头组装时，常留有间隙，以保证焊透。施焊时，对I形、V形和U形坡口，可根据实际情况，采用单面焊或双面焊完成。双面焊容易保证焊透，多用于要求焊透的受力焊缝，X形坡口只能采用双面焊。

（三）焊接工艺参数

焊接工艺参数是焊接时为保证焊接质量而选定的诸物理量的总称，焊条电弧焊工艺参数主要有：

1. 焊条直径　主要根据焊件厚度选定，见表 4-1。多层焊的第一层焊缝和非平焊位置，应采用较细的焊条。

2. 焊接电流　主要根据焊条直径选用。可用经验公式 $I=(25\sim55)d$ 初步估算，式中 I 为焊接电流（单位：A)，d 为焊条直径(单位:mm)。生产中应考虑焊条种类、焊接位置、焊件厚度、接头形式和焊工技术水平等情况，通过试焊来调整和确定焊接电流。电流过小，电弧不稳，生产率低，易产生夹渣、未焊透等缺陷；电流过大，易产生咬边、烧穿等缺陷以及造成焊条发红、药皮脱落，不能正常焊接。

3. 电弧电压　主要取决于电弧长度：电弧长，电弧电压高；电弧短，电弧电压低。应尽量采用短弧焊接，弧长不超过焊条直径。电弧过长、燃烧不稳、飞溅增多、熔深减小、易产生气孔、未焊透等缺陷。

4. 焊接速度　即焊条沿焊接方向移动的速度，直接影响焊接生产率。一般由焊工根据操作具体情况灵活掌握。在保证焊缝成形等焊接质量前提下尽可能提高焊接速度。

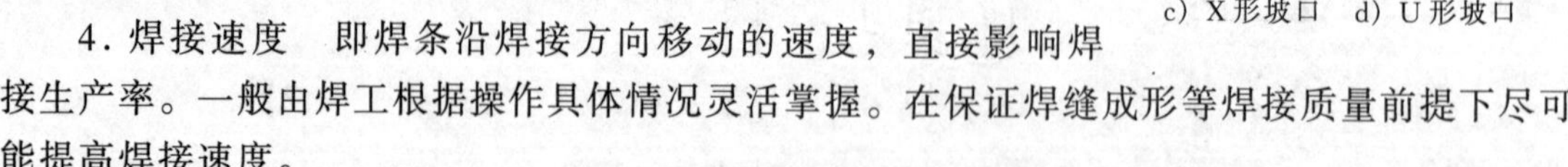

表 4-1　焊条直径与焊件厚度关系　（单位：mm）

焊件厚度	2	3	4~7	8~12	≥13
焊条直径	1.6，2.0	2.5，3.2	3.2，4.0	4.0，5.0	4.0~6.0

第三节　气焊与气割

一、气焊

气焊是利用气体火焰作为热源的焊接法，如图 4-9 所示。气焊所用气体分为可燃气体和助燃气体。助燃气体是工业纯氧。可燃气体目前最常用乙炔（C_2H_2），也可用氢气、煤气、石油气等。与焊条电弧焊相比，气焊火焰温度较低，热量分散，加热缓慢，保护效果差，因而气焊生产率低，焊件变形大，焊接质量不高。但气焊设备简单，不需电源，使用灵活，火焰加热容易控制，多用于厚度 3mm 以下的碳钢薄板、小管的焊接和铸铁补焊，对于质量要求不高的不锈钢以及铝、铜及其合金等有色金属的焊接，也可采用气焊。

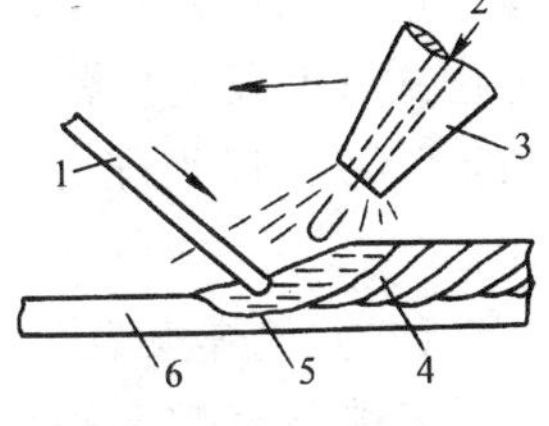

图 4-9　气焊示意图
1—焊丝　2—乙炔＋氧气
3—焊嘴　4—焊缝
5—熔池　6—焊件

（一）气焊设备

气焊所用设备及其连接如图 4-10 所示。

1. 氧气瓶　是储存和运输氧气的高压容器，其容积为 40L，工作压力为 15MPa，瓶体表面涂天蓝色漆，并用黑漆写上“氧气”二字。氧气瓶放置必须稳定可靠，不得靠近焊割工作点和其它热源（如火炉等），不得与其它气瓶混放一起，不许曝晒、火烤、敲打、撞击和沾染油脂，以免发生火灾和爆炸。

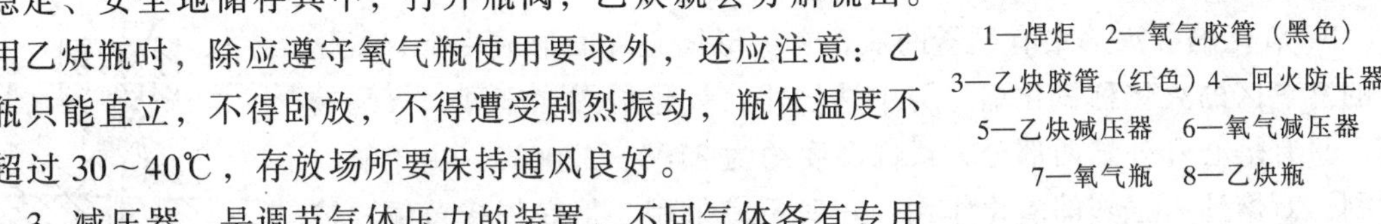

图 4-10　气焊设备及其连接
1—焊炬　2—氧气胶管（黑色）
3—乙炔胶管（红色）4—回火防止器
5—乙炔减压器　6—氧气减压器
7—氧气瓶　8—乙炔瓶

2. 乙炔瓶　是储存和运输乙炔的容器。其工作压力为 1.5MPa。瓶体外表涂白色漆，并用红漆标注“乙炔”、“火不可近”字样。瓶体内部装有浸满丙酮的多孔性填料，能使乙炔稳定、安全地储存其中，打开瓶阀，乙炔就会分解流出。使用乙炔瓶时，除应遵守氧气瓶使用要求外，还应注意：乙炔瓶只能直立，不得卧放，不得遭受剧烈振动，瓶体温度不能超过 30～40℃，存放场所要保持通风良好。

3. 减压器　是调节气体压力的装置。不同气体各有专用的减压器，其作用为：

（1）降压作用：气焊时所用气体压力都比较低，如氧气压力通常为 0.2～0.4MPa，乙炔压力最高不超过 0.15MPa，因此，必须将气瓶内的气体压力降低后才能输送至焊炬使用。

（2）调压作用：减压器上的调压装置可根据工作需要，调整输出气体压力。

（3）稳压作用：气瓶内的气体压力随着气体的消耗而逐渐下降，减压器可以保持输送至焊炬的气体压力基本不变，以保证火焰稳定燃烧。

氧气减压器外表涂天蓝色漆，乙炔减压器外表涂白色漆，二者不可混用。减压器应安装牢靠，输气胶管应用夹头紧固；避免撞击和沾上油污；如冻结时不许火烤，可用热水解冻；停止使用时应旋松调压螺钉并把减压器内气体放尽。

4. 回火防止器　是防止混合气体火焰回烧的安全装置。正常焊接时，气体火焰在焊嘴外燃烧。由于气体压力不正常，焊嘴过热、堵塞或距焊件太近等原因，火焰会进入焊嘴内沿乙炔管道逆向燃烧，即发生“回火”现象。若不及时排除，有可能烧坏焊炬、管路甚至引起乙炔瓶爆炸。回火防止器的作用就是截住回火气体，断绝乙炔来路，阻止继续回烧。在乙炔气路中必须装有回火防止器，并保证其始终处于正常状态。

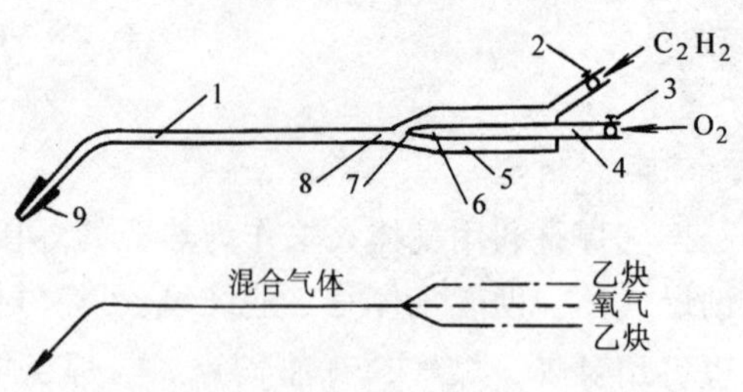

图 4-11　射吸式焊炬

1—混合管　2—乙炔阀门　3—氧气阀门　4—氧气通道　5—乙炔通道　6—喷射管　7—喷嘴　8—射吸管　9—焊嘴

5. 焊炬　是控制气体混合比、流量及火焰并进行焊接的工具。氧气和乙炔由各自阀门调节流量，进入混合管均匀混合后，由焊嘴喷出，点燃。低压式（射吸式）焊炬应用最广，其外形如图 4-11 所示。每种焊炬配有几个孔径不同的焊嘴以备选用。

（二）气焊火焰

乙炔与氧混合燃烧所形成的火焰称为氧乙炔焰，改变氧和乙炔的比例，可得到三种不同性质的火焰，如图 4-12 所示。

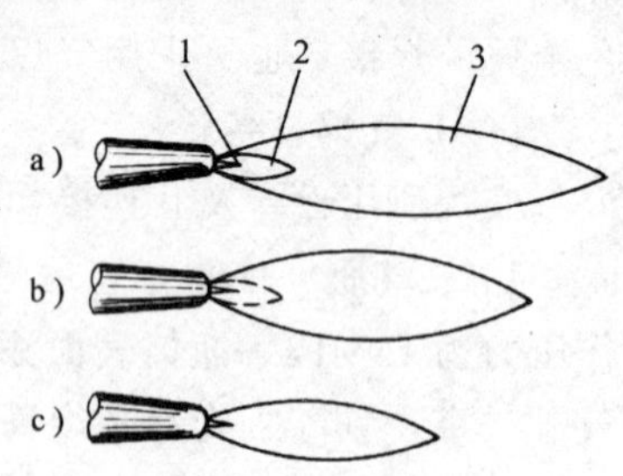

图 4-12　气焊火焰

a) 碳化焰　b) 中性焰　c) 氧化焰

1—焰心　2—内焰　3—外焰

1. 中性焰　在一次燃烧区内既无过量氧又无游离碳的火焰称中性焰。它由焰心、内焰和外焰三部分组成。中性焰最高温度可达 3150℃左右，适用于焊接低碳钢、中碳钢、低合金钢、不锈钢和紫铜、铅、锡、铝及铝合金等材料。

2. 碳化焰　火焰中含有游离碳，具有较强的还原作用，也有一定的渗碳作用的火焰称碳化焰。与中性焰比，碳化焰火焰较长，也分焰心、内焰、外焰三部分，最高温度为 2700～3000℃。由于氧气不足，剩余的乙炔分解为碳和氢，其中碳能渗入熔池造成焊缝增碳。适用于焊接高碳钢、铸铁、高速工具钢和硬质合金等材料。

3. 氧化焰　火焰中有过量的氧，在尖形焰心外面形成一个有氧化性的富氧区的火焰称氧化焰。与中性焰比，氧化焰燃烧剧烈，火焰较短，只有焰心和外焰两部分，最高温度约为 3100～3300℃。由于氧气过剩，对熔池有强烈的氧化作用，一般不宜采用。但在焊接黄铜、镀锌铁皮和镀锌管时，可采用轻微氧化焰焊接，利用熔池表面形成的一层氧化物薄膜，阻碍锌在高温下的蒸发。

二、气割

气割是氧气切割的简称，它是利用气体火焰的热能将工件切割处预热到一定温度后，喷出高速切割氧流，使其燃烧并放出热量实现切割的方法，如图 4-13 所示。

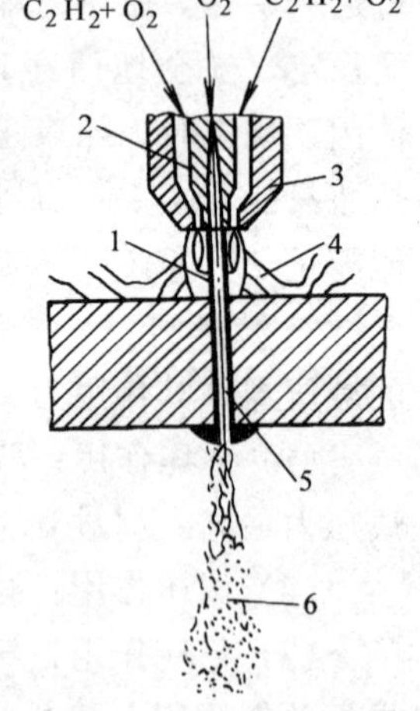

图 4-13　气割示意图

1—氧流　2—割嘴　3—预热嘴　4—预热火焰　5—割口　6—氧化物

气割所用设备、工具中，除用割炬代替焊炬外，其余均与气焊相同。每种割炬配有几个不同规格的割嘴以备选用。割炬外形如图 4-14 所示。

气割过程开始时，用火焰将割口始端附近的金属预热至其燃点（约 1300℃，黄白色），打开切割氧阀门，高速氧流使高温金属迅速燃烧并吹去所形成的熔融状熔渣，燃烧产生的热量和气体火焰一起又对邻近金属进行预热，使切割过程继续进行直至割透，再沿切割线移动割炬直至完成切割。在整个气割过程中，被割金属没有熔化。氧气切割的实质是金属在氧气中的燃烧过程。

金属材料只有符合下列条件，才能进行氧气切割：

（1）金属的燃点必须低于其熔点。这是保证切割是在燃烧过程中进行的基本条件。否则加热时金属先熔化而变为熔割过程，使割口过宽，不齐。

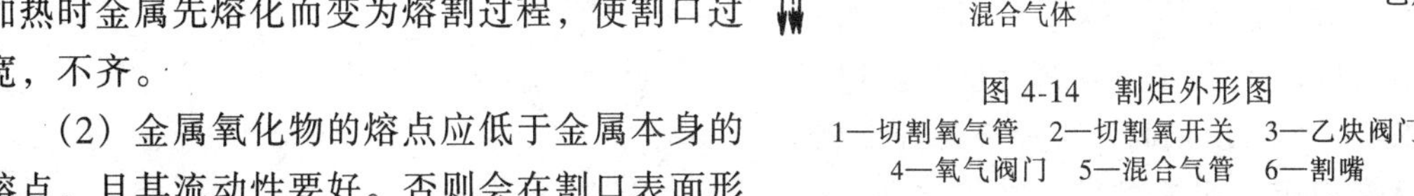

图 4-14　割炬外形图

1—切割氧气管　2—切割氧开关　3—乙炔阀门　4—氧气阀门　5—混合气管　6—割嘴

（2）金属氧化物的熔点应低于金属本身的熔点，且其流动性要好。否则会在割口表面形成固态氧化物，阻碍氧流与下层金属接触，使气割过程不能正常进行。

（3）金属燃烧时放出的热量要多，且金属的热导率要低。这样才能使割口附近的待割金属能得到足够的预热，使气割过程顺利进行。

满足上述条件的金属材料有纯铁、低碳钢、中碳钢和低合金钢等。高碳钢和铸铁、高合金钢、有色金属及其合金，均难以进行氧气切割。

第四节　其它常用焊接方法

一、埋弧焊

埋弧焊是电弧在焊剂层下燃烧进行焊接的方法。

埋弧焊过程如图 4-15 所示，焊丝端部与焊件表面间产生电弧后，电弧热使其附近的焊丝、焊件和焊剂熔化和部分蒸发，蒸发的气体在电弧周围形成一个空腔并与液态熔渣联合保护电弧区域和熔池金属以免空气侵入。随着电弧前移，熔池不断向前扩展，后部边缘冷却凝固形成焊缝，熔渣冷却凝固成为渣壳覆盖于焊缝表面。未熔化的焊剂可以回收再用。在整个焊接过程中，引燃电弧、送进焊丝、维持一定弧长和向前移动电弧等动作，都由埋弧焊机完成。

与焊条电弧焊比，埋弧焊具有生产率高、熔深大、焊接质量高、劳动条件好和对焊工操作技术要求低等优点，但其设备较复杂，价格较贵，焊前调试工作量较大，对焊件装配要求较高。埋弧焊适应性差，一般只宜在平焊位置焊接。适用于中厚板焊件的批量生产，较长直焊缝或较大直径环缝的焊接，如图 4-16 所示。

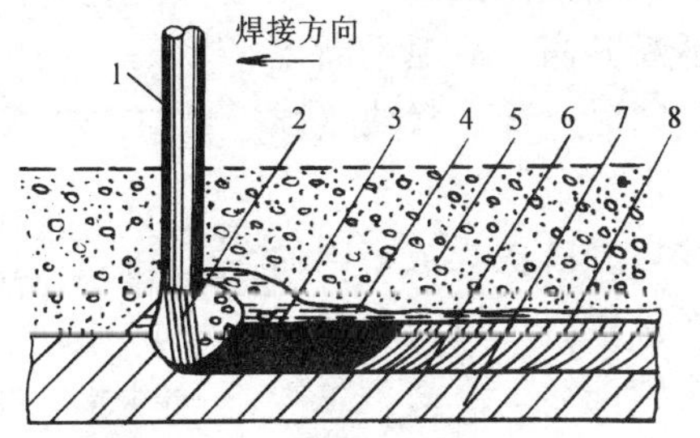

图 4-15　埋弧焊焊缝的形成

1—焊丝　2—电弧　3—溶池金属　4—熔渣　5—焊剂　6—焊缝 7—焊件　8—渣壳

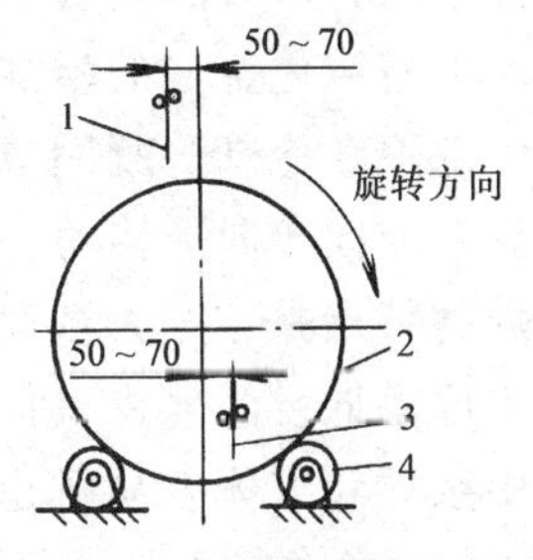

图 4-16　环缝埋弧焊示意图

1—焊丝（焊外环缝时）　2—焊件　3—焊丝（焊内环缝时）　4—转台

二、气体保护电弧焊

气体保护电弧焊是用外加气体作为电弧介质并保护电弧和焊接区的电弧焊方法，简称气体保护焊。常用保护气体为氩（Ar）、二氧化碳（CO_2）、氮（N_2）等以及混合气体。

（一）氩弧焊

是使用氩气作为保护气体的气体保护焊。按所用电极可分为钨极氩弧焊（不熔化极）和熔化极氩弧焊两种，如图 4-17 所示。

由于氩气是惰性气体，既不与金属发生化学反应，也不溶于液态金属，所以保护效果好，焊接质量高，可焊接各种金属。氩弧燃烧稳定，明弧可见，操作方便，可全位置焊接，易于自动控制。但氩气价格较贵，焊接设备也较复杂，焊接成本较高，适用于焊接不锈钢、耐热钢、高强钢和各种有色金属及其合金。

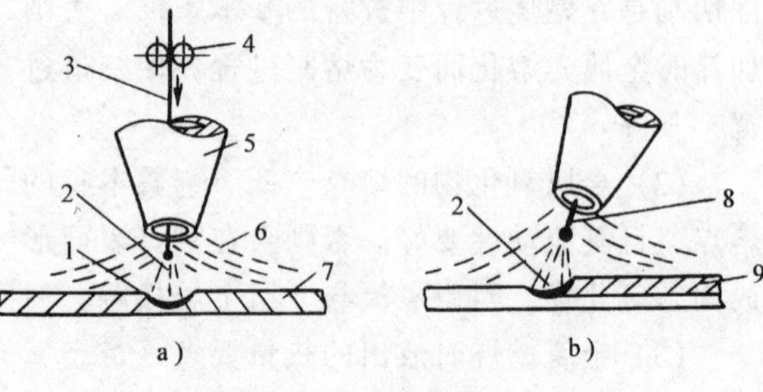

图 4-17　氩弧焊示意图

a）熔化极氩弧焊　b）钨极氩弧焊

1—熔池　2—电弧　3—焊丝　4—送丝轮

5—喷嘴　6—氩气　7—焊件　8—钨极　9—焊缝

（二）二氧化碳气体保护焊

是利用 CO_2 作为保护气体的气体保护焊，简称 CO_2 焊。有手工焊（原称半自动焊）和机械化焊（原称自动焊）两种，以手工焊应用较多。手工焊焊接过程中焊丝由送丝机构送进，电弧由焊工手持焊枪向前移动。

CO_2 气体价格低廉，成本低；焊接电流密度大、熔深大；不需清渣，连续焊接，生产率高；焊接变形较小，焊接质量较高；明弧，容易操作，可全位置焊接，易于自动控制。其缺点是氧化性强，不能用于焊接有色金属和高合金钢，且焊接飞溅较大，焊缝成形较差。主要用于低、中碳钢和低合金结构钢的焊接。

三、电渣焊

是利用电流通过液态熔渣所产生的电阻热进行焊接的方法。电渣焊一般在立焊位置进行，两焊件间留有 25～30mm 间隙，与两侧的冷却滑块及底部的引弧板组成上端开口的方柱形空腔，如图 4-18 所示。电渣焊开始时可在焊丝和引弧板之间引燃电弧，电弧热熔化周围焊剂和电极形成渣池和熔池，当渣池达到一定深度时，电弧熄灭，电流通过渣池中的液态熔渣传导到焊件。渣池产生的电阻热加热熔化与其接触的电极端部和焊件边缘，形成的金属熔池沉在渣池下面，受渣池保护以免空气侵入。随着熔化金属的增加，熔池表面不断升高，渣池不断上升，熔池底部逐渐冷却、凝固成为焊缝。与此同时，冷却滑块（强制成形装置）应同步向上移动。

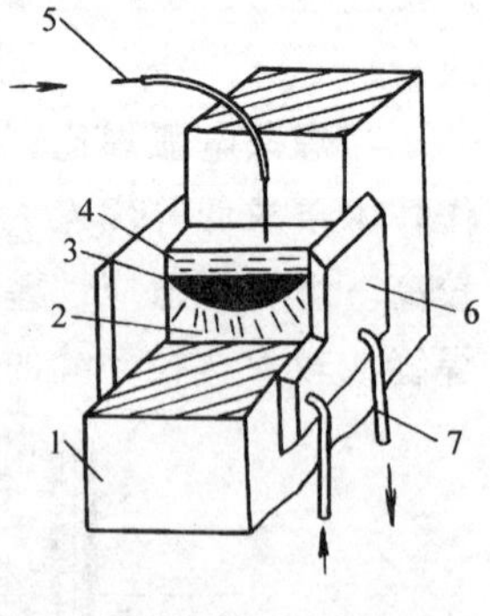

图 4-18　电渣焊过程示意图

1—焊件　2—焊缝　3—熔池

4—渣池　5—焊丝

6—冷却滑块　7—冷却水管

电渣焊的特点是：厚大截面焊缝可不开坡口，一次焊成，因而生产率高、成本低；渣池机械保护好，空气不易侵入；熔池存在时间长，其中杂质和气体容易排出，因而焊缝比较纯净，不易产生缺陷。但由于接头金属高温停留时间长，组织粗大，焊后要进行正火处理。适用于板厚 40mm 以上的焊接结构，可焊直缝、环缝和变断面焊缝。

四、电阻焊

是焊件组合后通过电极施加压力，利用电流通过接头的接触面及邻近区域产生的电阻热进行焊接的方法。其基本形式有点焊、缝焊和对焊三种，如图 4-19 所示。点焊主要用于焊接薄板壳体结构、金属网和交叉钢筋构件等；缝焊主要用于焊接有密封要求的薄壁结构如水箱、油箱、烟道、通风管等；对焊主要用于杆状零件对接，如刀具、钢筋、管子以及钢轨、车圈等。

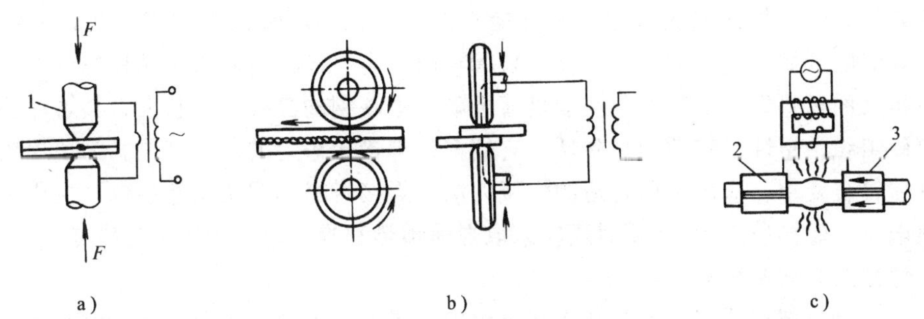

图 4-19 电阻焊的基本形式

a）点焊 b）缝焊 c）对焊

1—电极 2—固定电极 3—活动电极

电阻焊的生产率高、不用焊接材料、焊接变形小、操作简单、劳动条件好、易于自动化。但其焊接电流很大（几千安至几万安）、耗电量大、设备复杂、对焊件尺寸和接头形式也有所限制。通常用于成批大量生产。

五、钎焊

钎焊的过程是：将清理好的焊件以一定的接头形式（多为搭接，见图 4-20）装配在一起，把钎料放入接头间隙或其附近，加热焊件和钎料至稍高于钎料熔点而低于母材熔点的温度后，熔化的钎料润湿焊件并借助毛细管作用充满接头间隙，并与固态的母材相互扩散溶解，冷却凝固后即形成钎焊接头。

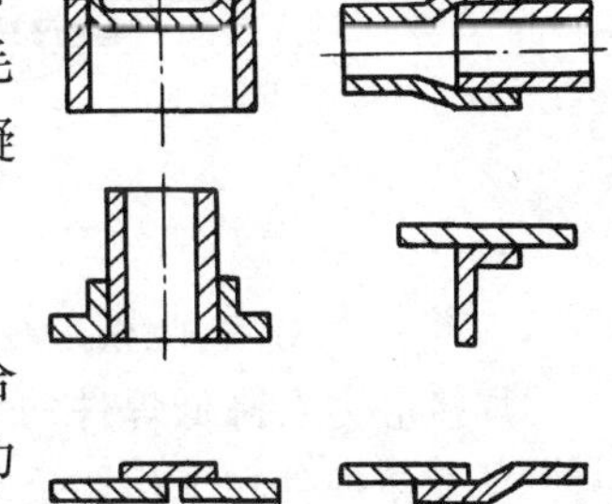

图 4-20 钎焊常用接头形式

按钎料的熔点高低，钎焊可分为软钎焊和硬钎焊两类。

钎料熔点低于 450℃ 的钎焊称为软钎焊，常用钎料有锡铅合金、锌镉合金等。其接头强度大多低于 70MPa，适用于钎焊受力不大、工作温度较低的焊件。

钎料熔点高于 450℃ 的钎焊称为硬钎焊，常用钎料有铜基、银基、镍基和铝基等合金，其接头强度大多高于 200MPa，适用于钎焊受力较大、工作温度较高的焊件。

由于钎焊过程中加热温度低且不需加压，母材的组织与性能变化很小，焊接应力和变形小，接头平整光洁，焊件尺寸精确；可以连接性能差异很大的异种金属或异种材料。但钎焊接头的强度尤其动载强度较低，耐热能力较差，对焊件清理和装配要求高。主要用于制造精密仪表、电子线路、导线电缆、切削刀具以及复杂的薄板结构。

第五节　焊接质量

焊接质量的优劣直接影响到焊接构件的安全使用。焊接所产生的应力、变形和各种缺陷以及引起接头组织和性能发生变化，都是影响焊接质量的主要因素。

一、焊接接头的组织和性能

焊接过程中，焊缝及其附近金属要经历一个加热和冷却的过程，相当于经受了一次不同规范的热处理，因而焊接接头的组织和性能将发生变化。以碳素钢为例，低碳钢熔焊接头中，邻近焊缝的区域，由于加热温度高，1100℃以上高温停留时间长，晶粒急剧长大，焊后成为晶粒粗大的过热组织，其力学性能显著下降；中碳钢的淬火倾向较大，其熔焊接头中容易产生淬硬组织，塑性、韧性明显降低。它们都是焊接接头上的薄弱部位。为使焊接接头的组织和性能符合要求，应该采用合适的焊接方法、焊接材料和焊接工艺参数（主要是焊接电流、电弧电压、焊接速度）。必要时还应采取焊前预热和焊后热处理等工艺措施。

二、焊接应力与变形

由于焊接是局部加热，在加热和冷却过程中，焊件上各处温度分布不均匀，冷却速度不相同，热胀冷缩也不一致，互相牵制约束，致使焊件不可避免地要产生焊接应力和焊接变形。焊接变形的基本形式，如图 4-21 所示。

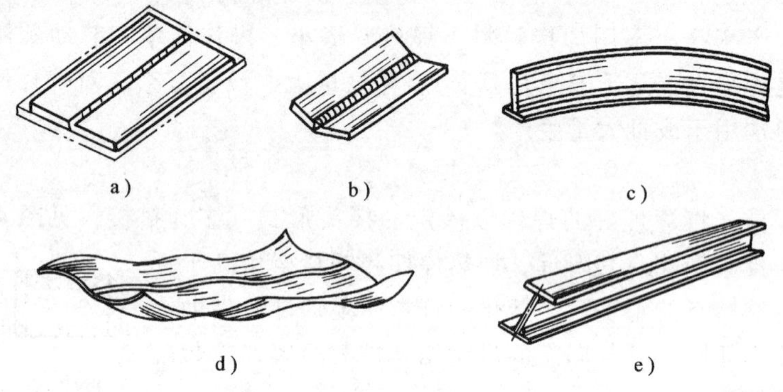

图 4-21　焊接变形的基本形式

a）横向与纵向缩短变形　b）角变形　c）弯曲变形　d）波浪形变形　e）扭曲变形

焊接应力会降低焊件的承载能力，引起焊件的形状和尺寸发生变化，促使裂纹产生与扩大，甚至使焊件在工作中突然破坏而造成严重事故的发生。焊接变形降低了焊件的尺寸精度，可能使焊件在承受工作载荷时产生附加应力，有的焊件甚至因变形严重、无法矫正而报废。焊后消除焊接应力或矫正焊接变形都要增加生产工时和产品成本。因此，必须在设计焊接结构和制定焊接工艺时，采取适当措施，以控制和减小焊接应力和变形。

三、焊接缺陷及其检验

（一）焊接缺陷

熔焊常见的缺陷见表 4-2。

产生焊接缺陷的原因，一般有焊前准备（坡口加工、清理、装配与焊条烘干等）做得不好，焊接工艺不正确，操作方法不当等几个方面。而焊接裂纹的产生，除上述原因外，还与焊件设计不合理，材料选用不正确等因素有关。

表 4-2 常见的熔焊缺陷

种　类	图　　例	特　　征
焊缝尺寸不符要求	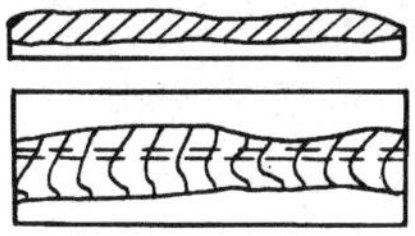	焊缝高低不平，宽窄不一，波形粗大
	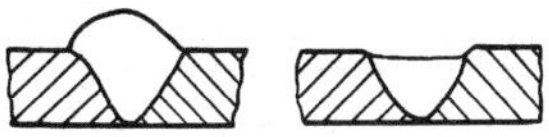	焊缝余高过高或过低
咬边	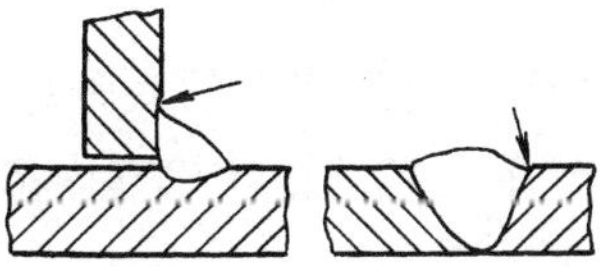	焊缝表面与母材交界处存在的沟槽或凹陷
焊瘤	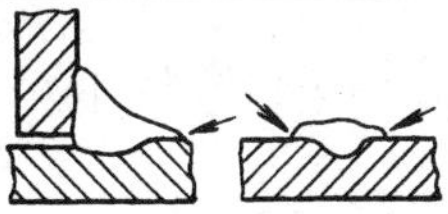	熔化金属流淌到焊缝之外未熔化的母材上形成的金属瘤
弧坑	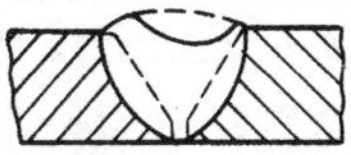	焊缝收尾处形成的表面低于母材表面的局部低洼部分
未焊透	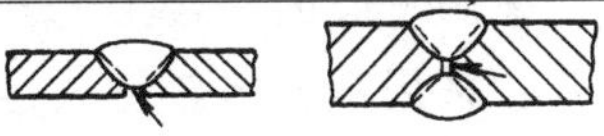	接头根部未完全熔透
烧穿	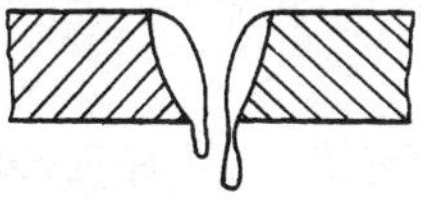	部分熔化金属从焊缝背面漏出形成穿孔
夹渣	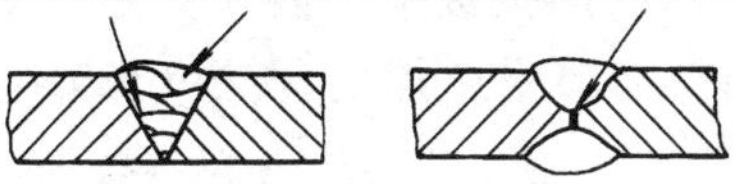	夹在焊缝中的非金属熔渣
气孔	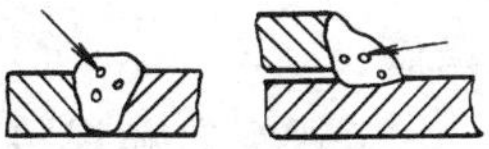	气体残留在焊缝中形成的孔洞
裂纹	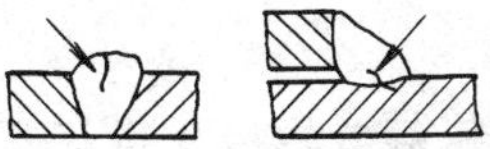	接头中局部金属发生破裂形成的缝隙

焊接接头中存在焊接缺陷，必然影响接头的力学性能和其它使用性能（如致密性、耐蚀性等）。如果缺陷严重，可能使焊件在工作中发生重大事故。因此，必须采取有效措施，防止缺陷产生，还应做好检验工作，及时发现缺陷并予以修补。

（二）焊接检验

焊接检验的方法很多，可分为破坏性检验和无损检验两大类。常用的无损检验方法有：

1. 外观检验　是用肉眼或借助低倍放大镜观察焊缝表面有无缺陷，还可使用样板、量规，检查焊缝外形尺寸。

2. 气密性检验　用于检查非受压容器、管道的焊接接头中有无穿透性缺陷，如气压试验、氨气试验和煤油试验等。

3. 水压试验　用于检验受压容器、管道的强度和致密性。

4. 渗透探伤　是利用带有红色染料（着色法）或荧光染料（荧光法）的渗透剂的渗透作用，检查接头表面有无微裂纹等缺陷及缺陷的大小与分布情况。

5. 磁粉探伤　是利用磁粉在处于强磁场中的铁磁性材料的焊接接头上的分布特征，检查接头表面或表层有无裂纹、未焊透等缺陷及缺陷的位置与大小。

6. 超声波探伤　是利用超声波在金属内传播遇到缺陷会反射的特性，检查接头内部有无缺陷及缺陷的位置和大小。

7. 射线探伤　是利用 X 射线或 γ 射线透过接头使其背面的底片感光，根据底片影像来判断接头内部有无缺陷及缺陷的种类、大小和分布，它是目前检查内部缺陷比较准确可靠的方法。

第六节　常用金属材料的焊接

一、金属的焊接性

金属的焊接性是指材料在限定的施工条件下焊接成按规定设计要求的构件，并满足预定服役要求的能力。焊接性受材料、焊接方法、构件类型及使用要求四个因素的影响。

金属的焊接性不是一成不变的。同一金属，采用不同的焊接工艺方法，其焊接性差别很大。例如铝在气焊或焊条电弧焊时，焊接性较差；采用氩弧焊较易获得优质接头。随着焊接技术的不断进步，某些被认为不能或不易焊接的金属材料将变得能够或容易焊接。

二、碳素钢的焊接

低碳钢的塑性好，淬硬倾向小，不易产生焊接裂纹，具有良好的焊接性，通常不需采用特殊工艺措施，用各种焊接方法均能获得满意的焊接接头。但在低温环境（0℃以下）焊接刚度较大（例如板厚大于 50mm）的结构时，需要采取焊前预热（100～150℃）、焊后缓冷等工艺措施。

随着碳的含量的增加，碳钢的塑性下降，淬硬倾向增大，焊接接头容易产生淬硬组织和裂纹，焊接性变差。中碳钢焊接时需采用下列工艺措施：

（1）焊前预热（150～250℃），焊后缓冷，以减小淬硬倾向和焊接应力，避免产生淬硬组织和焊接裂纹。

（2）选用抗裂性好的碱性焊条（如 E5015）。

（3）焊前开坡口，焊时用细焊条、小电流、多层焊，以减少母材在焊缝中的比例，降低焊缝金属中碳、硫、磷的含量。

（4）必要时焊后要进行消氢处理或热处理，除去接头中的氢和残余应力，改善接头的组织和性能。

高碳钢的焊接性更差，一般不用于焊接构件。

三、低合金高强度结构钢的焊接

低合金高强度结构钢简称低合金结构钢，它们的含碳量都很低，但由于其合金元素的种类和含量不同，其焊接性也不相同。总的来说，随着低合金结构钢的强度等级的提高，其焊接性变差。

强度等级较低（$\sigma_s \leqslant 400MPa$）的低合金钢（如Q345等），其焊接性良好，与焊接低碳钢相似，一般不需采用特殊工艺措施。当焊件板厚大于40mm、气温低于0℃时焊接，需要进行适当预热（100～150℃）。强度等级较高（$\sigma_s > 400MPa$）的低合金钢，其焊接性下降，应采用与焊接中碳钢相似或更为严格的工艺措施，防止焊接接头产生淬硬组织和裂纹。

四、铸铁的补焊

铸铁的含碳量高、硫磷杂质多、塑性差、强度低，焊接时容易产生硬而脆的白口组织，焊后不便加工，也容易产生裂纹和气孔，因此铸铁的焊接性很差，不用作焊接构件。但对铸铁件的铸造缺陷或局部损坏进行补焊修复，也具有很高的经济效益。

铸铁补焊多采用气焊或焊条电弧焊，个别大件可用电渣焊。根据工艺特点不同，可分热焊和冷焊两种方法。

五、铜及铜合金的焊接

铜及铜合金的焊接性较差。由于铜及其合金的导热性强、膨胀系数和凝固收缩率大、液态时易氧化并能吸收大量的氢，容易产生裂纹、气孔、未焊透、未熔合等缺陷，焊接变形也比较大。

焊接铜和铜合金可用氩弧焊、气焊、焊条电弧焊、埋弧焊以及钎焊等方法。其中以氩弧焊的质量最好，气焊比较经济方便。

六、铝及铝合金的焊接

铝及铝合金的焊接性也较差。铝极易氧化，氧化铝的熔点高、密度大，严重阻碍金属熔合并易引起焊缝夹渣，同时铝的导热性强，膨胀系数大，液态时能吸收大量的氢，容易产生变形、裂纹、气孔等缺陷。

采用氩弧焊、电阻焊、钎焊等方法焊接铝及铝合金，均可得到质量优良的焊接接头。质量要求不高时也可采用气焊。

第七节　焊接和切割技术的新发展

当前焊接和切割技术的发展主要有下述几个方面：

（1）改进常用的焊接和切割方法，进一步提高质量和生产率。如高效焊条电弧焊，药芯焊丝CO_2焊，混合气体保护焊、脉冲氩弧焊、窄间隙电弧焊，多丝埋弧焊等。

（2）开发新的焊接和切割方法，解决新的材料和结构的焊接和切割问题。如等离子弧焊接与切割、电子束焊、激光焊接与切割、超声波焊、爆炸焊、扩散焊以及水射流切割等。

（3）大力推广采用焊接机器人和数控切割机，开发、运用灵巧智能型焊接机，从根本上解决焊接和切割生产的劳动条件和质量问题。

（4）深入发展计算机模拟技术，最终使焊接生产的模式由“理论——实验——生产”改变为“理论——计算机模拟——生产”。

（5）发展无损检测技术，研究焊接结构可靠性与使用寿命评估和延长寿命的方法与理论。

（6）解决在恶劣条件下（如高温、放射性、水下、宇宙空间等）的焊接技术。

本节仅对已在工业生产中较为广泛应用的几种新的焊接和切割方法作简要介绍。

一、等离子弧焊接与切割

等离子弧焊是借助水冷喷嘴对电弧的拘束作用，获得较高能量密度的等离子弧进行焊接的方法。

等离子弧发生装置如图 4-22 所示。等离子弧的能量高度集中（10^5~10^6 W/cm²），温度极高（24000~50000K）、速度极快（300m/s 以上），能够迅速熔化各种材料。

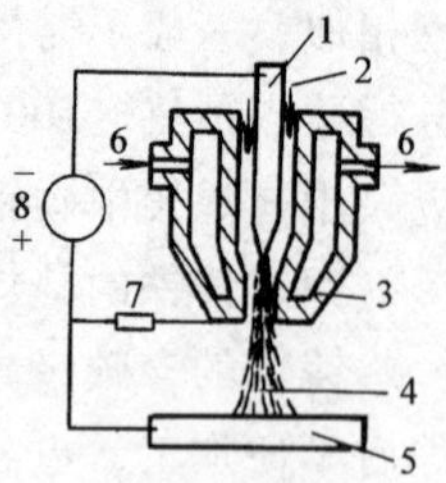

等离子弧焊可分为大电流等离子弧焊（30A 以上）和微束等离子弧焊（30A 以下）两种。除了具备氩弧焊的优点外，等离子弧焊还有两个重要特点：一是电弧穿透能力强，用大电流等离子弧焊接，12mm 左右厚度的板材可不开坡口，一次焊透双面成形，生产率高，焊接变形小；二是焊接电流小到 0.1A 时，等离子弧仍很稳定，并能保持良好的挺度和方向性，因而微束等离子弧焊可焊薄板和箔材。

图 4-22　等离子弧发生装置示意图
1—钨极　2—等离子气　3—喷嘴　4—等离子弧　5—焊件　6—冷却水　7—限流电阻　8—电源

等离子弧焊主要用于焊接难熔、易氧化的材料，如铜、镍、钛、钼等有色金属及其合金以及不锈钢、合金钢等。

等离子弧切割是利用等离子弧的热能实现切割的方法。可以切割各种金属材料和花岗石、碳化硅、耐火砖、混凝土等非金属材料。

二、电子束焊

电子束焊是利用加速和聚焦的电子束轰击置于真空或非真空中的焊件所产生的热能进行焊接的方法。按焊件所处环境的真空度不同，可分为真空、低真空和非真空三种。

真空电子束焊接如图 4-23 所示。电子枪、焊件及夹具全部装在真空室内。阴极加热后发射大量电子，在阴极和阳极（焊件）间的高压作用下，经过聚焦形成的电子流束，以极大速度射向焊件，将动能转化为热能，使焊件迅速熔化甚至气化，根据焊件熔化情况适当移动焊件，即可得到所需焊接接头。

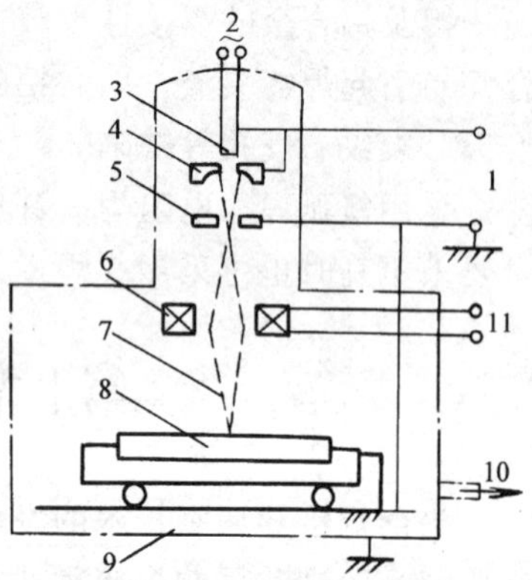

真空电子束焊能量密度大，穿透能力强，可焊难熔金属以及大厚度焊件；保护效果极佳，焊缝纯度高，特别适合于焊接活性金属和高合金钢；焊接变形小，热影响区窄，可焊一些已经切削加工好的组合零件，如齿轮组合件等；但设备复杂，使用、维护技术要求高；焊件尺寸受真空室限制，对焊件的清理与装配要求严格。

图 4-23　真空电子束焊示意图
1—直流高压电源　2—交流电源　3—灯丝　4—阴极　5—阳极　6—聚焦透镜　7—电子束　8—焊件　9—真空室　10—排气装置　11—直流电源

目前，电子束焊不仅用于核能、电子、航空、航天等尖端技术部门中的特殊材料、特殊结构的焊接，在化工、汽车、重型机械等民用工业部门中的应用也日益增多，如焊接热交换器，齿轮组合件，汽车后桥，轴承环以及双金属锯条等。低真空和非真空电子束焊工艺的成功应用，进一步扩大了电子束焊接的应用范围。

三、激光焊接和切割

激光焊是以聚焦的激光束作为能源轰击焊件所产生的热量进行焊接的方法。其基本原理如图 4-24 所示。激光器受激产生平行的激光束，通过聚焦系统聚焦，使平行光束集聚成十分微小但能量很高的焦斑（能量密度可达 $10^5 \sim 10^{13}$ W/cm^2），当照射到焊件表面时，光能被工件吸收变为热能，使焊件迅速熔化甚至气化，从而实现焊接或切割。

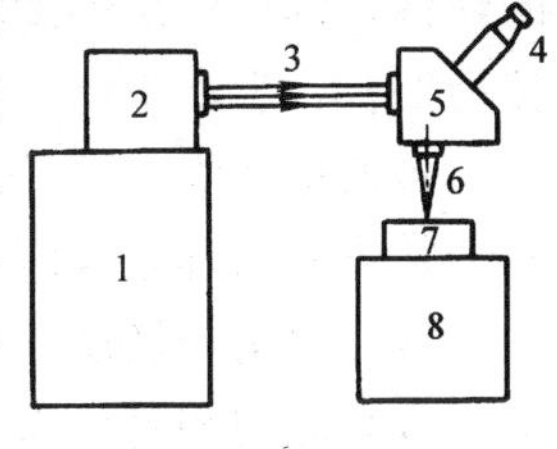

图 4-24　激光焊示意图

1—电源　2—激光器　3—激光束　4—描准镜　5—聚焦系统　6—聚焦光束　7　焊件　8　工作台

激光焊可分为脉冲激光焊和连续激光焊两类。脉冲激光焊适合用于电子工业和仪表工业中的微型件的焊接；连续激光焊可以进行从 1mm 以下薄板到 50mm 厚板的焊接。

激光焊加热过程极短，生产率高，被焊材料不易氧化，可在大气中焊接；能量密度很高，焊接变形和热影响区极小，可进行精密零件和热敏感性强的材料的焊接；焊接灵活性好，激光束能用偏转棱镜或光导纤维引导，也可穿过透明材料，对其它方法难以接近的部位进行焊接。但焊接装置比较复杂，激光器功率较小，焊接厚度受到限制。

激光切割有激光气化切割、激光熔化吹气切割和激光燃烧切割等主要类型，可以切割各种金属材料和纸、布、木材、塑料、玻璃、岩石、混凝土等非金属材料。

四、摩擦焊

摩擦焊是利用焊件表面相互摩擦所产生的热，使端面达到热塑性状态，然后迅速顶锻，完成焊接的一种压焊方法。当前广泛应用的是两个圆形截面焊件的摩擦焊，如图 4-25 所示。焊件 2 夹持在可以高速旋转的夹头 1 上，焊接开始时，焊件 2 先高速旋转，焊件 3 向 2 移动、接触，并施加一定的轴向压力（即摩擦压力），开始摩擦加热过程。在达到预定的摩擦时间或摩擦变形量（即焊件 3 的摩擦位移量）时，立即停止焊件 2 的旋转，同时加大轴向压力（即顶锻压力）并保持一定时间，即可实现焊接。

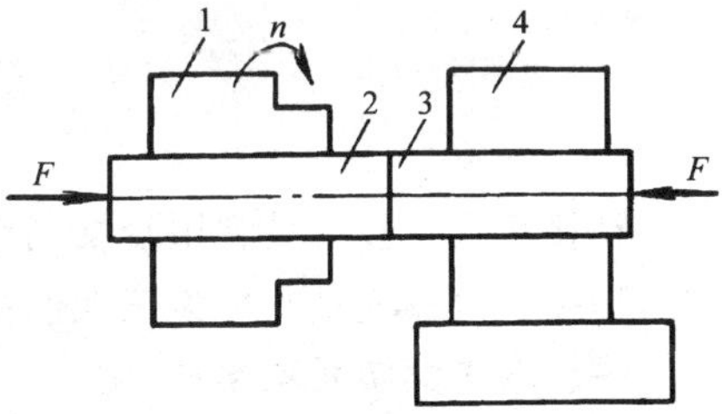

图 4-25　摩擦焊示意图

1、4—夹头　2、3—焊件　n—转速　F—轴向压力（摩擦压力和顶锻压力）

摩擦焊焊接质量好而稳定，生产率高，耗电量小，成本低，尤其可以焊接性能差别很大的异种金属，如碳钢、低合金钢与不锈钢、高速工具钢、镍基合金的焊接以及铜与不锈钢的焊接等。

但非圆截面焊件的焊接甚为困难；大型盘状焊件和薄壁管件也因不易夹持而很难焊接；摩擦焊机的制造费用较大。

摩擦焊适用于大批量生产，主要用于锅炉、石油化工机械、电力、汽车、飞机等工业部门的圆棒形零部件以及刀具的焊接。

五、扩散焊

扩散焊是将焊件在高温下加压，但不产生可见变形和相对移动的固态焊接方法。

扩散焊通常可分为无中间层扩散焊和加中间层扩散焊两种。无中间层扩散焊是通过焊件直接接触的接合面间进行原子扩散而实现焊接，主要用于同种材料的焊接；加中间层扩散焊是在焊件接合表面之间加入一层厚度很薄（几十微米）、熔点较低、塑性好、易扩散的金属，依靠此中间层金属原子扩散而完成焊接，可以焊接各种不同类型的异种金属和异种材料。

扩散焊焊接质量稳定；焊接变形极小，一般焊后不需加工；可焊其它方法难以焊接的性质差别很大的异种金属或异种材料（如金属与陶瓷的焊接）；可焊厚薄相差很大或结构复杂的焊件，也可一次焊接多个接头。但设备复杂，投资较大；焊件尺寸受焊机工作室限制；焊接周期长，生产率低，焊接费用高。

目前扩散焊在原子能、航空、航天、电子工业等尖端技术领域得到广泛应用，一般机械制造行业亦已逐渐推广应用。

六、水射流切割

水射流切割是使高压水通过孔径很小的喷嘴高速喷出，利用高速水射流的冲击和气蚀作用分割材料的切割方法。水射流切割所用水的压力为20～400MPa，喷嘴孔径为0.1～3mm，水射流速度为音速的2～3倍。

水射流切割有纯水射流切割和加磨料水射流切割两种类型。纯水射流切割仅使用纯水进行切割，设备较为简单，切割成本较低，主要用于切割橡胶、皮革、木材、塑料和玻璃等非金属材料；加磨料水射流切割由于水射流中混有硅砂或金刚砂等磨料，大大增强了射流的冲击作用，切割能力大为提高，尤其适合切割硬质材料，如各种金属陶瓷和花钢岩、钢筋混凝土等。

水射流切割为无热、无烟尘、无变形的切割方法，切割质量高、切口宽度小，尤其是对热敏感的材料和禁止明火作业的区域采用水射流切割，具有独特的优点。水射流切割还可用于打孔、开槽、制备坡口、焊缝清根和清除缺陷等工作。

第八节　粘　　接

粘接又称胶接，是利用胶粘剂把两个同质或异质的材料牢固地粘合在一起的连接方法。它与焊接，机械连接并称为三大连接技术，在人类的生活和生产中的应用极为广泛。

一、粘接的实质和特点

粘接的机理与焊接不同，粘接接头中不产生冶金结合。粘接是将胶粘剂置于被粘件的接合表面之间，在一定条件下使胶粘剂固化或硬化，借助胶粘剂的粘附作用（化学力、物理力），使接合表面粘合一起而形成牢固的接头。

粘接具有以下主要特点：

(1) 适应性极广：可以粘接各种材料，且被粘件的形状，尺寸几乎不受限制。

(2) 粘接接头的应力分布均匀，耐疲劳性好。

(3) 粘接接头可以具有某些特殊性能，如密封、导电、导磁、绝缘、透光和耐腐蚀等。

(4) 粘接接头的强度（最高约90MPa）和工作温度（最高约300℃）远低于焊接接头，在长期工作中会老化变质。

粘接广泛应用于机械、电子、运输、航空航天和建筑等工业部门，是现代工业中一个重要的成形方法。

二、粘接工艺

一般粘接的工艺流程如图4-26所示。

1. 粘接接头设计　粘接接头有对接、角接、T形接和平接等形式。设计时应尽量增加粘接面积，尽量避免剥离和扯离力而使接头处承受切应力。受力较大时，可结合使用螺纹联接和铆接等机械连接形式。

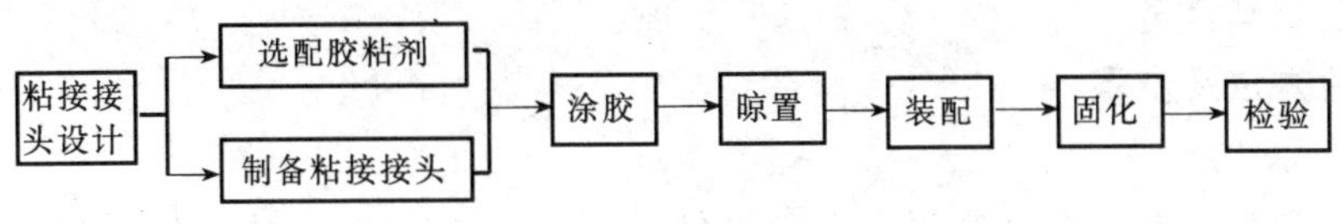

图 4－26　一般粘接的工艺流程

2. 选择胶粘剂　选择胶粘剂时要综合考虑粘接件的材质、受力情况和使用环境，胶粘剂的特性和用途以及粘结工艺的可能性等。常用胶粘剂适宜粘接的材料见第一章表 1-13。胶粘剂常用的牌号有自力－2、JO3、204（结构胶）、J－48（修补胶）、KH－120（点焊胶）、KH－505（高温胶）和 SY－11（导电胶）等。

3. 制备粘接接头　待粘接面应进行适当的处理，可有效地提高粘接强度和耐久性。表面处理过程一般为去污、脱脂、除锈、粗化和清洁干燥等。

4. 涂胶　在待粘接面涂布胶粘剂时应尽量均匀，中部可多涂一点，涂层厚度以 0.05-0.20mm 为宜，应尽量薄一些。

5. 晾置和装配　涂胶后应稍加晾置，晾置的温度和时间应符合所用胶粘剂的规定。晾置后即可将待粘接面紧密贴合，称为装配。

6. 固化　指使胶粘剂通过物理或化学作用而转变为固体的工艺。只有完全固化，才能得到最好的粘接强度。固化的温度、压力和时间应按所用胶粘剂的要求确定。

7. 检验　固化后，应对粘接件进行检验，以确定粘接处是否完全固化，有无气孔、裂纹，是否缺胶，位置是否错动以及密封情况等。对大的粘接面应采用物理探伤，必要时应进行破坏性试验。

第九节　磁粉探伤实验

一、实验目的

了解磁粉探伤的方法和过程；观察、分析磁化电流和磁场方向对于探伤灵敏度的影响。

二、实验装置及实验材料

(1) 磁粉探伤机（CF－4000）　1 台。

(2) 灵敏度试块（A 型试块）　1 盒。

(3) 磁悬液（载液：变压器油＋煤油，混合比 1∶1，磁粉：Fe_3O_4，15～30g/kg）　适量。

(4) 焊接试件（自制）　3 件。

三、实验原理

铁磁性金属材料被磁化后，材料的表面或近表面如果存在气孔、裂纹和夹渣等缺陷，磁力线则难于穿过这些缺陷，而在其附近形成局部漏磁场。此时若在材料表面撒上磁性粉末，磁粉就会被漏磁场所吸引、聚集，从而显示出缺陷的宏观迹象。埋藏较深的内部缺陷几乎不产生漏磁，因而难以发现，如图 4-27 所示。

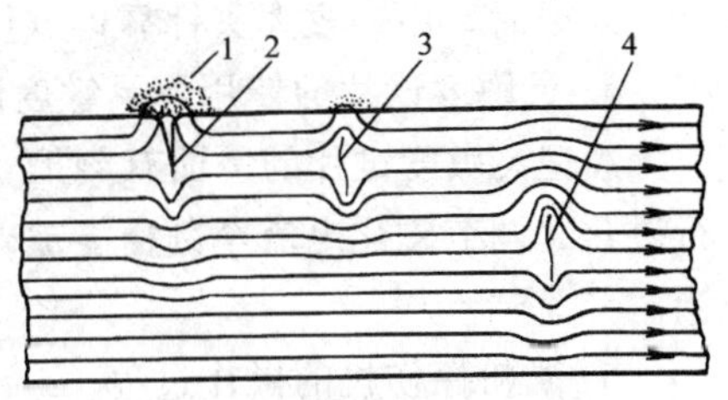

图 4-27　缺陷位置对漏磁程度的影响
1—磁粉　2—表面缺陷
3—近表面缺陷　4—内部缺陷

磁粉探伤只适用于铁磁性材料，如碳钢、某些合金钢以及镍、钴及其合金。

四、实验方法及步骤

1. 磁化方法

(1) 周向磁化：试件端面被两个电极夹持并和电极夹持面保持良好的接触，如图 4-28 所示。通电以后，产生垂直于电流方向的环形磁力线，在轴向缺陷处形成漏磁场。

(2) 纵向磁化：通过线圈通电或电磁铁产生沿试件轴向或长度方向的磁力线，如图 4-29 所示，在横向缺陷处产生漏磁场。

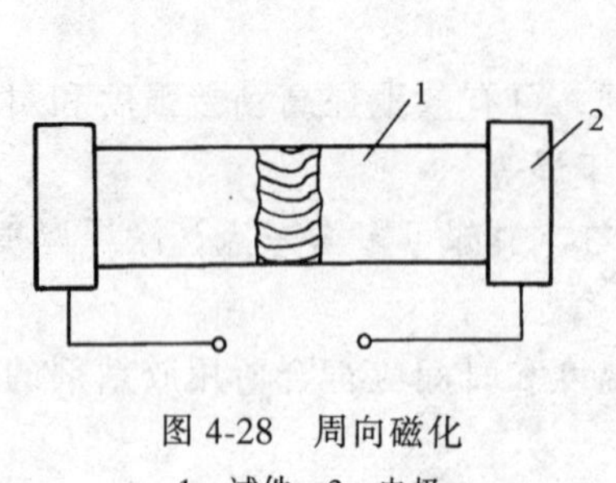

图 4-28 周向磁化

1—试件 2—电极

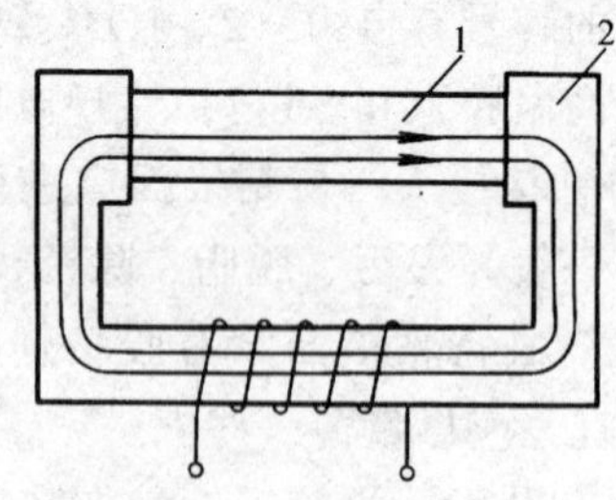

图 4-29 纵向磁化

1—试件 2—电极

(3) 联合磁化：纵向磁化和周向磁化同时进行，形成一个合成磁场，合成磁场的方向与试件轴线倾斜，在倾斜缺陷处产生漏磁场，如图 4-30 所示。

2. 磁化电流的选定　磁化电流可采用直流或交流。强度较大的直流电形成稳定的磁场，有利于发现试件内埋藏较深的缺陷。交流电由于存在表面效应，显示表面缺陷较灵敏。

在剩磁法探伤时，磁化电流 I（A）值要按被检材料的尺寸选定，即

$$I = KS$$

式中　K——常数（A/mm），被检材料为板材时，$K = 16\text{A/mm}$；被检材料为圆柱体时，$K = 25\text{A/mm}$；

S——被检材料的厚度或直径（mm）。

3. 退磁方法　有交流退磁和直流退磁。直流退磁是把试件放在磁极之间，电磁铁线圈通电后，应使开始退磁的磁场强度高于磁化的磁场强度。随后退磁电流逐渐减小并反相，“减小——反相”的次数取决于材料的磁导率。磁导率低的材料一般需 30 次左右，磁导率高的材料可减为 10 次左右，但必须使电流减小到最小值。

退磁后，用一枚大头针靠近试件，观察它是否被试件吸引，以判断试件的剩磁强弱。

4. 灵敏度试片的使用　灵敏度试片可用来检查磁化程度、磁粉或磁悬液的性能。

A 型灵敏度试片的一面有刻槽，如图 4-31 所示。使用时，把刻槽面贴在试件上一起进行磁化，调节磁化电流至刻槽能被磁粉清晰显示为度，这时的磁化电流值和磁悬液都比较恰当。

5. 磁粉探伤机的操作过程

(1) 按下总电源按钮，接通电源。

(2) 将试件置于 V 形架上，调节磁化夹头端部手轮夹紧试件。

(3) 将控制板上的磁化开关旋至所需位置。

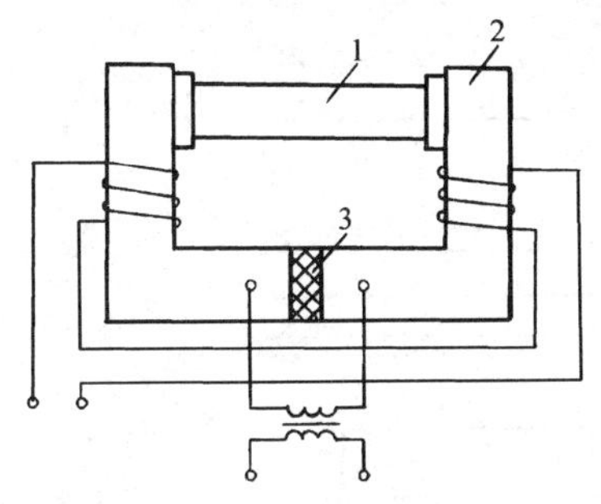

图 4-30 联合磁化

1—试件 2—铁轭 3—绝缘板

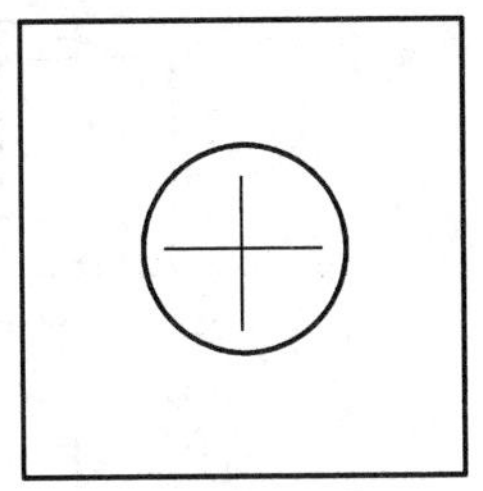

图 4-31 A 型灵敏度试块

(4) 按调压按钮使电压升至预定值。

(5) 踩下脚踏开关进行试件磁化。

(6) 探伤完毕需要退磁时，把试件放在 V 形架上，把磁化开关旋至所需位置，再按下退磁按钮，即自动开始退磁。控制板上的频率调整旋钮可调节磁场的换向频率。

6. 实验步骤

(1) 清除试件表面的油污和氧化皮。试件表面的铁屑和锈斑用喷砂或酸洗方法清除。油污和脏物用煤油或清洗剂清除。

(2) 选择适当的磁化电流。根据灵敏度试块上刻槽显示的痕迹判定所选电流值是否合适。

(3) 对试件进行纵向磁化。

(4) 把磁化后的试件浸入磁悬液内 2～3min 后取出。

(5) 检查试件表面，观察有无缺陷显示。

(6) 退磁。

(7) 对试件进行周向磁化。

(8) 重复步骤 (4)、(5)、(6) 的过程。

五、实验结果的整理与分析

(1) 把实验结果记录在表 4-3 中。

表 4-3 磁粉探伤记录

试件号	磁化方法	磁化规范		退磁方式	显示的试件表面缺陷图形
		电压/V	电流/A		
No.1					
No.2					
No.3					

(2) 分析磁化电流大小对磁痕显示的影响。

六、附录

磁粉探伤焊件的图样，如图 4-32 所示（供参考）。

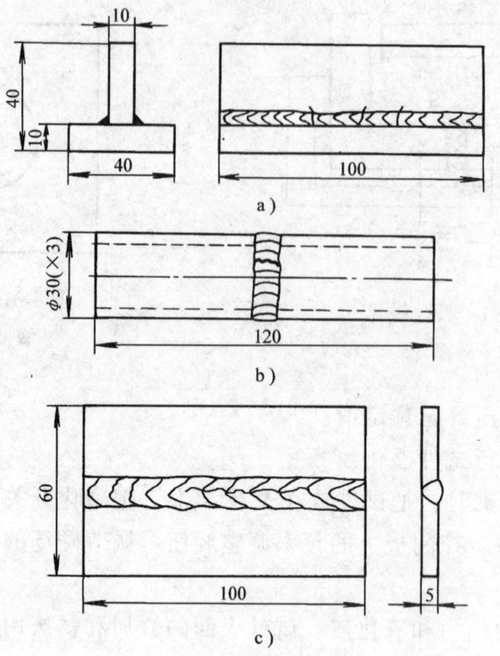

图 4-32　磁粉探伤焊件图样

a）～c）图样

复习思考题

1. 解释下列名词术语：母材与焊接材料，焊缝与焊接热影响区，熔深、熔宽与余高，正接与反接，负载持续率与额定焊接电流。

2. 焊条电弧焊电源有哪几种？说明你在实习中使用的弧焊机的型号和主要技术参数。

3. 焊条由哪两部分组成？各部分的作用是什么？结构钢焊条如何选用？说明 E4303、E5015 和 J422、J507 焊条各部分的含义。

4. 焊接位置和焊接接头形式有哪几种？对接接头常见坡口形式有哪几种？焊接坡口的钝边和间隙各起什么作用？

5. 焊条电弧焊的焊接工艺参数有哪些？如何选择焊条直径和焊接电流？

6. 比较气焊和焊条电弧焊的优缺点，说明气焊的应用范围。

7. 氧气切割的原理是什么？金属氧气切割条件主要有哪些？低碳钢、中碳钢、高碳钢、铸铁、不锈钢、铝合金、铜合金等金属材料中，哪些不能采用氧气切割，主要原因是什么？

8. 什么叫埋弧焊？为什么埋弧焊时的焊接电流可比焊条电弧焊时大得多？说明埋弧焊的主要适用范围。

9. 简述氩弧焊和 CO_2 气体保护焊的主要特点和应用范围。

10. 电渣焊的焊接热源是什么？简述电渣焊的主要特点和应用范围。

11. 电阻焊的基本形式有哪几种？各自应用范围如何？

12. 钎焊和熔焊的主要区别是什么？何谓软钎焊、硬钎焊？

13. 焊接变形有哪几种基本形式？常见焊接缺陷有哪些？哪些方法可以检查焊接内部缺陷？

14. 焊接中碳钢、强度等级较高的低合金结构钢时主要问题是什么？常用哪些工艺措施？

15. 比较粘接与焊接的主要特点。

16. 比较等离子弧切割与氧气切割、激光切割、水射流切割的原理与适用范围。

17. 生产下列焊件，试选择合理的焊接方法：

(1) 钢筋对接（大批）。

(2) Q235 钢制容器（$\delta=3$mm，5 件）。

(3) Q345 钢制大型工字梁（$\delta=20$mm，中批）。

(4) 硬质合金刀头与 45 钢刀杆（小批）。

(5) 铝合金管对接（$\phi45$mm，小批）。

18. 焊条电弧焊和气焊、气割时的安全技术主要有哪些？

第五章 机 械 加 工

目 的 和 要 求

1. 掌握常用量具的使用方法。
2. 了解普通卧式车床的组成、运动及加工范围。
3. 掌握车外圆、车端面、钻孔、镗孔的方法，能在车床上独立加工简单零件。
4. 了解车刀的种类和刀头的组成及材料。了解车床主要附件的种类和用途。
5. 了解铣削、刨削、磨削加工的特点和应用，并能独立加工实习制作件或简单零件。

安 全 技 术

1. 穿戴好劳动保护用品。
2. 在未了解机床性能、未掌握操作要领或未得到实习指导人员的许可时，不得擅自开动机床。
3. 机床起动前，手动各运动部件，检查有无干涉或异常。
4. 机床开动时：

(1) 严禁戴围巾、手套。

(2) 思想集中，不得离开机床，身体也不得靠在机床上。

(3) 两位同学同时操作一台机床时，需密切配合。

(4) 严禁接触工作中的刀具、工件或其它运动部件。禁止用手直接清除切屑。

(5) 禁止在机床运转时调整转速或测量工件，应先停车，后调速或测量。

(6) 如遇异常情况，应立即停车，并向实习指导老师报告。

(7) 离开机床或因故停电时，应及时关断机床的电器开关。

5. 工作结束后，必须清理好工、量、刃具，并做好机床保养及场地清洁工作。

第一节 机械加工的基础知识

机械加工是利用机械力对各种工件进行加工的方法。

机械加工常用的方法有：车削、铣削、刨削、磨削、钻削、镗削、拉削、齿轮加工等。机械加工占机械制造总工作量的40%～60%，对于形状复杂或加工精度和表面质量要求较高的零件，需要经过几道甚至几十道加工工序才能完成。

一、切削运动和切削用量

(一) 切削运动

在切削过程中，刀具和工件之间的相对运动，即切削运动。切削运动包括主运动和进给运动。主运动是由机床或人力提供的主要运动，它促使刀具和工件之间产生相对运动从而使刀具前面接近工件。主运动的速度最高、消耗机床动力最大，主运动只有一个。进给运动是由机床或人力提供的运动，它使刀具与工件之间产生附加的相对运动，加上主运动，即可不断地或连续地切除切屑，并得出具有所需几何特性的已加工面。没有进给运动就无法进行连续切削，进给运动可以有一个或多个。图 5-1 为常见的切削运动简图。

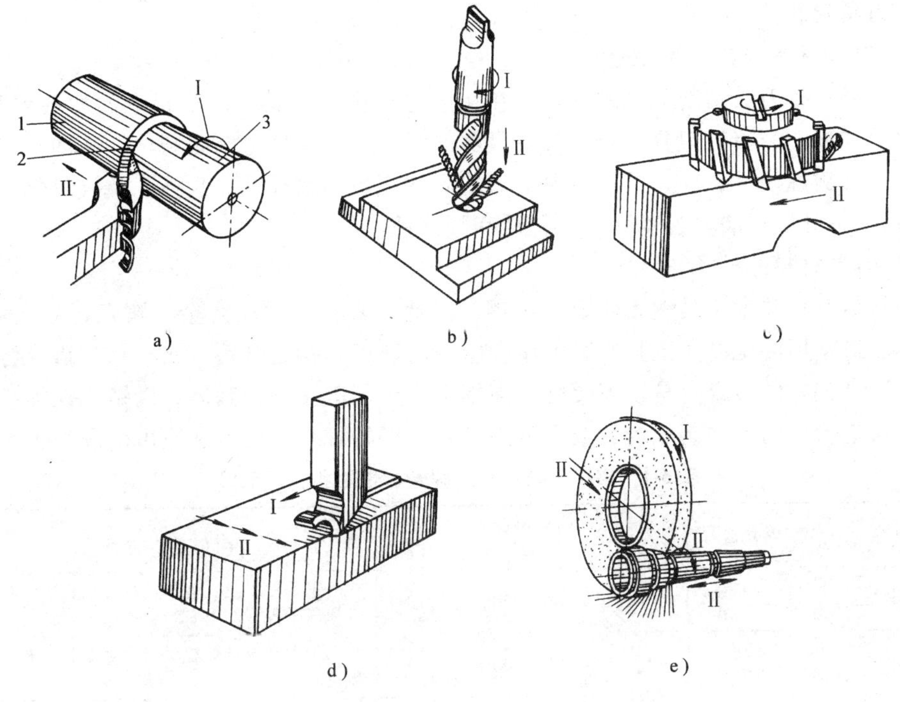

图 5-1　常见的切削运动简图

a）车削　b）钻削　c）铣削　d）刨削　e）外圆磨削

1—待加工面　2—过渡表面　3—已加工面

Ⅰ—主运动　Ⅱ—进给运动

（二）切削用量

机械加工的切削用量又称切削用量三要素，包括切削速度 v_c，进给量 f 和背吃刀量 a_p。下面以图 5-1 中的车外圆为例来进行说明。

1. 切削速度　切削刃选定点相对于工件的主运动的瞬时速度。也就是单位时间内，刀具和工件沿主运动方向的相对位移，当主运动是回转运动时，即

$$v_c = \frac{\pi d_w n}{1000 \times 60}$$

式中　v_c——切削速度（m/s）；

d_w——工件待加工面的直径（mm）；

n——工件的转速（r/min）。

2. 进给量 f　刀具在进给运动方向上相对工件的位移量，可用刀具或工件每转或每行程的位移量来表述和度量，单位为 mm/r 或 mm/次。

3. 背吃刀量 a_p　在通过切削刃基点并垂直于工作平面的方向上测量的吃刀量，又称切削深度，即

$$a_p = \frac{d_w - d_m}{2}$$

式中　a_p——背吃刀量（mm）；

d_w——工件待加工面的直径（mm）；

d_m——工件已加工面的直径（mm）。

二、刀具材料

（一）刀具材料应具备的性能

刀具材料是指刀具切削部分的材料。在切削过程中，刀具要承受很大的切削力及高温、摩擦、振动和冲击，所以刀具材料应具备足够的强度、高硬度、高耐磨性、高冲击韧度和高的耐热性（又称红硬性，即刀具在高温下保持高硬度、高耐磨性、高强度及抗氧化、抗粘结等的能力），另外，还应具备良好的工艺性和经济性。

（二）刀具材料的种类

刀具材料有：碳素工具钢、合金工具钢、高速工具钢、硬质合金、陶瓷、立方氮化硼、金刚石等。最常用的是高速工具钢和硬质合金。高速工具钢是含钨、铬、钼、钒等合金元素的高合金工具钢。硬质合金是以高硬度、高熔点的金属碳化物为基体，以钴、镍等金属为粘结剂，用粉末冶金的方法制成的合金。常用刀具材料的牌号、性能和应用范围见表 5-1。

表 5-1　常用刀具材料的牌号、性能和应用范围

种类		常用牌号	硬度 HRC（HRA）	耐热温度/℃	抗弯强度/GPa	应用范围	
工具钢	碳素工具钢	T10A T12A	60～65	200～250	2.45～2.75	用于手动工具：丝锥、板牙、锉刀、锯条、刮刀和凿子等	
	合金工具钢	9SiCr CrWMn	60～65	300～400	2.45～2.75	用于手动或低速机动刀具：丝锥、板牙、铰刀和拉刀等	
	高速工具钢	W18Cr4V	63～70	540～650	3.43～4.41	用于各种刀具，尤其是形状复杂的刀具：钻头、铣刀、拉刀、齿轮刀具、丝锥、板牙和铰刀等	
硬质合金	钨钴类	K01 K20 K30	(89～91.5)	800～900	1.08～1.47	加工铸铁、有色金属	用于车刀、铣刀、刨刀、钻头、滚刀的切削部分，特小型钻头和铣刀的整体
	钨钛钴类	P30 P10				加工碳素钢、合金钢	

三、刀具的结构及主要角度

常用的刀具有：车刀、铣刀、刨刀、镗刀、钻头、拉刀、成形刀具、齿轮刀具和砂轮等。虽然刀具的种类繁多，但其切削部分都是由车刀演变而来，所以这里以车刀为例，介绍刀具切削部分的结构要素和几何角度。

（一）刀具切削部分的结构

如图 5-2 所示，刀具切削部分的结构要素为：

1. 前面　刀具上切屑流过的表面，它直接作用于被切削的金属层，并控制切屑流动的刀面。

2. 主后面　刀具上同前面相交形成主切削刃的后面，它是与工件上的加工面相对的刀面。

3. 副后面　刀具上同前面相交形成副切削刃的后面，它是与工件上已加工面相对的刀面。

4. 主切削刃　起始于切削刃上主偏角为零的点，并至少有一段切削刃拟用来在工件上切出过渡表面的那个整段切削刃。它完成主要的切削工作。

5. 副切削刃　切削刃上除主切削刃以外的刃，亦起始于主偏角为零的点，但它向背离主切削刃的方向延伸，它担负部分切削工作。

6. 刀尖　指主切削刃与副切削刃的连接处相当少的一部分切削刃，许多刀具都成圆弧形过渡刃。

(二) 标注刀具角度的参考平面

为便于确定刀具的主要角度，先建立以下三个相互垂直的参考平面（见图5-3）：

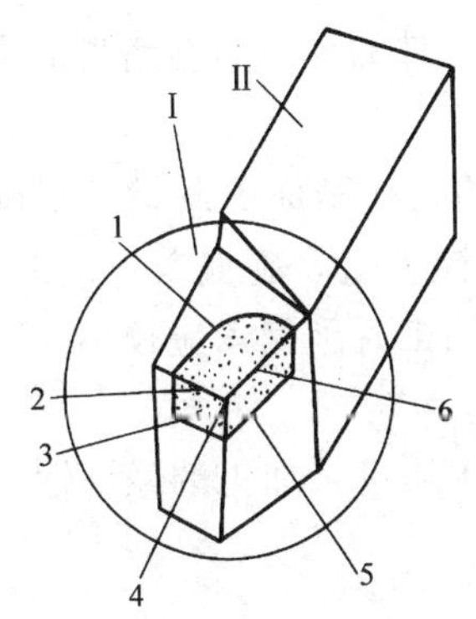

图5-2　刀具切削部分的结构
1—前面　2—副切削刃　3—副后面
4—刀尖　5—主后面　6—主切削刃
Ⅰ—切削部分　Ⅱ—夹持部分

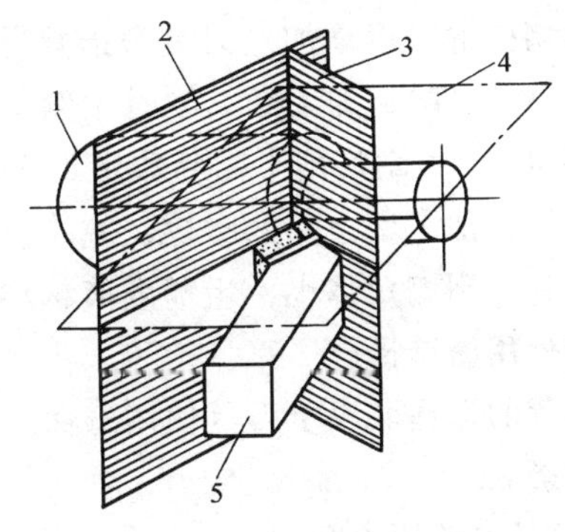

图5-3　标注刀具角度的参考平面
1—工件　2—切削平面
3—正交平面　4—基面　5—车刀

1. 基面　过切削刃选定点的平面，它平行或垂直于刀具在制造、刃磨及测量时适合于安装或定位的一个平面或轴线，一般说来其方位要垂直于假定的主运动方向。

2. 切削平面　通过切削刃选定点与主切削刃相切并垂直于基面的平面。

3. 正交平面　通过切削刃选定点并同时垂直于基面和切削平面的平面。

(三) 刀具的标注角度

刀具切削部分的主要角度有前角 γ_0、后角 α_0、主偏角 k_r 及副偏角 k'_r，如图5-4所示。

1. 前角 γ_0　前面与基面间的夹角，在正交平面中测量。前角越大，主切削刃越锋利，但前角越大，主切削刃强度越低，易崩刃。前角可在 $-5^\circ \sim 25^\circ$ 内选取。精加工或加工塑性

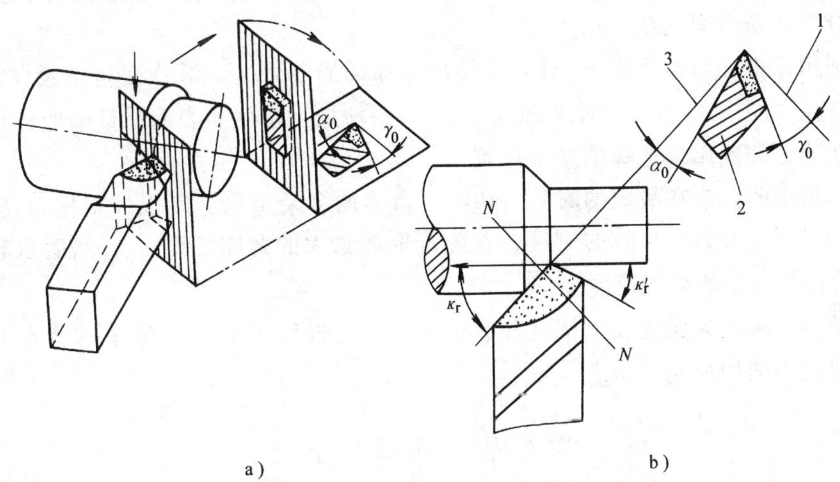

图5-4　刀具的主要角度
a) 刀具角度立体图　b) 刀具角度
1—基面　2—正交平面　3—切削平面

材料时，前角应较大；粗加工或加工脆性材料时，前角应较小。

2. 后角 α_0　后面与切削平面间的夹角，在正交平面中测量。后角可减小主后面与工件的摩擦及主后面的磨损。但后角越大，主切削刃强度也越低。后角取值范围为 3°～12°，粗加工取较小值，精加工取较大值。

3. 主偏角 k_r　主切削平面与假定工作平面间的夹角，在基面中测量。主偏角减小，主切削刃参加切削的长度增加，刀具磨损减慢，但作用于工件的径向力会增加。常用刀具的主偏角在 45°～90°之间，加工细长轴时主偏角为 75°或 90°。

4. 副偏角 k'_r　副切削平面与假定工作平面间的夹角，在基面中测量。副偏角可减小副切削刃与工件已加工面之间的摩擦，减小已加工面的粗糙度值。副偏角一般取 5°～15°。当进给量一定时，副偏角越小，粗糙度值越小，所以，精加工时副偏角应较小。

四、切削用量选择

切削用量的选择取决于刀具使用寿命、生产率、加工质量、加工的经济性、机床、刀具的刚度等因素。

（一）刀具的使用寿命

在切削过程中，刀具要克服工件材料的变形、刀具与工件的摩擦、切屑的底部与前面的摩擦。同时，在切削过程中，由于切屑的变形、切屑与刀具前面的摩擦、刀具后面与工件的摩擦产生大量的切削热，使刀具切削部位温度很高，因此刀具的耐磨性和硬度降低。刀具使用一段时间以后，前后面会磨损，从而使切削力和动力消耗增加，加工质量降低，甚至损坏刀具，因此刀具磨损到一定限度时必须重新刃磨。

刀具的磨损限度以后面的磨损带高度作为标准，但在实际生产中不能经常测量后面的磨损带高度是否达到磨钝标准，而是根据刀具进行切削的时间来判断。刀具从开始切削至达到磨钝标准的切削总时间称为刀具使用寿命。

（二）切削用量的选择

选择大的切削用量能节省切削时间，提高生产率，但刀具使用寿命会降低，增加了磨刀时间；选择小的切削用量，刀具使用寿命增大，但切削时间又会增加。所以，要提高生产率，必须合理选择切削用量。

在切削用量中，切削速度 v_c 对刀具使用寿命的影响最大，其次是进给量 f，最小的是背吃刀量 a_p，而进给量 f 和背吃刀量 a_p 增大又会使加工精度和表面质量降低。

综上所述，切削用量选择的基本原则是：

(1) 粗加工时，应在最短的时间内切除尽量多的多余金属，所以应根据刀具使用寿命、加工余量和机床、刀具、夹具的刚度，首先选取尽量大的背吃刀量 a_p，然后取较大的进给量 f，最后选择一定的切削速度 v_c。

(2) 精加工时，为保证加工精度和表面质量，先选用小的进给量 f 和背吃刀量 a_p，再选用较大或较小的切削速度 v_c。

第二节　车削加工

车削加工是指工件旋转作主运动，车刀作进给运动的切削加工方法。车削在机械加工中占有非常重要的地位，车削加工范围广，可完成的工作见图 5-5。

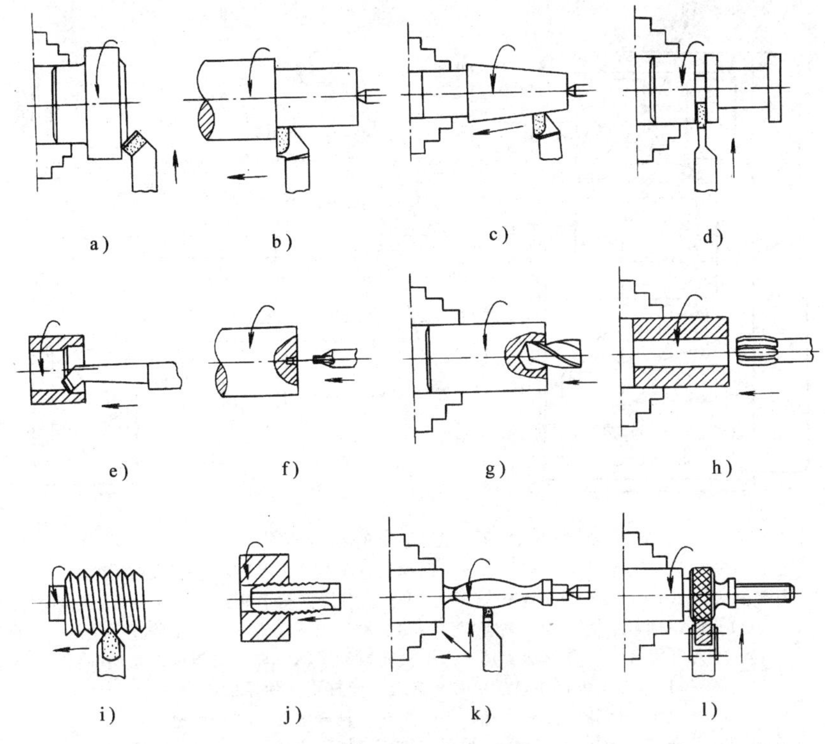

图 5-5　车床可完成的主要工作

a) 车端面　b) 车外圆　c) 车外圆锥面　d) 切槽、切断　e) 镗孔
f) 钻中心孔　g) 钻孔　h) 铰孔　i) 车外螺纹　j) 攻螺纹　k) 车成形面　l) 滚花

一、车床

车床的种类很多，如：卧式车床、立式车床、转塔车床、数控车床等等，应用范围最广的是卧式车床，下面介绍卧式车床的型号、组成及传动系统。

(一) 卧式车床的型号

车床型号由汉语拼音字母和数字组成，下面以 C6132A 为例进行说明。

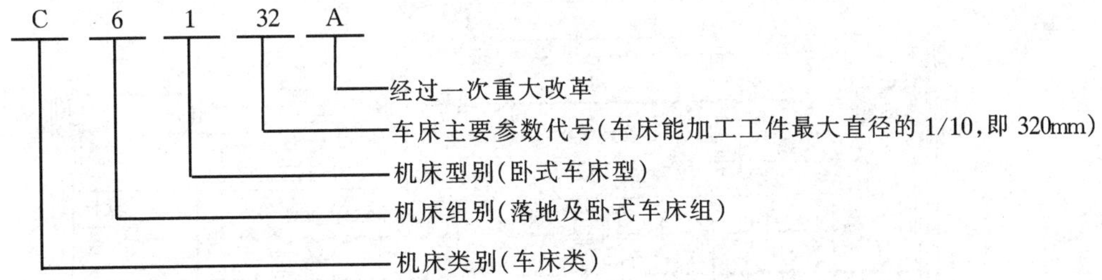

(二) 卧式车床的组成部分

卧式车床的组成部分如图 5-6 所示。

1. 床身　用来安装车床各部件，并保证各部件之间准确的相对位置。床身上面有保证床鞍正确移动的三角形导轨和供尾座正确移动的平导轨。

2. 变速箱　内装变速机构，通过变速箱改变转速。

3. 主轴箱　支承主轴且内装部分主轴变速机构。

4. 进给箱　内装进给运动的变速机构。

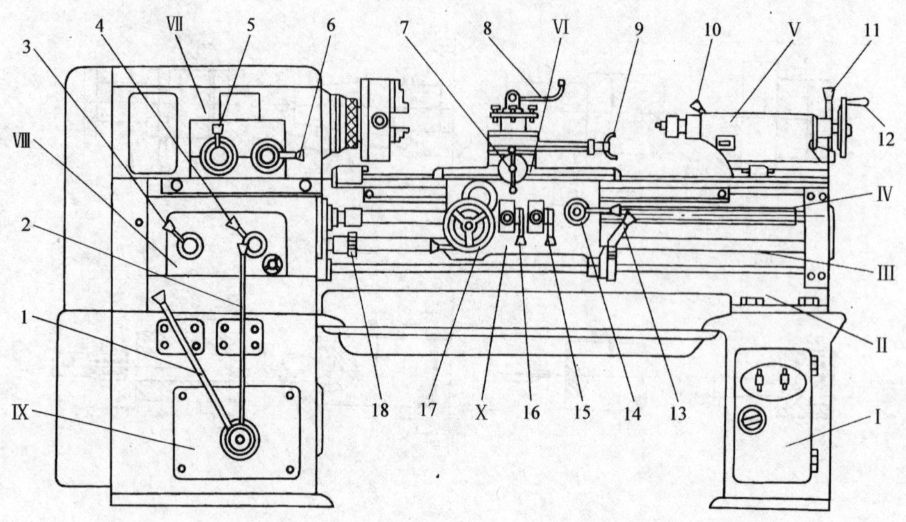

图 5-6 C6132 车床的组成部分

1、2、6—主运动变速手柄 3、4—进给运动变速手柄 5—刀架左右移动的换向手柄
7—刀架横向手动手柄 8—方刀架锁紧手柄 9—小刀架移动手柄 10—尾座套筒锁紧手柄
11—尾座锁紧手柄 12—尾座套筒移动手轮 13—主轴正反转及停止手柄
14—"对开螺母"开合手柄 15—刀架横向自动手柄 16—刀架纵向自动手柄
17—刀架纵向手动轮 18—光杠、丝杠更换使用的离合器
Ⅰ—床腿 Ⅱ—床身 Ⅲ—光杠 Ⅳ—丝杠 Ⅴ—尾座
Ⅵ—刀架 Ⅶ—主轴箱 Ⅷ—进给箱 Ⅸ—变速箱 Ⅹ—溜板箱

5. 溜板箱 与床鞍和刀架连接，将转动转变为车刀的纵向和横向移动。

6. 刀架 用来夹持车刀使其作横向、纵向或斜向进给。

7. 尾座 安装于床身导轨上并可沿导轨移动。在尾座的套筒内可安装顶尖或安装用于孔加工的钻头、铰刀等刀具。

8. 床腿 支承床身并与地基连接。

(三) 卧式车床的传动系统

C6132 的传动系统如图 5-7 所示。

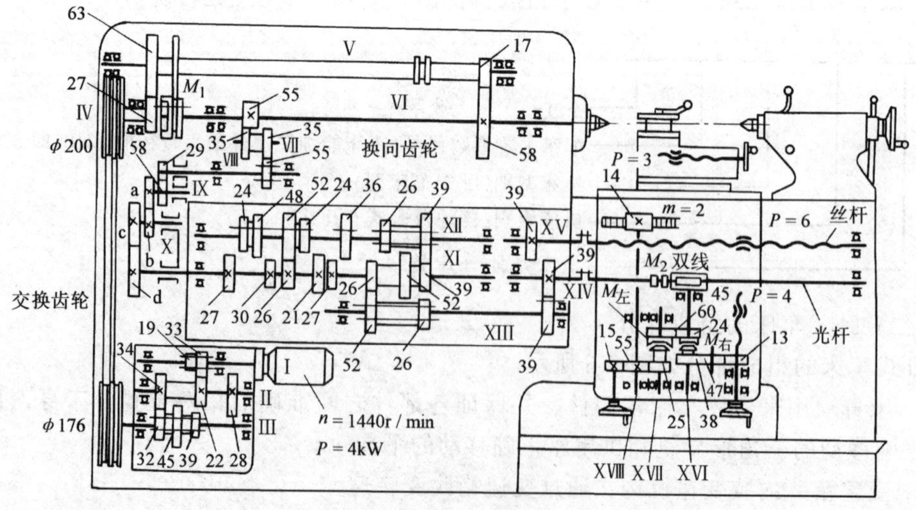

图 5-7 C6132 车床传动系统

Ⅰ～XⅧ—传动轴，数字为齿轮的齿数

C6132 车床传动系统示意框图如图 5-8 所示。

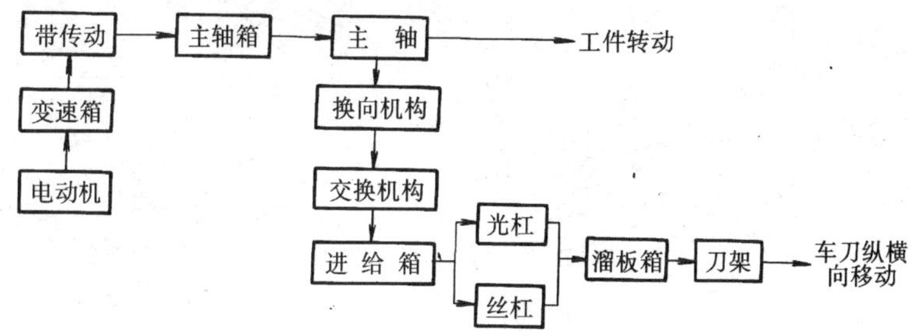

图 5-8　传动系统示意框图

车床传动系统由主运动传动系统和进给运动传动系统组成。主运动传动系统是指从电动机到主轴之间的传动系统。进给运动传动系统是指从主轴至刀架之间的传动系统。

二、工件安装

安装工件时应使被加工面的回转中心和车床主轴的中心线重合，以确保工件的定位，同时还要夹紧工件，以承受切削力、重力等。根据工件的结构特点，可选用不同的附件进行安装，常用的附件有三爪自动定心卡盘、四爪单动卡盘、顶尖、中心架、跟刀架、心轴、花盘及压板等。

（一）三爪自动定心卡盘安装

三爪自动定心卡盘外形如图 5-9 所示。

三爪自动定心卡盘能自动定心，但定心精度不高。适用于安装截面为圆形或正六边形的短轴类或盘类等工件。

（二）四爪单动卡盘安装

四爪单动卡盘的外形如图 5-10 所示，四个卡爪单独调节不能自动定心。

四爪单动卡盘可以安装各种不规则形状的工件，如方形、长方形、偏心、椭圆等工件。

（三）顶尖安装

如图 5-11 所示，工件安装于前后顶尖之间，主要用于加工长轴或工序较多且要求有同一定位基准的轴类零件。

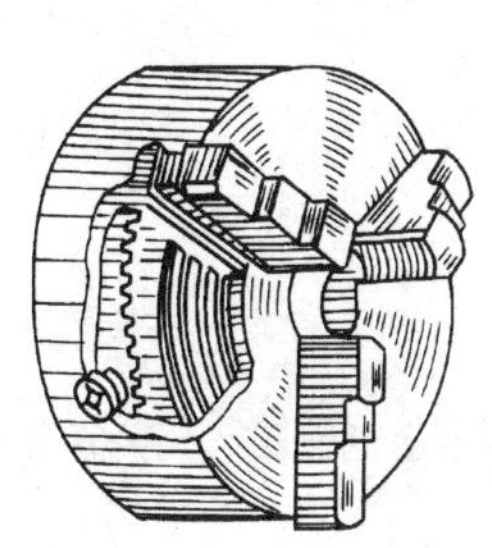

图 5-9　三爪自动定心卡盘外形

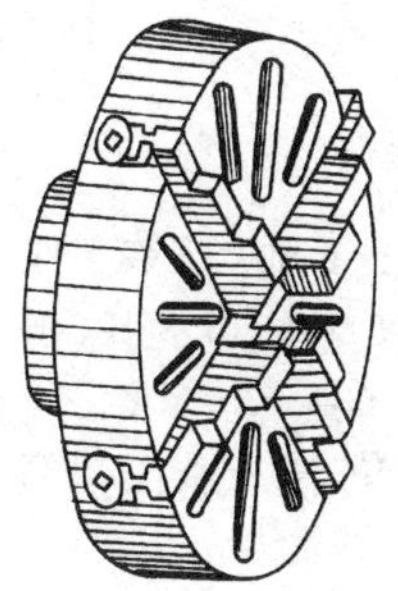

图 5-10　四爪单动卡盘外形

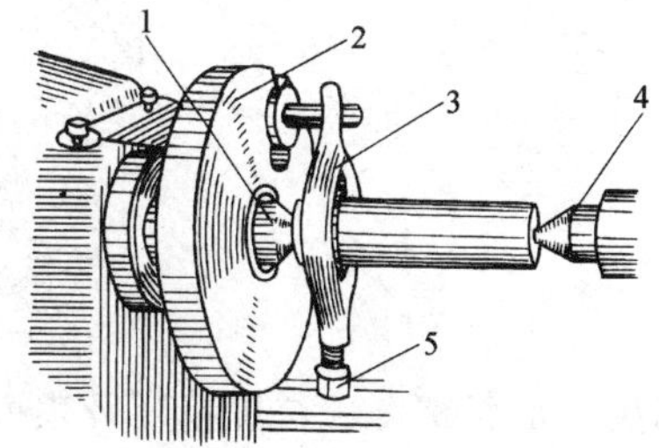

图 5-11　用顶尖安装工件
1—前顶尖　2—拨盘　3—卡箍　4—后顶尖　5—夹紧螺钉

（四）中心架和跟刀架的使用

如图 5-12 和图 5-13 所示，中心架和跟刀架对工件起辅助支承作用。用于加工细长轴，当刚度差时可防止工件弯曲变形。

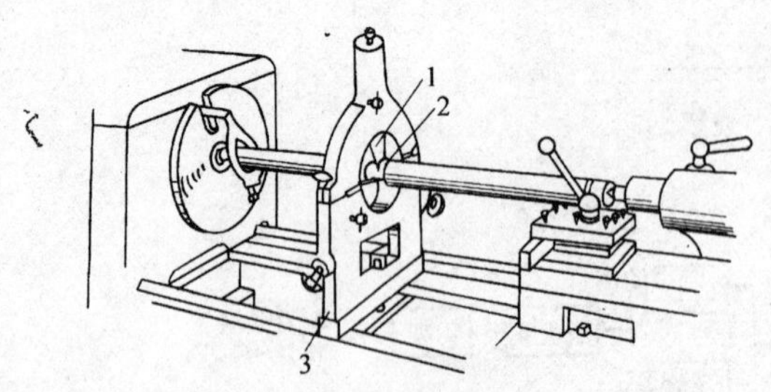

图 5-12　中心架的应用

1—可调节支承爪

2—预先车出的外圆面　3—中心架

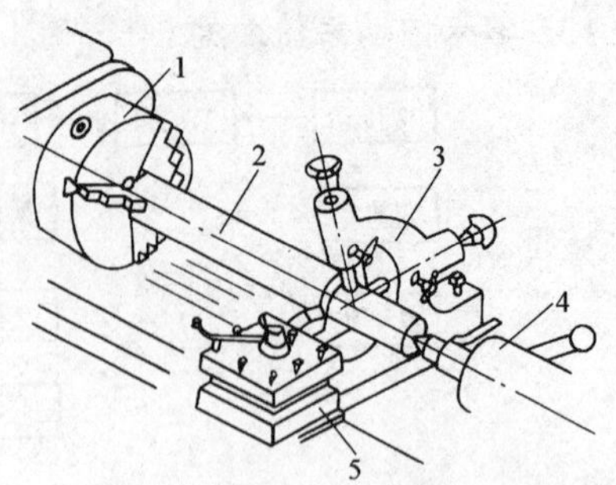

图 5-13　跟刀架的应用

1—卡盘　2—工件　3—跟刀架

4—尾座　5—刀架

（五）花盘安装

如图 5-14 所示，花盘主要用于安装形状不规则的大型工件，可确保所加工的平面与安装平面平行及所加工的孔或外圆的轴线与安装平面垂直。

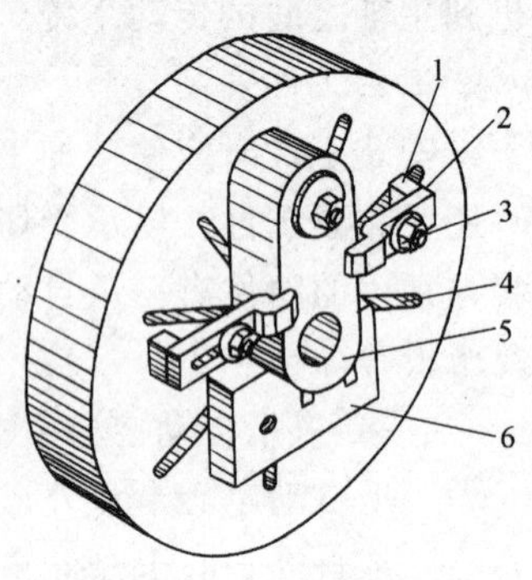

图 5-14　花盘上安装工件

1—垫铁　2—压板　3—螺钉

4—螺钉槽　5—工件　6—平衡铁

（六）心轴安装

如图 5-15 所示，把零件安装在心轴上，再把心轴安装在前后顶尖之间来加工外圆或端面。主要用于内、外圆同轴度及端面和孔的垂直度要求较高的盘、套类零件。

三、量具

量具是用来测量加工出的零件是否符合图样要求的工具。由于被测量零件的尺寸、形状各异，需测量的项目较多，如尺寸精度、形状精度、位置精度及表面粗糙度等，所以量具的种类相应也很多，本节介绍几种常用量具及其用法。

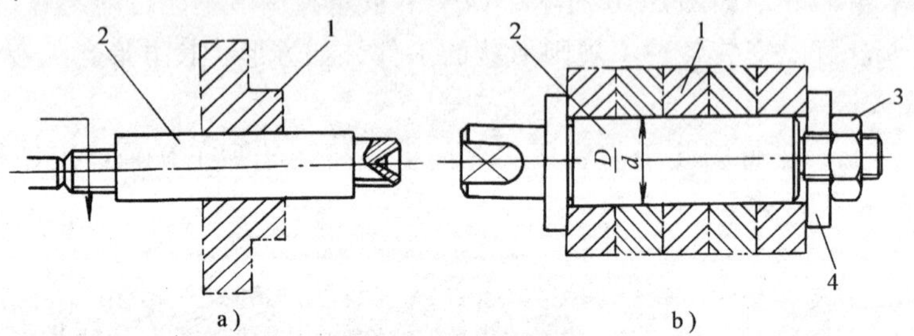

图 5-15　心轴上安装工件

a）小锥度心轴　b）圆柱心轴

1—工件　2—心轴　3—螺母　4—垫片

（一）游标卡尺

游标卡尺可以直接测量出工件的外径、内径、宽度和深度等。它是一种精密的量具，按读数值分有 0.1mm、0.05mm 和 0.02mm 等规格，按测量范围分有 0～125mm、0～300mm 等规格。图 5-16 所示是读数值为 0.02mm 的游标卡尺的组成部分。

（二）千分尺

千分尺分为外径千分尺、内径千分尺和深度千分尺等，测量精度比游标卡尺高，测量精

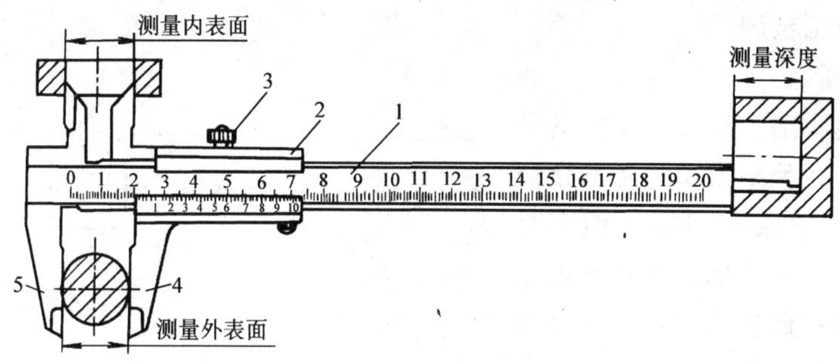

图 5-16　游标卡尺的组成部分

1—尺身　2—游标　3—制动螺钉　4—内外量爪　5—尺框

度为 0.01mm。图 5-17 所示为千分尺及其组成部分。

（三）卡规与塞规

卡规是检验轴用的量具，塞规是检验孔用的专用量规。成批大量生产时使用卡规和塞规，测量准确、方便。卡规和塞规的结构及测量方法如图 5-18 和图 5-19 所示。

卡规和塞规都有过端和止端。如测量时，能通过过端，不能通过止端，则工件的实际尺寸在公差范围内，是合格件。

（四）百分表

百分表是将测量杆的直线位移转变为指针角位移的高精度的量具，其结构如图 5-20 所示。主要用于检验零件的形状、位置误差，校正工件的安装位置。

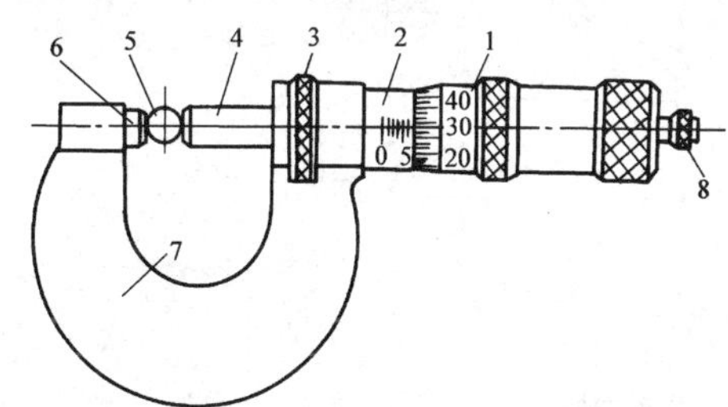

图 5-17　千分尺的组成部分

1—微分筒　2—固定套筒　3—制动环　4—测微螺杆

5—工件　6—砧座　7—尺架　8—棘轮

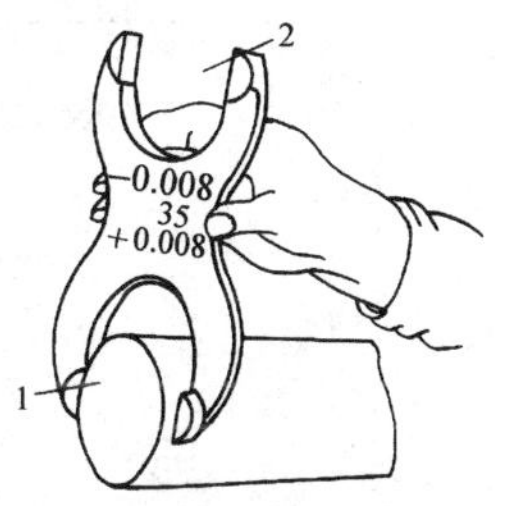

图 5-18　卡规及其使用

1—过端　2—止端

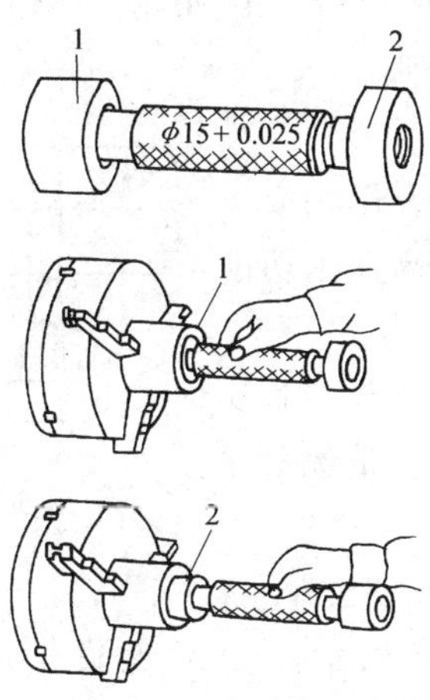

图 5-19　塞规及其使用

1—过端　2—止端

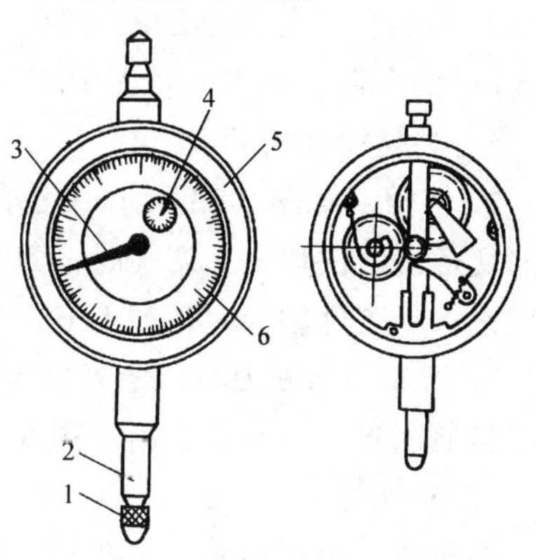

图 5-20　百分表

1—测量头　2—测量杆　3—大指针

4—小指针　5—表壳　6—刻度盘

四、车削加工范围

（一）车外圆

车外圆是用车削方法加工工件的外圆表面。常见的几种车刀车外圆的情况如图 5-21 所示，直头车刀用于粗车外圆、光轴或台阶不大的轴；弯头车刀用于车端面和倒角；偏头车刀用于车细长轴或有直角台阶的外圆。

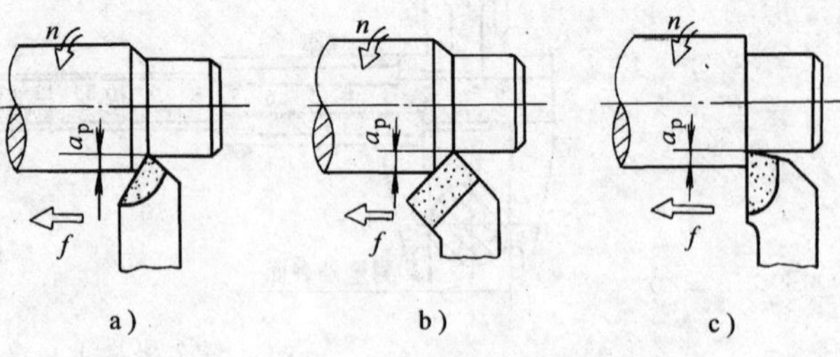

图 5-21　外圆车削

a）直头车刀车外圆　b）弯头车刀车外圆　c）偏头车刀车外圆

（二）车端面和台阶

1. 车端面　如图 5-22 所示，车端面常用弯头车刀和偏头车刀。

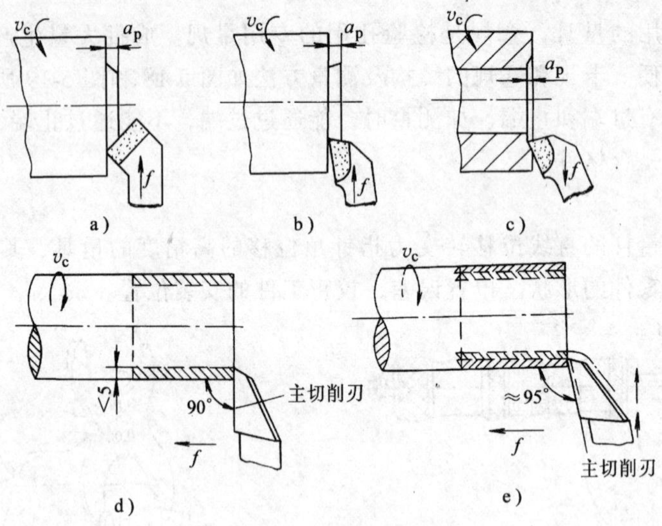

图 5-22　车端面和台阶

a）弯头车刀车端面　b）偏头车刀车端面（由外向中心）

c）偏头车刀车端面（由中心向外）　d）一次车出台阶　e）分层车出台阶

2. 车台阶　如图 5-22d、e 所示，高度小于 5mm 的台阶，由 90°偏头车刀车出；高度大于 5mm 的台阶，用主偏角大于 90°的偏头车刀分层切削。

（三）切槽和切断

1. 切槽　如图 5-23 所示，切削 5mm 以下的窄槽，用相应宽度的切槽刀一次切出。切削时，刀尖应与工件轴线等高而主切削刃应平行于工件轴线。切削 5mm 以上的宽槽分多次切出。

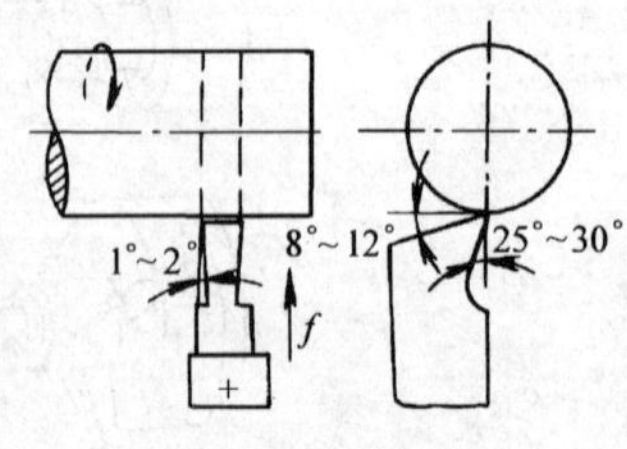

图 5-23　切槽

2. 切断　切断刀与切槽刀极为相似，但刀头更窄更长，且切断时排屑困难，刀头易折断。图 5-24 所示为切断的工作情况。

（四）孔加工

在车床上可用钻头、扩孔钻、铰刀和镗刀进行孔加工。

1. 钻孔、扩孔、铰孔　在车床上钻孔（如图 5-25 所示），工件安装在卡盘内，由卡盘带动旋转，钻头装在尾座套筒内，手摇手轮可使钻头作纵向进给。

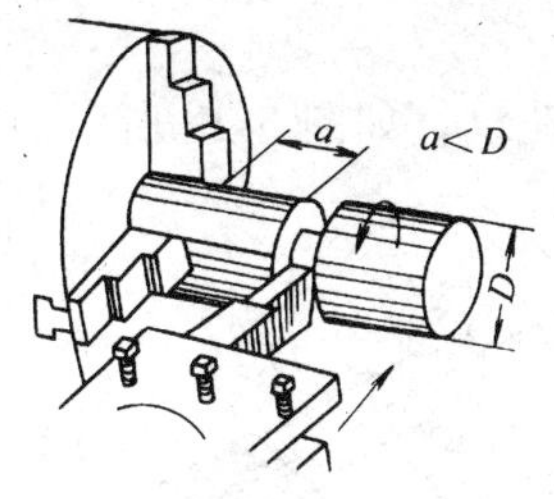

图 5-24　在卡盘上切断

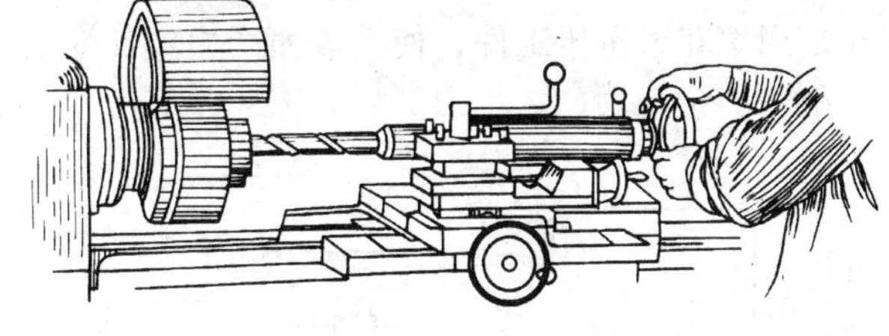

图 5-25　在车床上钻孔

钻孔是用钻头在实体材料上加工孔的方法，主要用于孔的粗加工或一次加工出油孔、气孔等辅助孔。

扩孔是用扩孔工具扩大工件孔径的加工方法。

铰孔是用铰刀从工件孔壁上切除微量金属层，以提高其尺寸精度和减小表面粗糙度值的方法。

2. 镗孔　镗孔是用镗削方法扩大工件的孔。镗孔可纠正孔的轴线偏斜。镗孔工作如图 5-26 所示。

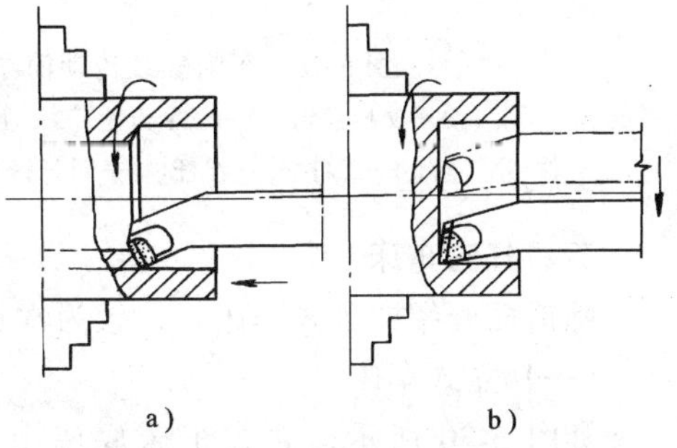

图 5-26　镗孔工作

a) 镗通孔　b) 镗不通孔

（五）车锥面

车锥面的方法有转动小刀架法、尾座偏移法、宽刀法、靠模法和数控法等。

转动小刀架法是将小刀架扳转工件锥角的一半（α）进行加工，如图 5-27a 所示。此方法能加工锥角很大的内外短圆锥面。

尾座偏移法是将尾座顶尖横向偏移一个距离 s，使安装于两顶尖之间的工件回转中心线与车床主轴轴线成半锥角 α，车出的锥面平行于车刀纵向进给方向，见图 5-27b。此方法可加工较长的小锥度的外圆锥面。

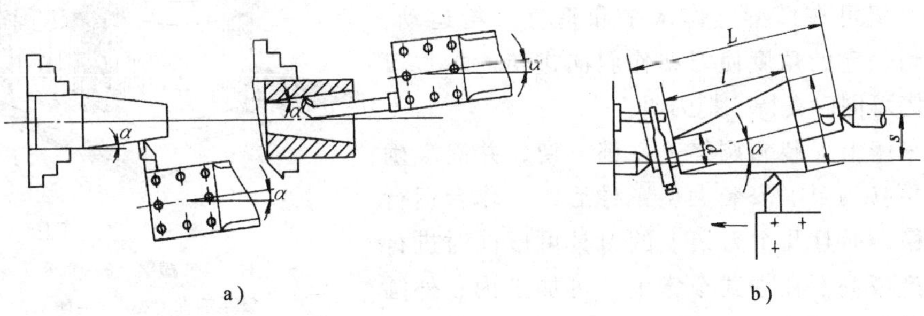

图 5-27　车锥面的主要方法

a) 转动小刀架法　b) 尾座偏移法

通过编程，在数控车床上可自动进给车削锥面，且一批工件能获得稳定一致的合格锥度，此加工方法应用愈来愈广。

（六）车螺纹

在车床上可车削出各种螺纹。螺纹车刀的刀尖角（两切削刃的夹角）应等于螺纹的牙形角。精车时，车刀前角应为 0°，安装时刀尖角的角平分线须与工件轴线垂直。

如图 5-28 所示为车削螺纹传动简图。车削单头螺纹时，用丝杠传功，应确保工件每转一周，车刀准确地纵向移动一个螺距。

（七）滚花

滚花是用滚花刀挤压工件，使其表面产生塑性变形而形成花纹，如图 5-29 所示。

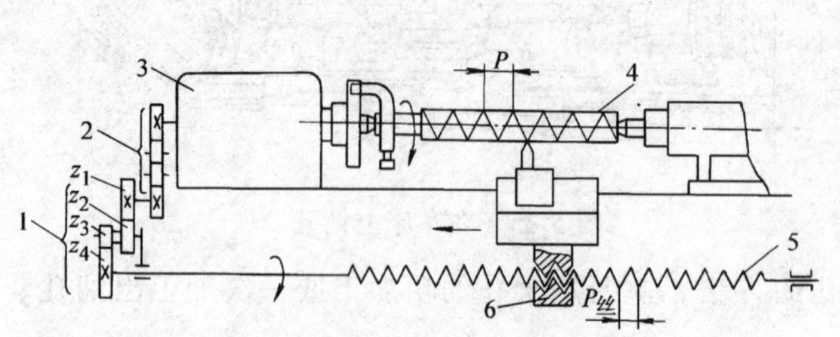

图 5-28　车削螺纹传动简图

1—交换齿轮　2—三星齿轮　3—主轴箱

4—工件　5—丝杆　6—对开螺母

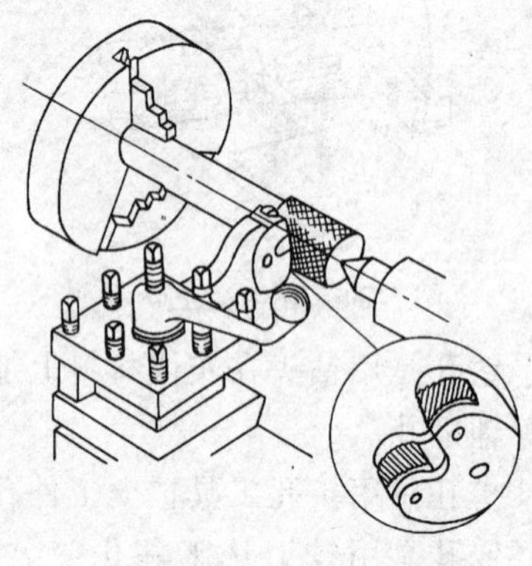

图 5-29　滚花

五、其它车床

除前面介绍的卧式车床外，较为常见的车床还有如下几种。

（一）立式车床

如图 5-30 所示，立式车床底座上的圆形工作台，可安装卡盘或花盘，以装夹并带动工件随直立的主轴旋转。

在工作台的后侧有立柱，立柱上有一个横梁和一个侧刀架，它们均能沿着立柱的导轨上下移动。侧刀架上的方刀架可同时夹持 4 把刀具，并可作水平方向的进给。

垂直刀架可在横梁上作水平和垂直进给运动，并能扳转到一定的角度使刀架作斜向进给。垂直刀架上的转塔可同时夹持 5 把刀具。

立式车床上安装和调整工件都方便，并能准确而迅速地更换刀具。安装大型工件后，工作台运行仍然很平稳，而且几个刀架上的刀具可以同时进行切削，生产率高。在立式车床上，可加工内、外圆柱面、圆锥面、端面等，适用于加工重而直径大的工件。

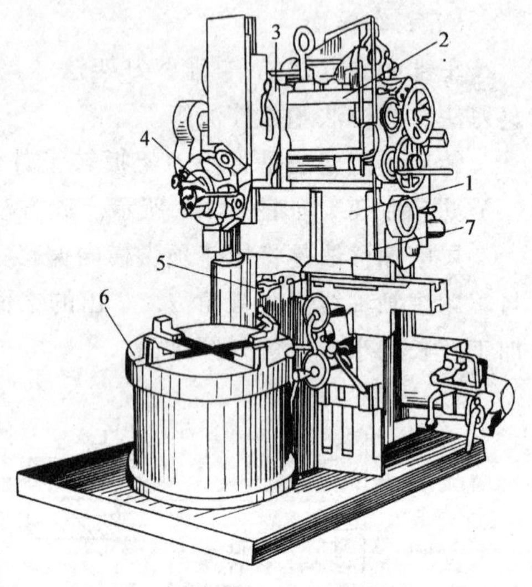

图 5-30　立式车床

1—立柱　2—横梁　3—垂直刀架溜板

4—垂直刀架　5—侧刀架

6—花盘　7—侧刀架导轨

（二）转塔车床

如图 5-31 所示，转塔车床（又称六角车床）的结构特点是没有丝杠和尾座，代替尾座的是一个可转动的转塔刀架（又称六角刀架）。转塔刀架安装于溜板上，可随溜板一起作纵向移动，其上面可根据加工顺序安装 6 把不同的刀具。

加工时，转塔刀架周期性地将不同的刀具依次转到加工位置，刀具的工作行程由行程挡块控制，以保证工件加工精度。此外，还有一个与普通车床相似的四方刀架。两个刀架配合使用，可同时对工件进行加工，以便在一次装夹中加工完零件的各个表面。

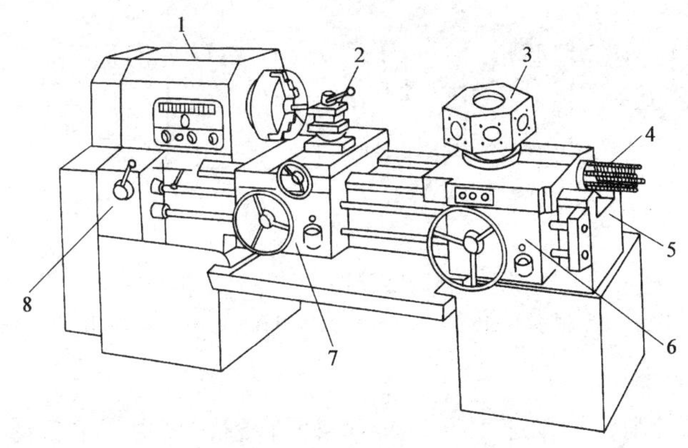

图 5-31 转塔车床

1—主轴箱 2—刀架 3—转塔刀架 4—定程装置 5—床身
6—转塔刀架溜板箱 7—中滑板溜板箱 8—进给箱

(三) 自动车床和半自动车床

调整好后，只需定时加料，其它工作均能自动完成的车床，称为自动车床。除上、下料由人工操作外，其它工作均能自动完成的车床，称为半自动车床。

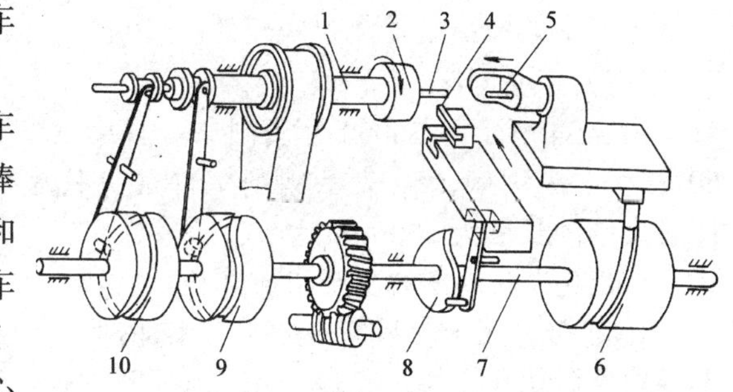

图 5-32 单轴自动车床的工作原理

1—主轴 2—夹头 3—工件 4—车刀
5—钻头 6—纵向进给鼓轮 7—分配轴
8—横向进给凸轮 9—夹料鼓轮 10—送料鼓轮

自动与半自动车床的种类很多。自动车床的所有工作均由凸轮控制，坯料多为棒料，按照主轴的数目可分为单轴自动车床和多轴自动车床，如图 5-32 所示为单轴自动车床的工作原理图。

电动机通过带传动带动主轴转动，空心主轴右端的夹头夹紧棒料。分配轴每转一转，即是一个工作循环，完成一个工件的加工过程。分配轴上的夹料鼓轮控制夹头的松紧；送料鼓轮控制送料；横向进给凸轮控制装有车刀的方刀架的横向进给运动；纵向进给鼓轮控制装有钻头的尾座的纵向进给运动。

自动与半自动车床的调整时间长，主要用于大批大量生产单一品种的零件。

第三节 刨削加工与拉削加工

刨削是用刨刀对工件作水平相对直线往复运动的切削加工方法。刨削主要用于加工平面(水平面、垂直面、斜面)、沟槽(直角槽、V 形槽、T 形槽、燕尾槽)和直线成形面等，如图 5-33 所示。

刨削加工时，刀具或工件的直线往复运动为主运动，工件或刀具的间歇移动为进给运动。刨削要素包括刨削速度、进给量和背吃刀量。刨削速度 v_c 是指主运动的平均速度，单位为 m/s；进给量 f 是指主运动每往复一次工件或刀具沿进给方向移动的距离，单位为 mm/次；背吃刀量 a_p 是工件已加工表面和待加工表面之间的垂直距离，单位为 mm，如图

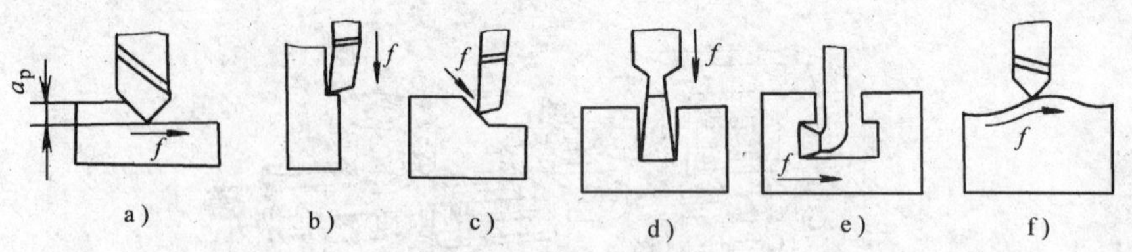

图 5-33 刨削加工的主要工作

a）刨平面 b）刨垂直面 c）刨斜面 d）刨直槽 e）刨 T 形槽 f）刨曲面

5-33a 所示。

刨削由于是单刃切削，切削速度低，又有空回行程，故生产率较低。但对于加工狭长的表面生产率较高。同时由于刨削刀具简单、加工调整灵活方便、成本低，故在单件小批生产和修配工作中仍然得到应用。

刨削加工的尺寸精度一般为 IT9～IT8，表面粗糙度 $R_a=6.3 \sim 1.6\mu m$。

一、刨床

刨削类机床包括牛头刨床、龙门刨床、插床和液压牛头刨床等。牛头刨床多用于单件、小批生产中的中小型零件和修配件。

（一）牛头刨床

图 5-34 所示为 B6050 牛头刨床。其中 B 表示刨床，60 表示牛头刨床，50 表示刨削工件最大长度的 1/10，即最大刨削长度为 500mm。

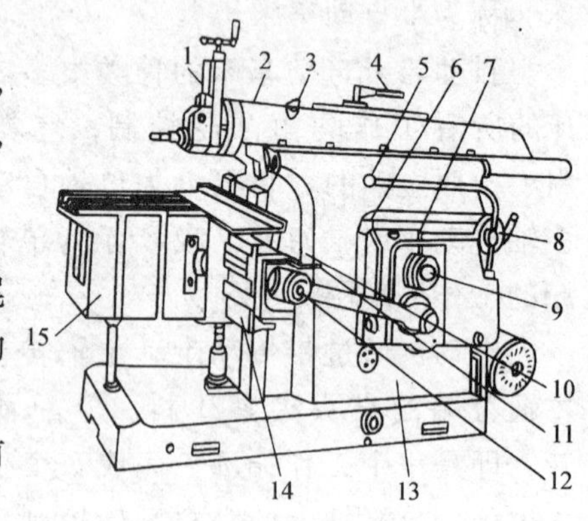

图 5-34 B6050 牛头刨床

1—刀架 2—滑枕 3－起始位置调整方榫 4—滑枕锁紧手柄 5—机床起动手柄 6—工作台快速移动手柄 7—进给量调整手柄 8—变速手柄 9—行程长度调整方榫 10—工作台横向或垂向进给选择手柄 11—进给运动换向手柄 12—工作台手动方榫 13—床身 14—横梁 15—工作台

B6050 牛头刨床的主要组成部分：

1. 床身 用于支承刨床的所有零部件，其顶面燕尾形导轨供滑枕作直线往复运动用，垂直导轨供横梁带动工作台升降用，内部有传动机构。

2. 滑枕 主要用来带动刨刀作直线往复运动，其前端装有刀架，滑枕带动刀具往复运动为主运动。

3. 刀架 用于夹持刨刀，其结构如图 5-35 所示。扳转刀架手柄，滑板带着刨刀沿着转盘上的导轨上下移动，以调整背吃刀量或加工垂直面及斜面时作进给运动。转盘转一定角度后，刀架即可作斜向进给。滑板上还装有可偏转的刀座（刀盒）。抬刀板可绕刀座的 A 轴向上抬起，使刨刀在返回行程时离开已加工面，以减少与工件的摩擦。

4. 工作台 用于安装夹具和工件。工作台除可随横梁上下移动外，还可沿横梁导轨作横向移动或横向间歇进给。

（二）龙门刨床

工作台带动工件的直线往复运动是龙门刨床的主运动，刀具的间歇移动是进给运动，如图 5-36 所示。龙门刨床主要用来加工大型工件上长而窄的平面或大平面，也可同时加工多个中、小型工件的平面。

（三）插床

插床又称为立式刨床，如图 5-37 所示，其形状如同滑枕垂直方向安装的牛头刨床。主运动为滑枕的上下直线往复运动，进给运动为工作台带动工件作纵向、横向或圆周方向的间歇进给运动。插床主要用于加工工件的内部表面，如长方孔、多边形孔和孔内键槽、花键槽等。

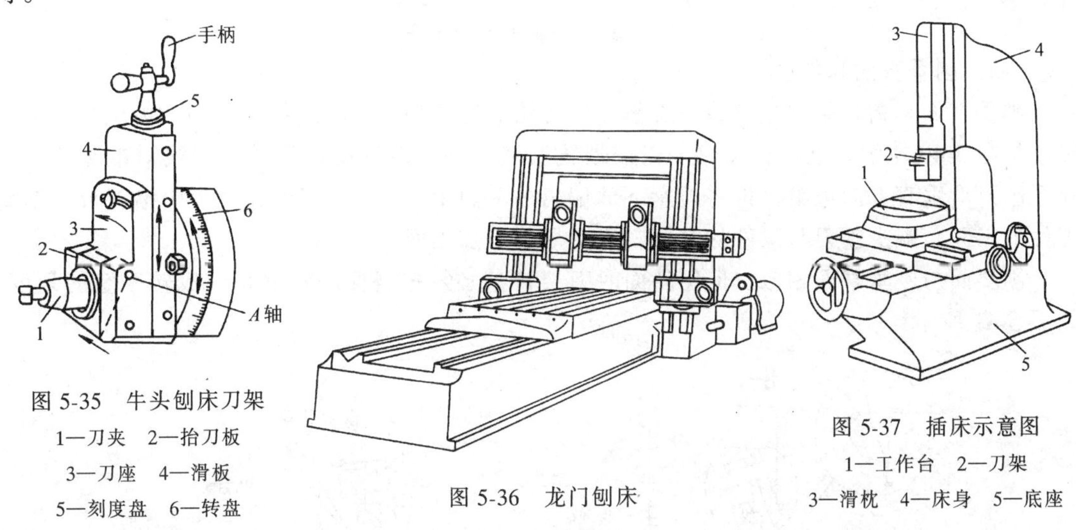

图 5-35　牛头刨床刀架
1—刀夹　2—抬刀板
3—刀座　4—滑板
5—刻度盘　6—转盘

图 5-36　龙门刨床

图 5-37　插床示意图
1—工作台　2—刀架
3—滑枕　4—床身　5—底座

二、刨刀

（一）刨刀的特点

由于刨刀切入工件时受到较大的冲击力，所以一般刨刀刀杆的横截面均较车刀大 1.25～1.5 倍。刨刀往往做成弯头的，与直头刨刀相比，当其受到大的切削力作用时，刀杆能够绕 0 点转动产生微小弯曲变形，可避免“啃伤”工件或“崩刃”，如图 5-38 所示。

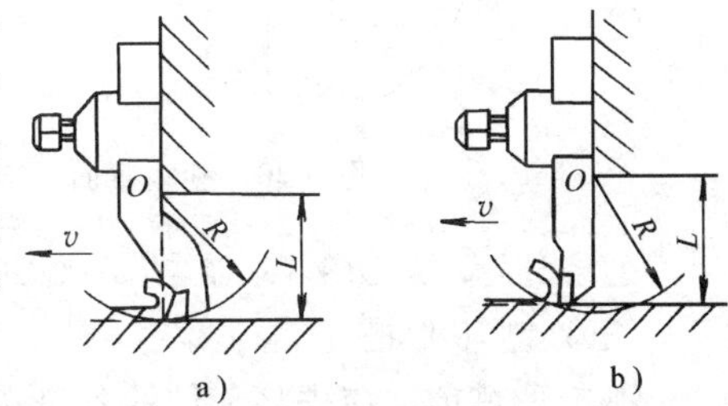

图 5-38　弯头刨刀与直头刨刀
a）弯头刨刀　b）直头刨刀

（二）刨刀的种类及安装

刨刀的种类很多，按加工形式和用途不同，一般可分为平面刨刀、偏刀、切刀及成形刀等。常见刨刀的种类及应用情况如图 5-33 所示。

刨刀安装在刀夹上，不宜伸出过长，以免切削时产生振动。

三、刨削方法

（一）刨平面

刨平面时，首先安装工件及刀具，然后调整机床，使之符合加工要求。开始加工时，可先进行试切，用手动进给试切出 0.5～1mm 宽度，停车测量尺寸后，再利用刀架上的刻度盘调整背吃刀量，最后自动进给切削。刨削六面体工件时，为保证相邻两面的互相垂直，应按图 5-39 所示步骤刨削，即先刨大面 1 作为基准面，再刨 2 面、4 面，最后刨 3 面。注意每次都要用大面 1 作基准面，安装时让 1 面紧贴固定钳口或贴实在平行垫铁上，并在夹紧时用手锤轻轻敲打，使面 1 与垫铁贴实。

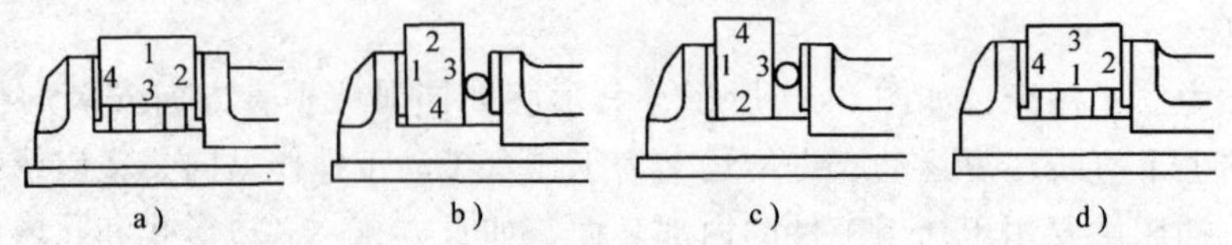

图 5-39　刨削矩形工件的步骤

a）～d）刨平面时的装夹顺序

（二）刨垂直面和斜面

刨垂直面是指刀架垂直进给加工平面的方法。它多用于不能用刨水平面的方法加工的情况。如图 5-40 所示，刨垂直面时，先按划线安装工件，然后使刀架转盘刻线对准零线，以保证刨刀沿垂直方向进给，再将刀座下部偏离加工面 10°～15°，以便在回程中抬刀板能抬离工件加工面，减少刨刀与工件的摩擦，避免划伤已加工面。

刨斜面与刨垂直面相似。但刨斜面时刀架转盘必须按斜面的角度相应扳转一定的角度，如图 5-41 所示。

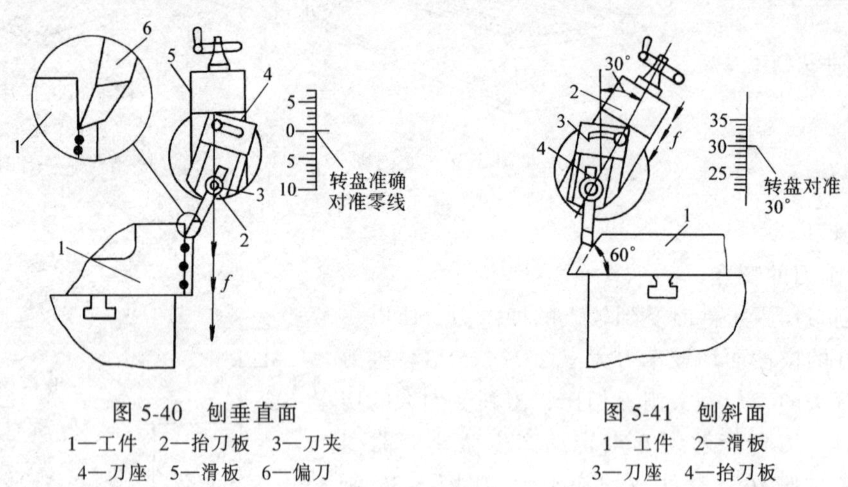

图 5-40　刨垂直面

1—工件　2—抬刀板　3—刀夹

4—刀座　5—滑板　6—偏刀

图 5-41　刨斜面

1—工件　2—滑板

3—刀座　4—抬刀板

（三）刨 T 形槽

刨 T 形槽前，应先将工件的各个关联平面加工完结，并在工件前、后端面及平面划出加工线，如图 5-42 所示。然后按线找正加工，加工顺序如图 5-43 所示。

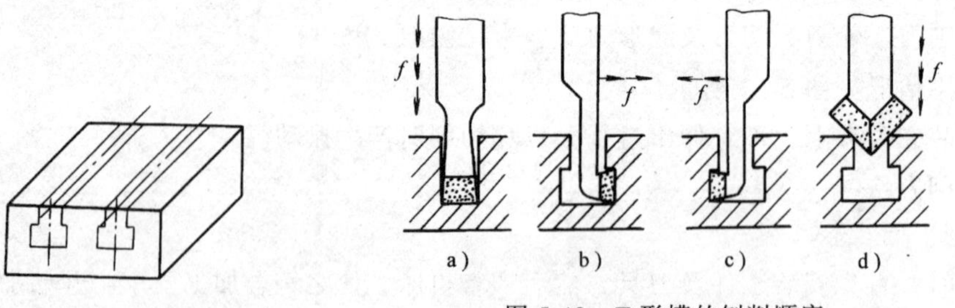

图 5-42　T 形槽工件的划线

图 5-43　T 形槽的刨削顺序

a）用切槽刀刨出直槽　b）用弯头切刀刨右凹槽

c）用弯头切刀刨左凹槽　d）用 45°刨刀倒角

四、拉削加工简介

用拉刀加工工件内、外表面的方法叫做拉削。拉削运动如图 5-44 所示。圆孔拉刀的组成部分见图 5-45 所示。

拉削时工件不动，拉刀的直线运动是主运动。拉刀从工件上每拉过一个刀齿，就切下一层金属。当全部刀齿通过工件之后，工件的加工也就完成了。由此可见，拉削加工的特点是粗精加工一次完成，生产效率高，加工质量好，加工尺寸公差等级一般为 IT9～IT7，表面粗糙度为 R_a = 1.6～0.8μm。但由于一把拉刀只能加工一种尺寸的表面，且拉刀较昂贵，所以拉削加工主要用于成批大量生产。

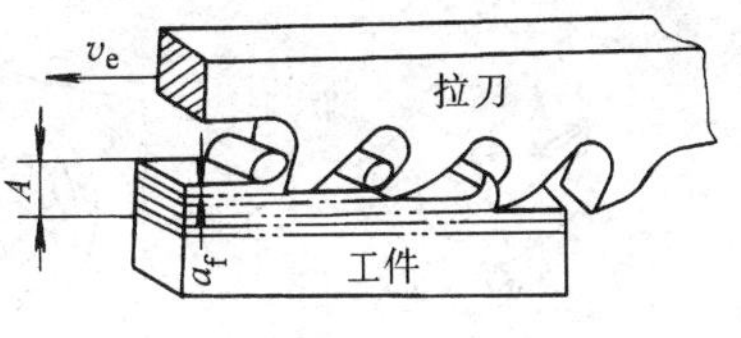

图 5-44 拉削运动

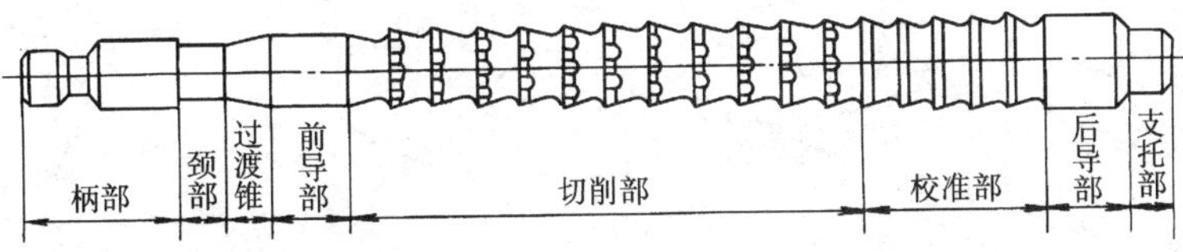

图 5-45 圆孔拉刀的组成部分

拉削主要用来加工各种形状的孔、平面及成形表面，如图 5-46 所示。拉孔前还必须先在工件上加工出底孔，以使拉刀穿过。

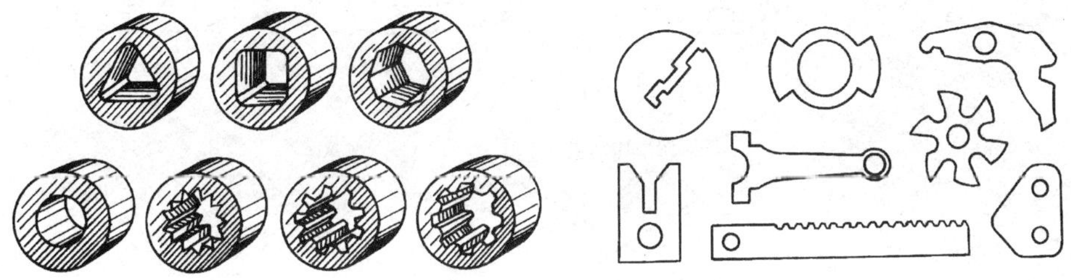
图 5-46 拉削加工件各种表面形状

第四节 铣 削 加 工

铣削加工是铣刀旋转作主运动，工件或铣刀作进给运动的切削加工方法。铣削主要用于加工各种平面、沟槽、齿轮、齿条和成形面，此外还可以进行孔加工，如图 5-47 所示。

铣削用量包括铣削速度、进给量、背吃刀量和侧吃刀量。铣削速度 v_c 是指铣刀最大直径处的线速度，单位为 m/s；进给量常用进给速度 v_f（即切削刃上选定点相对工件的进给运动的瞬时速度）表示，单位为 mm/s；侧吃刀量 a_e 是指在平行于工作平面并垂直于切削刃基点的进给运动方向上测量的吃刀量，单位为 mm，背吃刀量 a_p 是指在通过切削刃基点并垂直于工作平面的方向上测量的吃刀量，单位为 mm，如图 5-47a、m 所示。

铣刀是一种多刃刀具，切削工作是由若干个切削刃共同分担的。铣削时每个刀齿间歇地进行切削，切削刃的散热条件好，可以用较高的铣削速度，因此铣削是一种较高生产率的加工方法。但因铣削是断续切削，加工中易产生振动，影响加工质量。在成批大量生产中，除加工狭长的平面外，铣削几乎可以完全取代刨削。铣削加工是机器制造业中重要的加工方法。

铣削加工的尺寸精度可达 IT9～IT8，表面粗糙度为 R_a＝6.3～1.6μm。

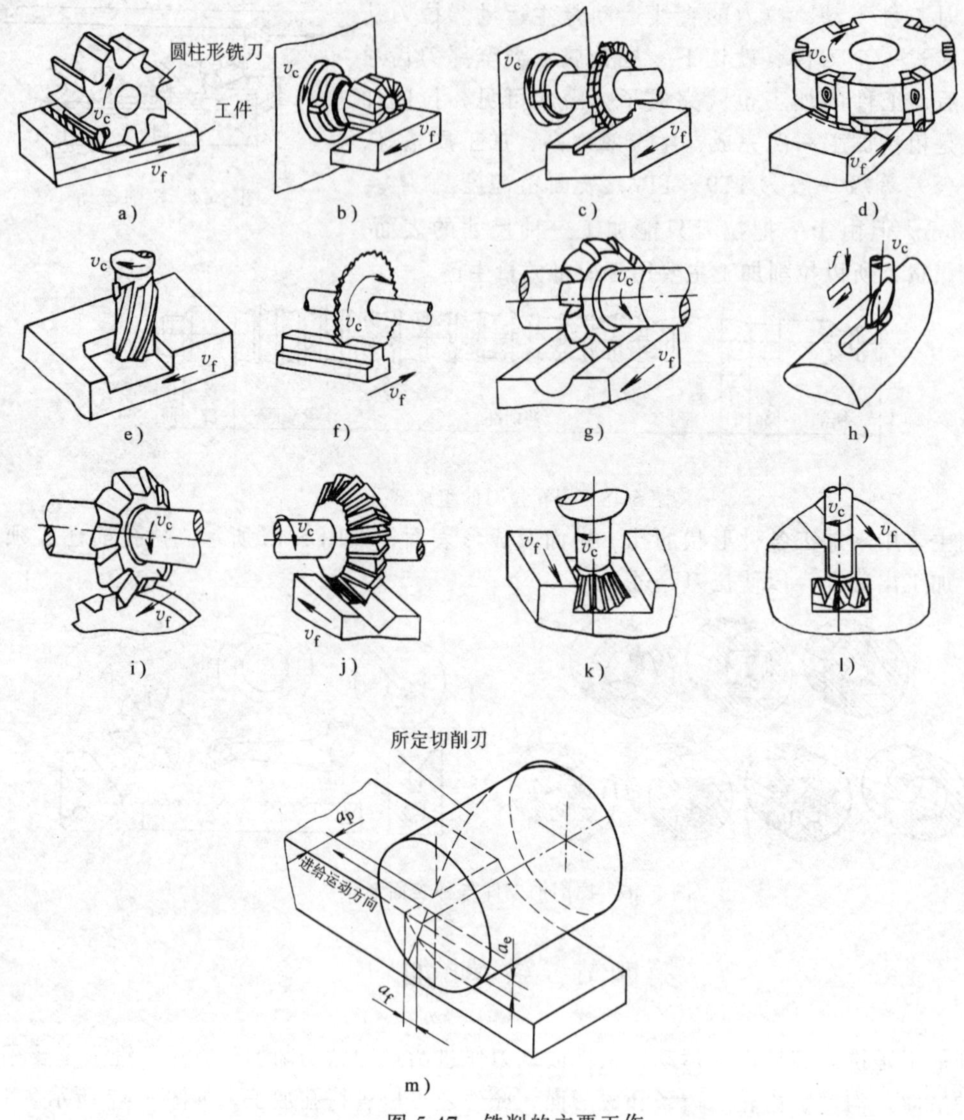

图 5-47　铣削的主要工作

a）直齿圆柱形铣刀铣平面　b）套式面铣刀铣台阶面　c）圆盘铣刀（三面刃铣刀）铣直角槽　d）端铣刀铣平面　e）立铣刀铣凹平面　f）锯片铣刀切断　g）凸半圆铣刀铣凹圆弧面　h）键槽铣刀铣键槽　i）齿轮铣刀铣齿轮　j）角度铣刀铣 V 形槽　k）燕尾槽铣刀铣燕尾槽　l）T 形槽铣刀铣 T 形槽　m）螺旋齿圆柱形铣刀铣平面

一、铣床

铣床的种类很多，有卧式铣床、立式铣床、工具铣床、龙门铣床和数控铣床等。对于单件小批生产中的中小型零件，以卧式铣床（简称卧铣）和立式铣床（简称立铣）最为常用。

（一）卧式铣床

卧式铣床的主轴与工作台台面相平行。图 5-48 所示为 X6132 卧式万能升降台铣床。其中 X 表示铣床，6 表示卧式铣床，1 表示万能升降台铣床，32 表示工作台工作面宽度的 1/10，即工作台工作面的宽度为 320mm。卧式铣床主要组成部分如下：

1. 床身　床身用来固定和支承铣床所有的零部件。

2. 横梁　横梁的一端装有吊架，用于支承刀杆的悬伸端。

3．主轴　主轴为空心轴，用于安装铣刀或刀杆。

4．工作台　工作台自上而下由纵向工作台、转台、横向工作台和升降台等多层结构组成。

5．底座　底座用于支承床身和升降台。

（二）立式铣床

立式铣床与卧式铣床在结构上的主要区别是主轴与工作台台面相垂直，如图 5-49 所示。有的立式铣床的主轴还可根据加工需要偏转一定的角度。立铣在加工不通的沟槽和台阶面时，比卧铣方便。

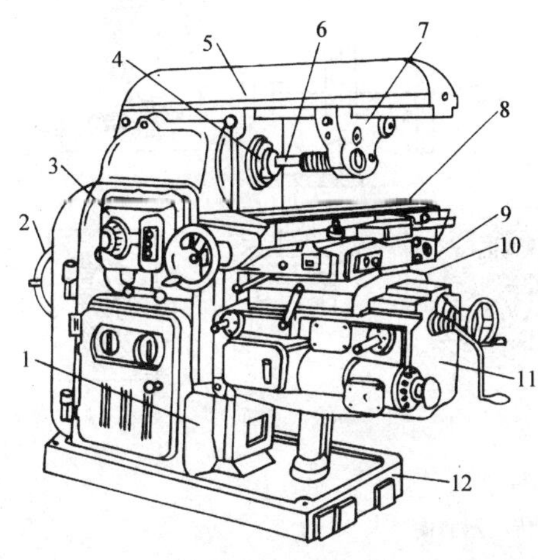

图 5-48　X6132 卧式万能升降台铣床
1—床身　2—电动机　3—主轴变速机构
4—主轴　5—横梁　6—刀杆
7—吊架　8—纵向工作台　9—转台
10—横向工作台　11—升降台　12—底座

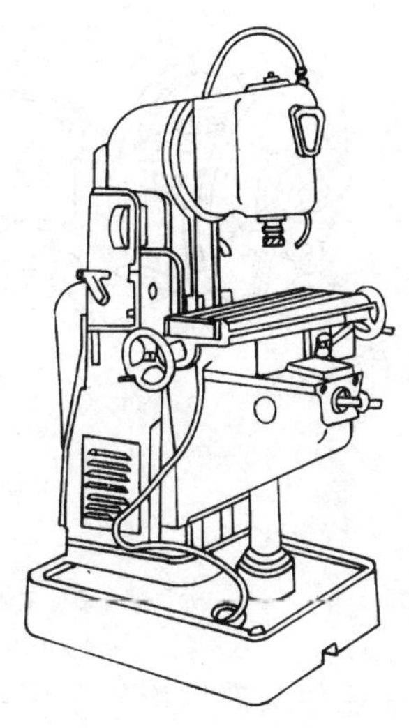

图 5-49　立式铣床简图

二、铣刀

铣刀是一种多齿刀具，它的刀齿分布在圆柱铣刀的外圆表面或端铣刀的端面上。

铣刀的分类方法很多，根据安装方法不同可分为带孔铣刀和带柄铣刀两大类。

带孔铣刀有圆柱铣刀、圆盘铣刀、角度铣刀、齿轮铣刀、锯片铣刀和成形铣刀等。

带柄铣刀有立铣刀、键槽铣刀、T 形槽铣刀和镶齿端铣刀等。

带孔铣刀多用于卧式铣床，用长刀杆安装，如图 5-50 所示。带柄铣刀多用于立式铣床，其安装如图 5-51 所示。

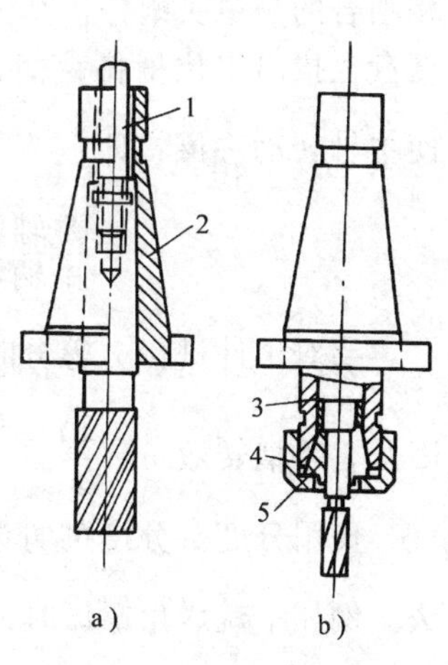

图 5-51　带柄铣刀的安装
a）锥柄铣刀的安装
b）直柄铣刀的安装
1—拉杆　2—变锥套
3—夹头体　4—螺母
5—弹簧套

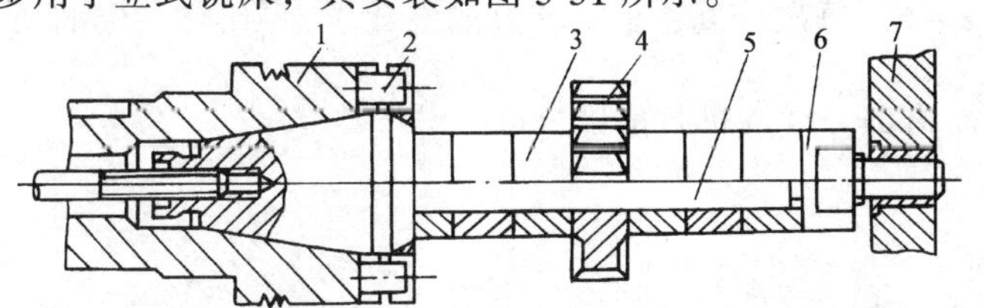

图 5-50　带孔铣刀的安装
1—主轴　2—端面键　3—套筒　4—铣刀　5—刀杆　6—螺母　7—吊架

三、铣床的主要附件

铣床的主要附件有机床用平口虎钳、万能铣头、回转工作台和分度头等。

在铣削加工中，经常遇到铣六方、齿轮和花键轴等工作。这时，工件每铣过一个面或槽之后，需要转动一定的角度再铣下一个面或槽，这种分度工作常在万能分度头上进行。

如图 5-52 所示为分度头的外形和传动示意图。分度头的主轴可以随转动体转动。因此，分度头能对工件在水平、垂直和倾斜位置上进行分度，如图 5-53 所示。

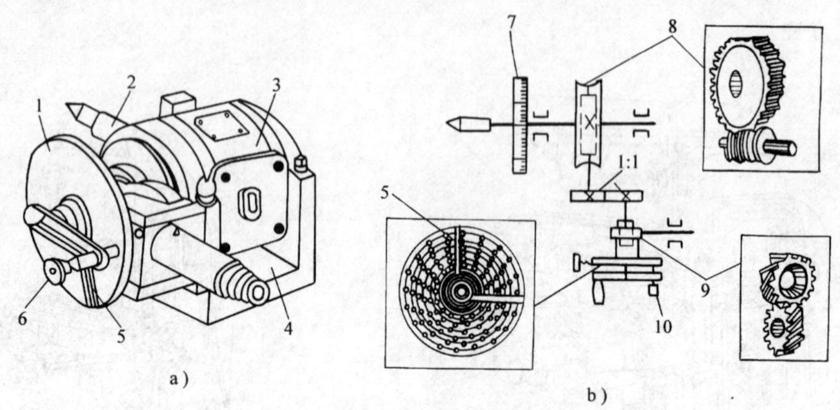

图 5-52　分度头

a）外形　b）传动示意图

1—分度盘　2—主轴　3—移动体　4—底座　5—扇形夹　6—分度手柄

7—刻度环　8—蜗杆传动　9—斜齿轮传动　10—定位销

分度头主轴头部结构与车床主轴相似，主轴上可安装三爪自定心卡盘来夹持工件，也可安装顶尖与尾座顶尖一起支承工件。主轴上装有齿数为 40 的蜗轮，与蜗轮相啮合的是单头蜗杆，其传动比为 1∶40。当从固定的分度盘上拔出定位销将手柄转动一圈时，蜗杆便带动蜗轮使主轴转动$\frac{1}{40}$圈，即：

$$\frac{主轴转数}{手柄转数}=\frac{1}{40}$$

当对工件进行 Z 等分时，每次分度主轴转数为$\frac{1}{z}$圈，因此，手柄转数 $n=\frac{40}{z}$。

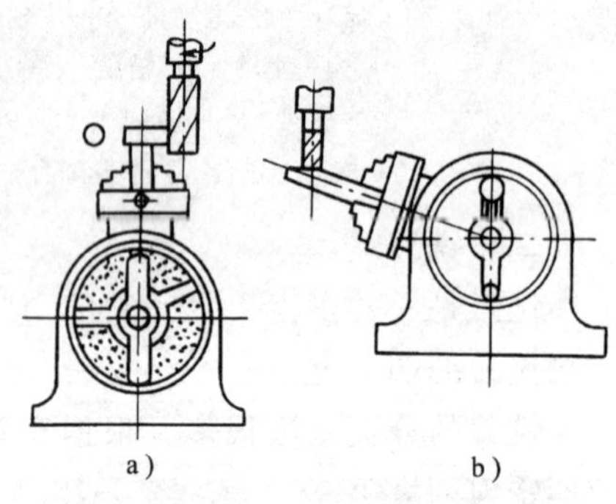

图 5-53　分度头卡盘在垂直和倾斜位置安装工件

a）在垂直位置安装

b）在倾斜位置安装

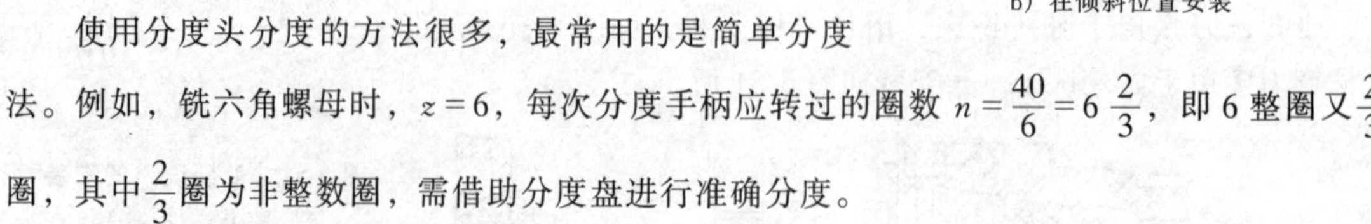

使用分度头分度的方法很多，最常用的是简单分度法。例如，铣六角螺母时，$z=6$，每次分度手柄应转过的圈数 $n=\frac{40}{6}=6\frac{2}{3}$，即 6 整圈又$\frac{2}{3}$圈，其中$\frac{2}{3}$圈为非整数圈，需借助分度盘进行准确分度。

四、铣削方法

（一）铣水平面和垂直面

铣水平面和垂直面可在卧铣或立铣上进行。由于所用刀具的不同，平面的铣削方式又分为周铣（见图 5-47a）和端铣（见图 5-47d）两种。

（二）铣斜面

铣削斜面常用的方法有以下三种：

1. 使用斜垫铁铣斜面　如图 5-54a 所示，在工件基面下面垫一块与工件斜角相等的垫铁，即可铣出所需要的斜面。

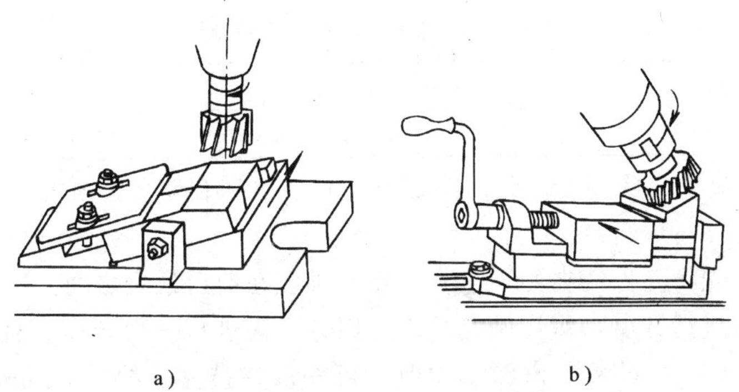

a)　　　　b)

图 5-54　铣斜面

a）使用斜垫铁铣斜面　b）偏转铣刀铣斜面

2. 利用分度头铣斜面　如图 5-53 所示。

3. 偏转铣刀铣斜面　如图 5-54b 所示，铣刀的偏转可在主轴能回转一定角度的立铣上实现，也可在卧铣上利用能在空间偏转成所需要的任意角度的万能铣头来实现。

（三）铣沟槽

在铣床上能加工的沟槽种类很多，有直角槽、键槽、V 形槽、T 形槽、燕尾槽、圆弧槽和螺旋槽等。这里主要介绍键槽的加工方法。

1. 敞开式键槽　单件、小批量生产敞开式键槽时，可在卧铣上用三面刃铣刀铣削，如图 5-55 所示，也可用立铣刀在立铣床上进行。

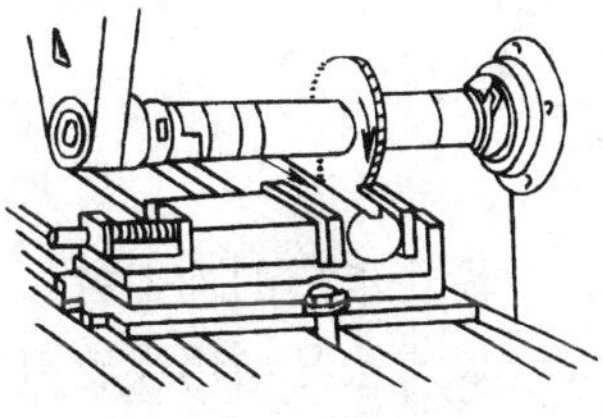

图 5-55　用三面刃铣刀铣敞开式键槽

2. 封闭式键槽　单件小批量生产封闭式键槽时，在立铣上用键槽铣刀或立铣刀加工，如图 5-56 所示。

（四）齿形加工

在铣床上，可采用成形法加工齿轮的齿形。成形法是用与被切齿轮齿槽形状相符的成形铣刀切出齿形的方法。用成形法在卧铣上可铣直齿和斜齿圆柱齿轮，如图 5-57 所示。

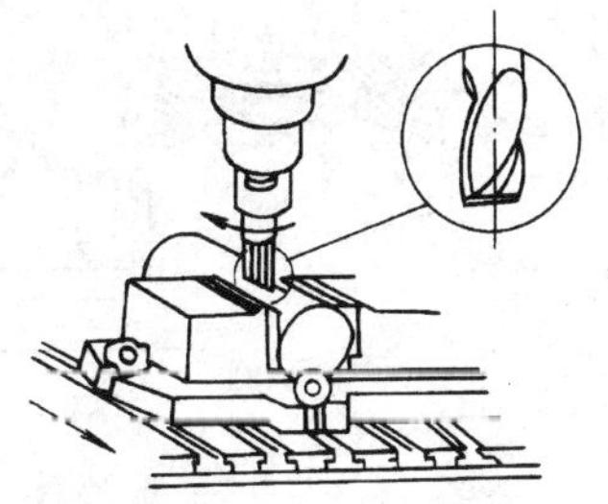

图 5-56　用键槽铣刀铣封闭式键槽

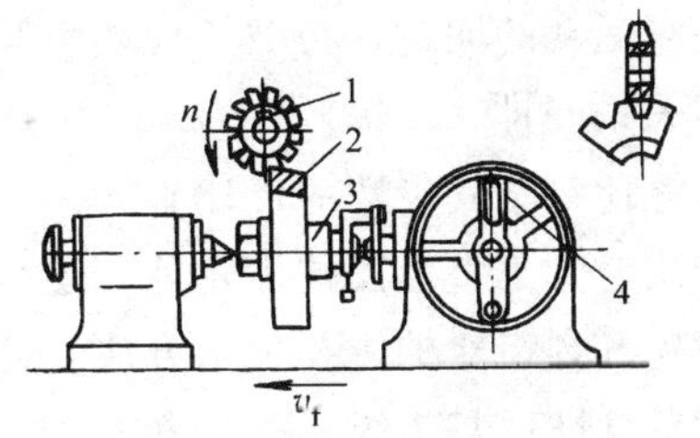

图 5-57　铣直齿圆柱齿轮

1—齿轮铣刀　2—工件

3—心轴　4—分度头

1. 选择和安装铣刀　铣齿轮要用专用齿轮铣刀（模数铣刀）。铣刀是根据被加工齿轮的模数和齿数来选择的。同一模数的齿轮铣刀通常有8把，分为8个刀号，每号铣刀只适用于加工一定齿数范围的齿轮（见表5-2）。而每号铣刀的刀齿轮廓只与该号齿数范围内的最小齿数齿槽的理论轮廓相一致，对其它齿数的齿轮只能获得近似齿形。

表5-2　铣刀号数与加工齿数范围

刀　号	1	2	3	4	5	6	7	8
加工齿数范围	12～13	14～16	17～20	21～25	26～34	35～54	55～134	135以上及齿条

安装铣刀后，应横向调整工作台，使铣刀中心平面对准分度头顶尖中心，然后将横向滑板紧固。

2. 安装工件　先将工件装在心轴上，再将心轴装在前后顶尖之间。

3. 利用分度头进行分度　每当铣完一齿，用分度头进行一次分度，直至铣完全部轮齿，每个轮齿的深度＝2.25×模数。齿深不大时，可一次粗铣完，约留0.5mm作为精铣余量。齿深较大时，应分几次铣出整个齿槽。精铣2～3个齿后，应检查齿的尺寸和表面粗糙度。

成形法铣齿的特点是：

(1) 不需专用设备（普通铣床即可），刀具成本低。

(2) 铣刀每铣一齿都有切入、退刀和分度的辅助时间，因而生产率较低。

(3) 铣齿加工的齿形误差和分度误差较大，其加工精度只为IT11～IT9级，表面粗糙度 R_a 为6.3～3.2μm，属于低精度的齿形加工方法。

成形法铣齿多用于修配或单件制造某些低转速和精度要求不高的齿轮。

第五节　插齿与滚齿加工

齿轮齿形的加工方法有成形法和展成法（又称范成法）两大类。

展成法是利用齿轮刀具和被切齿轮的相互啮合运动切出齿形的方法，如插齿、滚齿、珩齿等。

一、插齿

插齿是用插齿刀按展成法或成形法加工内、外齿轮或齿条等齿形的方法，如图5-58所示。插齿刀形状类似圆柱齿轮，只是在每一个轮齿上磨出前、后角，使其具有锋利的切削刃。插齿时，插齿刀在作上下往复运动的同时，与被切齿坯强制地保持一对齿轮的啮合关系，即 $n_{坯}/n_{刀}=z_{刀}/z_{坯}$（被切齿轮与插齿刀的转速之比等于其齿数的反比）。

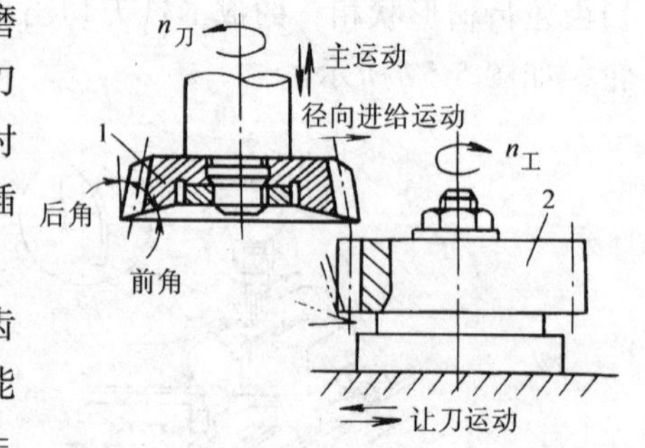

图5-58　插齿法
1—插齿刀　2—被切齿轮

插齿除用于加工直齿圆柱齿轮外，还是加工双联齿轮、多联齿轮和内齿轮的主要加工方法。插齿加工所能达到的精度为IT8～IT7级，表面粗糙度一般为 R_a＝1.6μm。

二、滚齿

滚齿是用齿轮滚刀按展成法加工齿轮、蜗轮等的齿面的方法，如图 5-59 所示。滚刀的形状与蜗杆相似，但要在垂直于螺旋线的方向开出若干个槽，形成刀齿并磨出切削刃。这一排排的刀齿就象能进行切削加工的齿条，所以滚齿的工作原理相当于齿条与齿轮啮合的原理。滚齿时，滚刀与被切齿轮之间应具有严格的强制啮合关系，对于单头滚刀即滚刀每转一圈，被切齿轮应转过 $1/z$ 转（z 为齿轮的齿数）。滚齿时，为使滚刀刀齿的运动方向（即螺旋齿的切线方向）与被切齿轮的轮齿方向一致，滚刀的刀轴必须偏转一定的角度。

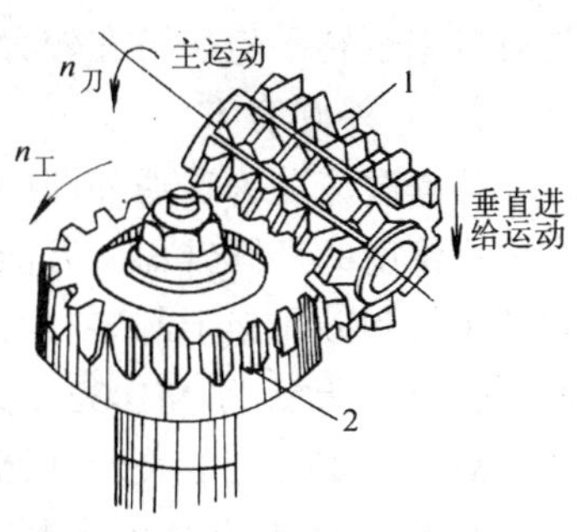

图 5-59　滚齿法
1—滚刀　2—被切齿轮

滚齿除用于加工直齿圆柱齿轮外，还可以加工斜齿圆柱齿轮、蜗轮和链轮。

滚齿加工所能达到的精度为 IT8～IT7 级，表面粗糙度为 $R_a = 3.2 \sim 1.6\mu m$。

滚齿和插齿均能用一把刀具加工同一模数任意齿数的齿轮，其加工精度和生产率都比成形法高，属于中等精度的齿形加工，因此应用较广泛。

第六节　磨削加工

磨削加工是用磨具以较高的线速度对工件表面进行加工的方法。磨削时，砂轮的高速转动是主运动，进给运动由工件和砂轮来完成。磨削主要用于零件内外圆柱面、内外圆锥面、平面及成形面（花键、螺纹、齿轮等）的精加工，如图 5-60 所示。

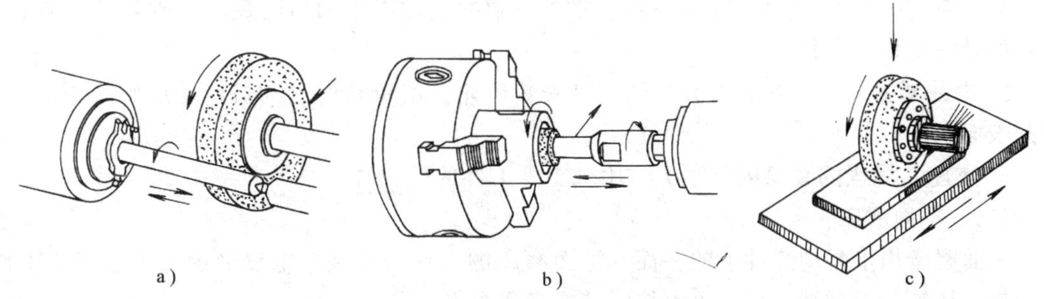

图 5-60　磨削加工的主要工作
a）外圆磨削　b）内圆磨削　c）平面磨削

砂轮可以看作是具有很多微小刀齿的铣刀。由于砂轮磨料硬度极高，因此磨削不仅可以加工一般的金属材料，如碳素钢、铸铁等，而且可以加工一般刀具难以切削的高硬度材料，如淬火钢、硬质合金等。磨削又是一种精度高、表面粗糙度值低的精加工方法。在磨削过程中，由于磨削速度很高（$v_c = 30 \sim 50m/s$），瞬时磨削温度可达 1000℃ 左右，所以为使工件表面不被烧伤和产生裂纹，磨削必须使用充足的切削液。磨削加工余量较小，一般为 0.4～0.5mm，因此要求工件在磨削之前先进行半精加工。

磨削加工的尺寸精度可达 IT6～IT5，表面粗糙度可达 $R_a = 0.8 \sim 0.1\mu m$。

一、磨床

磨床的种类很多，有外圆磨床、内圆磨床、平面磨床、工具磨床以及其它磨床。无论是外圆磨床、内圆磨床还是平面磨床，工作台的往复运动均采用液压传动。这是因为液压传动具有机床运转平稳、可在较大范围内实现无级变速、操作简便等优点。

（一）外圆磨床

外圆磨床分为普通外圆磨床和万能外圆磨床。它们的工作台都可偏转一定的角度，用来磨削小锥度的外圆锥面。万能外圆磨床与普通外圆磨床不同之处是它增加了内圆磨头，同时它的头架和砂轮架上都装有可回转一定角度的转盘，用来磨削短的、任意锥度的内、外圆锥面。图 5-61 所示为 M1432A 万能外圆磨床外形图，M 表示磨床，1 表示外圆磨床，4 表示万能外圆磨床，32 表示最大磨削直径的 1/10，即最大磨削直径为 320mm，A 表示性能和结构上做过一次重大改进。

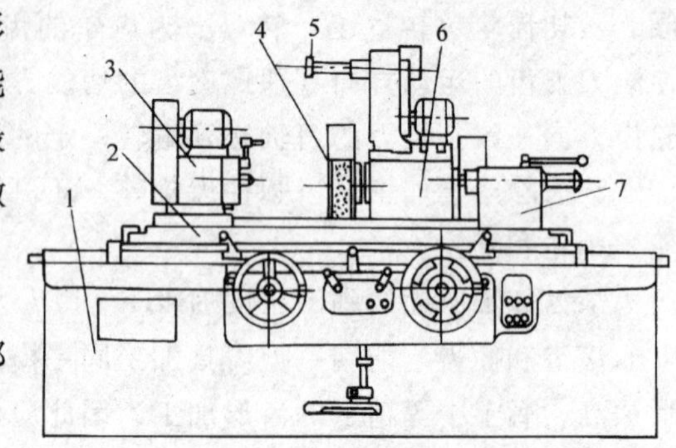

图 5-61　M1432A 万能外圆磨床外形图

1—床身　2—工作台　3—头架　4—砂轮　5—内圆磨头　6—砂轮架　7—尾座

万能外圆磨床的主要组成部分：

1. 床身　床身用于安装磨床各部件，上部有工作台和砂轮架，内部有液压传动系统。

2. 工作台　工作台有两层，下工作台沿床身导轨作纵向往复运动，上工作台相对下工作台能作一定角度的偏转，以便磨削外圆锥面。

3. 头架　头架上有主轴，主轴端部可安装顶尖、拨盘或卡盘，用于安装工件。主轴由单独的电动机带动旋转，使工件获得不同的转速。

4. 砂轮架　砂轮架用于安装砂轮，并由单独的电动机带动砂轮旋转。砂轮架可在床身后部的导轨上作横向移动。

5. 内圆磨头　内圆磨头上有主轴，可安装砂轮，由单独的电动机带动旋转，用以磨削内圆表面。

6. 尾座　尾座的套筒内有顶尖，用来支承工件的另一端。

（二）平面磨床

平面磨床用于磨削工件上的平面。平面磨床的工作台上装有电磁吸盘，用于安装工件。对于钢、铸铁等导磁性工件，可直接安装在工作台上。

二、砂轮

砂轮是将许多坚硬的磨料用结合剂粘结烧制而成的磨具，如图 5-62 所示。

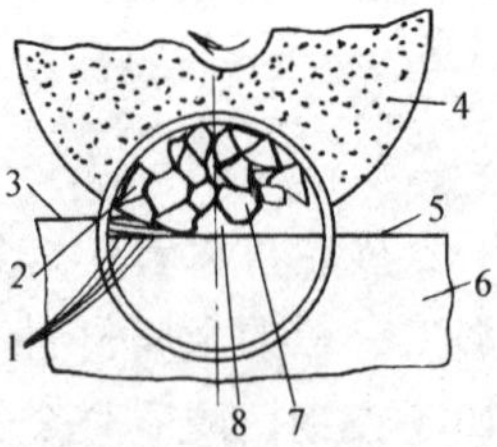

图 5-62　砂轮

1—过渡面　2—空隙　3—待加工面　4—砂轮　5—已加工面　6—工件　7—磨粒　8—结合剂

砂轮的特性取决于磨料、粒度、结合剂、硬度、组织、形状和尺寸。

常用的砂轮磨料有两类：刚玉类（氧化铝）适宜磨削钢料及一般刀具；碳化硅类适宜磨削铸铁、青铜等脆性材料及硬质合金刀具。磨料的颗粒有粗细之分，用粒度表示。粒度号大的磨粒细，反之则粗。粗磨及磨软材料时选用粒度号小的砂轮，精磨选用粒度号大的砂轮。

生产中常用各种结合剂将磨料粘结成各种形状和尺寸的砂轮。磨料粘得越牢，砂轮的硬度越高，所以砂轮硬度是指砂轮表面的磨粒在外力作用下脱落的难易程度。磨硬材料应选择软砂轮，而硬砂轮适宜磨软材料及精磨。

空隙大的砂轮其组织疏松，反之组织紧密。粗磨及磨软材料时，常用组织较疏松的砂轮。

图 5-60 所示为平形砂轮，常用于磨削外圆、内孔和平面。

三、磨削方法

磨削分为粗磨和精磨。粗磨可采用较大的背吃刀量和进给量。精磨接近最终尺寸时（留下 0.005～0.01mm 左右），为提高加工精度，可采用几次无横向进给的光磨行程，直至磨削的火花消失为止。

（一）磨外圆

单件小批量生产以及精磨外圆时常采用纵磨法，如图 5-63a 所示。砂轮的高速旋转为主运动，进给运动是工件的转动（圆周进给）和工作台的直线往复运动（纵向进给）。砂轮横向进给，即磨削背吃刀量，一般为 0.0025～0.01mm。

大批量生产及磨削粗短轴外圆时常采用横磨法，如图 5-63b 所示。工件只需作圆周进给运动，砂轮除作高速旋转的主运动外，还作慢速的横向进给。

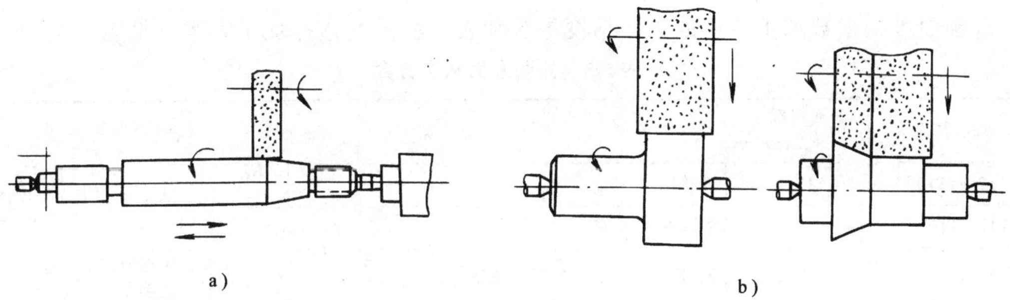

图 5-63 磨外圆

a）纵磨法 b）横磨法

（二）磨平面

磨平面是在平面磨床上进行的。磨平面可分为周磨和端磨两种，如图 5-64 所示。

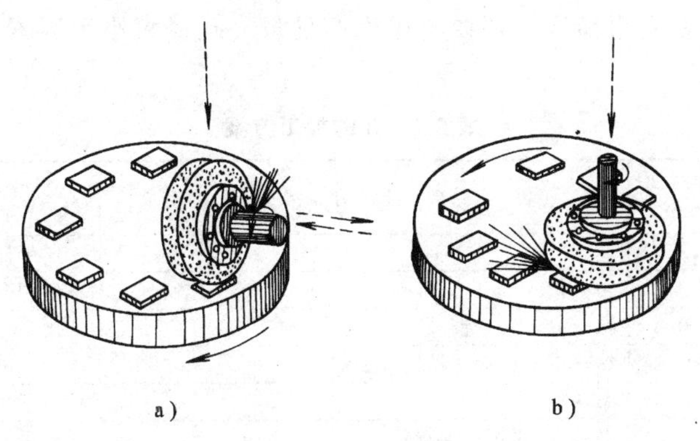

图 5-64

a）周磨 b）端磨

第七节　典型零件机械加工工艺过程的制定

一、机械加工工艺过程的概念

机械加工工艺过程是指用机械加工的方法，按一定的程序直接改变毛坯的形状和尺寸，使之成为合格零件的过程。

机械加工工艺过程由一系列工序组成，一个工序又分为若干个安装、工步等。

工序是一个或一组工人，在一个工作地对同一个或同时对几个工件所连续完成的那一部分工艺过程。安装是工件在一次装夹下所完成的那一部分工作。

制定零件机械加工工艺过程的一般步骤是：对零件进行工艺分析，选择毛坯，拟定工艺路线，选择加工方法、设备和工艺装备，安排加工顺序，确定各工序的加工余量、工序尺寸、切削用量，填写工艺文件。

二、常用表面加工方案的选择

(一) 外圆面加工方法的选择

外圆面可根据被加工零件的加工精度等级和表面粗糙度选择加工方案，见表 5-3。

表 5-3　外圆表面加工方案

加工精度	表面粗糙度 $R_a/\mu m$	加　工　方　案	适　用　范　围
IT12～IT10	50～12.5	粗车	用于加工低、中等精度的外圆面
IT10～IT9	6.3～3.2	粗车—半精车	
IT8～IT7	1.6～0.8	粗车—半精车—精车（或粗磨）	淬火钢适宜磨削，但有色金属不宜磨削
IT7～IT6	0.4～0.2	粗车—半精车—粗磨—精磨	用于加工淬火钢、未淬火钢、铸铁等，不宜加工有色金属
IT6～IT5	0.1～0.008	粗车—半精车—粗磨—精磨—超精磨削（研磨）	
IT6～IT5	0.8～0.4	粗车—半精车—精车—精细车	用于加工有色金属

（二）孔加工方法的选择

孔的加工方法较多，而每种加工方法都有其优点和局限性。确定孔的加工方案，不仅要考虑孔的加工精度、表面粗糙度，还要考虑生产批量、孔径大小等因素。孔的加工方案见表 5-4。

表 5-4　孔的加工方案

加工精度	表面粗糙度 $R_a/\mu m$	加　工　方　案	适　用　范　围
IT12～IT10	50～12.5	钻	用于加工除淬火钢以外的各种金属的实心工件
IT10～IT9	6.3～3.2	钻—扩	
IT8～IT7	3.2～0.8	钻—（扩）—铰	用于加工除淬火钢以外的实心工件，但直径小于 80mm
IT7～IT6	0.4～0.2	钻—扩—粗铰—精铰—手铰	
IT8～IT7	0.8～0.4	钻—拉	用于大批量生产
IT10～IT9	3.2～1.6	（钻）—粗镗—半精镗	用于加工除淬火钢以外的各种金属
IT8～IT7	1.6～0.8	（钻）—粗镗—半精镗—精镗	
IT8～IT7	1.6～0.4	（钻）—粗镗—（粗磨）—精磨	用于加工淬火钢、未淬火钢、铸铁等，不宜加工有色金属
IT7～IT6	0.1～0.008	（钻）—粗镗—粗磨—精磨—珩磨（研磨）	
IT7～IT6	0.4～0.2	（钻）—粗镗—半精镗—精镗—精细镗	用于加工有色金属

（三）平面加工方法的选择

确定平面的加工方案，除了根据精度和表面粗糙度外，还应考虑零件的结构、生产批量等因素。平面的加工方案见表 5-5。

表 5-5　平面加工方案

加工精度	表面粗糙度 $R_a/\mu m$	加　工　方　案	适　用　范　围
IT12～IT10	50～12.5	粗铣（粗刨）	用于加工未淬火低精度平面
IT9～IT8	6.3～0.8	粗车—精车（或磨削）	用于加工回转体零件的端面
IT10～IT8	6.3～1.6	粗铣（粗刨）—精铣（精刨）	用于加工未淬火钢、铸铁、有色金属等
IT7～IT6	0.8～0.4	粗铣（粗刨）—精铣（精刨）—宽刃精刨（刮研）	
IT6～IT5	0.8～0.1	粗铣（粗刨）—精铣（精刨）—（粗磨）—精磨	用于加工淬火钢、未淬火钢、铸铁等，不宜加工有色金属
IT7～IT6	0.8～0.2	粗铣—拉削	大批大量生产除淬火钢的金属

三、典型零件机械加工工艺过程的制定

如图 5-65 所示的传动轴，单件小批生产，材料为 45 钢，要求硬度为 35HRC，采用 ϕ60mm× 194mm 的圆钢为毛坯，ϕ56mm 轴段需安装齿轮，齿轮和轴用键连接，两个 ϕ36mm 轴段安装于箱体的轴承孔中。所以，轴上的 ϕ56mm 和 ϕ36mm 轴段为主要表面，要求较高。

分析轴的结构、加工精度、表面粗糙度和热处理等要求，主要表面应采用粗车→半精车→磨削的加工方案；轴上的键槽可以用键槽铣刀在立式铣床上铣出，安排在半精加工之后；热处理安排于半精加工之后精加工之前进行。

为保证各表面之间的位置精度，精加工采用双顶尖安装，所以在磨削之前要进行研磨中心孔。表 5-6 为传动轴的机械加工工艺过程。

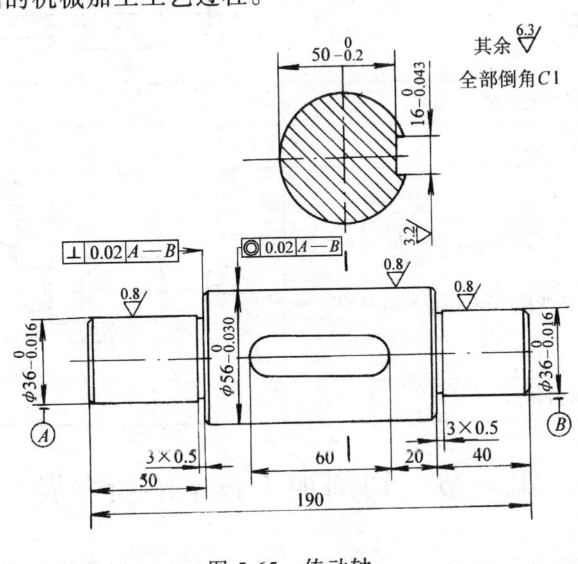

图 5-65　传动轴

表 5-6　传动轴的机械加工工艺过程

工序号	工种	工　序　内　容	加　工　简　图	加工设备
1	下料	$\phi60\times194$		锯床
2	车	(1) 车一个端面，钻中心孔 (2) 车另一个端面至 190，钻中心孔 (3) 粗车一端 $\phi56\times142$ 和 $\phi36\times40$ 外圆 (4) 半精车外圆分别至 $\phi56.4^{+0.1}_{0}\times142$ 和 $\phi36.4^{+0.1}_{0}\times40$ (5) 切槽至 $\phi35\times3$ (6) 倒角至 $1.2\times45°$ (7) 调头粗车、半精车外圆至 $\phi36.4^{+0.1}_{0}\times50$ (8) 切槽至 $\phi35\times3$ (9) 倒角至 $1.2\times45°$	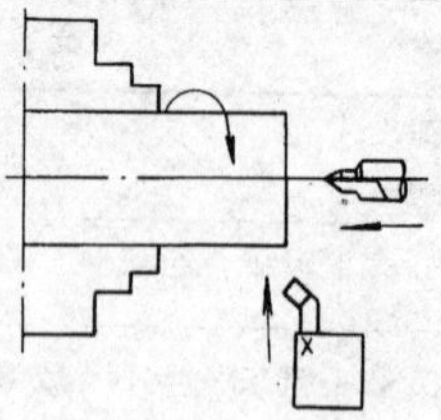 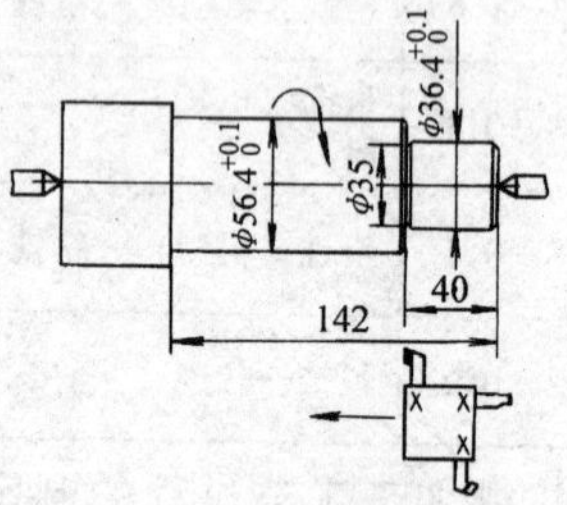 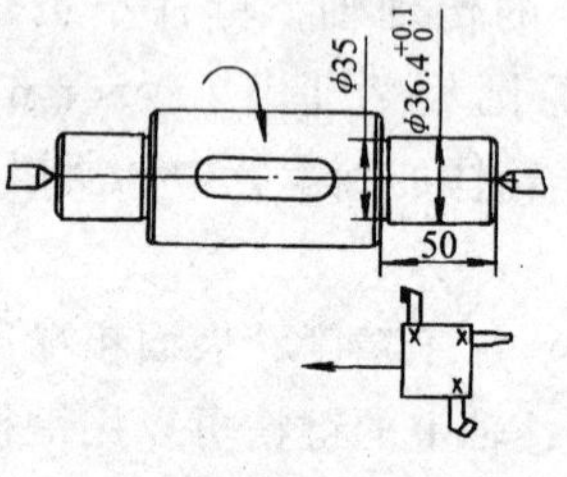	普通车床
3	铣	铣键槽至 $16_{-0.043}^{0}\times60$ 并保证位置尺寸 20	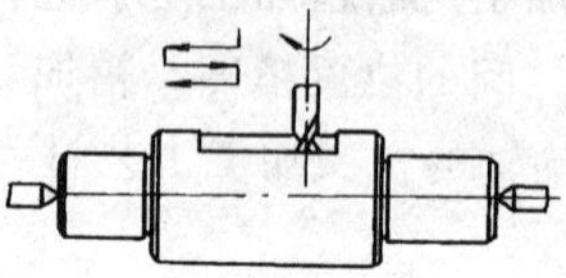	铣床
4	热处理	调质使硬度达到 35HRC		
5	钳工	研磨中心孔		钻床
6	磨	(1) 磨 $\phi36_{-0.016}^{0}\times50$ 和 $\phi56_{-0.030}^{0}$ 外圆 (2) 调头磨 $\phi36_{-0.016}^{0}\times40$ 外圆	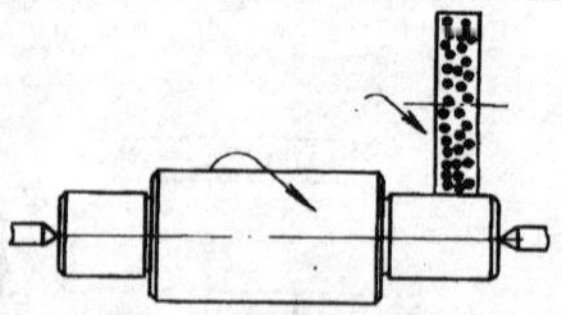	外圆磨床
7	检验	按零件图检验		

第八节　切削加工技术的新发展

20 世纪以来，随着科学技术的迅猛发展，社会对机械产品提出了越来越高的要求。零件的强度、硬度越来越高；产品逐渐向小型化和精密化发展；产品的集成化，又使零件的形状越来越复杂。这样，切削加工对刀具要求更高，同时提出了微细加工的要求，产品制造的自动化程度也更高。

一、刀具材料的新发展

刀具的材料、结构和几何形状是决定刀具切削性能的三个要素，而刀具材料的性能起着关键性的作用。难加工材料的出现、先进的制造系统、超高速切削和超精密加工都对刀具提出了更高的要求。

1．高速工具钢　在高速工具钢中加入钴元素，如美国的M42和瑞典的HSP-15，形成了新型的高速工具钢，钴能提高其淬火温度，增强二次淬火效果，提高了高温硬度。但钴价格昂贵，我国钴资源匮乏，因而研制了无钴或少钴的超硬高速工具钢，如：Co5Si、Co3N、501、V3N。

用粉末冶金的方法制造高速工具钢，可消除成分偏析，硬度和韧性都优于用传统的熔炼高速工具钢，适当提高钒的含量，刃磨性也较好。

用物理的气相沉积法（PVD）在高速工具钢基体上涂覆耐磨材料薄层，可大大提高刀具寿命和已加工面质量，降低切削力。

2．硬质合金　新型的硬质合金主要有：

（1）在硬质合金中加入TaC和NbC，可提高其常温硬度和高温的强度、硬度，细化晶粒，提高抗扩散、抗氧化和抗塑性变形的能力。

（2）细晶粒和超细晶粒硬质合金，其硬度和耐磨性较普通硬质合金高，适当增加钴含量还可以提高抗弯强度。

（3）TiC基和Ti（C，N）基硬质合金，与WC基硬质合金相比，其密度小，硬度更高，切削钢材时摩擦因数小，抗粘结和抗扩散的能力较强，只是强度和韧性较差。主要用于加工未淬火的钢材。

（4）添加稀土元素的硬质合金，如添加少量钇、铈等稀土元素，可大大提高合金的韧性和抗弯强度，耐磨性也有所提高。

（5）表面涂层硬质合金，是用化学气相沉积（CVD）或PVD等方法，在硬质合金刀片表面涂覆TiC、TiN、Ti（C_1N）、Al_2O_3 等薄层，可提高刀具的寿命，减小切削力，提高已加工面的质量。

（6）梯度硬质合金，各层材料可根据需要而加以调节。

3．金刚石和立方氮化硼（CBN）等超硬刀具材料　金刚石刀具能对有色金属及其合金、陶瓷、硬质合金、各种纤维和颗粒加强的复合材料、塑料、橡胶等非铁合金和非金属材料进行加工和超精密加工。

金刚石刀具材料主要有：天然金刚石（ND）、人造聚晶金刚石（PCD）、人造聚晶金刚石复合片（PCD/CC）、金刚石薄膜涂层刀具（CD）、金刚石厚膜刀具（TFD）等。

立方氮化硼（CBN）是以立方氮化硼为原料，经高温压制成聚晶（CBN）或复合片（CBN/CC）。主要用于加工淬硬钢、高硬度铸铁及其它硬金属和非金属材料。

二、制造自动化技术的新发展

随着电子和信息技术的飞速发展，特别是计算机的广泛应用，目前自动化的概念不仅包括用机器代替人的体力和脑力劳动，而且包括人和机器及制造过程的控制、管理和协调优化，使产品的加工实现高效、优质、低耗、及时和洁净。制造自动化已从适应于大批量生产的刚性自动化（自动机床和自动生产线），到适用于单件及中小批生产的数控加工、柔性制造，直至计算机集成制造、智能制造、敏捷制造、虚拟制造、网络化制造、全球制造和绿色制造。

1. 柔性制造　强调制造过程的柔性和高效率，适用于单件及中小批量生产。包括成组技术（GT）、计算机数控（DNC）、柔性制造单元（FMC）、柔性制造系统（FMS）、柔性加工线（FML）以及计算机控制与通信网络等内容。

2. 集成制造　包括制造系统内部的信息集成和功能集成，将逐步发展到产品整个开发制造过程的集成以及全球制造的全局集成阶段。

3. 智能制造　是人类专家和智能机器共同组成的人机一体化系统，在制造过程中能进行分析、推断、构思、决策等智能活动。通过人和机器共同合作，扩大、延伸和部分取代人的脑力劳动，实现制造过程的优化。

4. 敏捷制造　其重要组成部分是制造环境和制造过程的敏捷化，主要包括机器、工艺等的柔性，重构能力以及快速化的集成制造工艺等。

5. 虚拟制造　是以制造技术和计算机支持的系统建模技术和仿真技术为基础，集现代制造工艺、计算机图形学、并行工程、人工智能和人工实现技术等多种高新技术为一体，由多学科知识形成的一种综合系统技术。它将实现制造环境及其制造过程通过建立系统模型映射到计算机及其相关技术所支撑的虚拟环境中，在虚拟环境下模拟实现制造环境及其制造过程的一切活动和产品的制造全过程，并对产品及制造系统的行为进行预测和评价。

6. 绿色制造　是一个综合考虑环境影响和资源效率的现代制造模式，其目标是使产品从设计、制造、包装、运输、使用到报废处理的整个产品生命周期中，对环境的影响最小，资源效率最高。

7. 网络化制造　是基于网络的制造，包括制造环境内部的网络化、制造环境与整个制造企业的网络化、企业间的网络化以及异地设计与制造等。

8. 全球制造　主要包括市场的国际化、产品设计和开发的国际合作，产品制造的跨国化、制造企业在世界范围内的重组与集成、制造资源的跨地区、跨国家的协调、共享和优化利用等。

复习思考题

1. 试述主运动和进给运动的定义，并分析车削、钻削、刨削、铣削、磨削加工的主运动和进给运动。
2. 切削用量三要素指的是什么？在进行粗加工和精加工时，切削用量分别是如何选取的？
3. 刀具材料应具备哪些性能？常用的刀具材料有哪几种？试述每种常用刀具材料的应用范围。
4. 车刀切削部分的结构要素有哪些？分别是如何定义的？
5. 刀具有哪些主要角度？各角度对切削加工有何影响？如何合理选取？
6. 常用的量具有哪几种？
7. 车床由哪几部分组成？各有什么作用？
8. 车床上能加工哪些表面？各用什么刀具？
9. 车床上安装工件有哪些方法？如何选用？
10. 除卧式车床外，还有哪三种常见的车床？各有什么特点和应用？
11. 铣削时刀具和工件作哪些运动？铣削用量如何定义？铣床上能加工哪些表面？
12. X6132 卧式万能升降台铣床主要由哪几部分组成？各有何功用？与卧式升降台铣床有何区别？

13. 铣床上工件的装夹方法有哪几种?

14. 试述分度头的工作原理。如果在铣床上铣 26 个齿的齿轮，用简单分度法应怎样分度?

15. 牛头刨床主要由哪几部分组成?各有何功用?

16. 刨刀为什么往往作成弯头的?

17. 试比较龙门刨床和牛头刨床在切削运动、加工范围等方面的异同点。

18. 外圆磨床由哪几部分组成?各有何功用?与万能外圆磨床的主要区别是什么?

19. 磨削加工的主要特点是什么?

20. 铣削、刨削和磨削加工时所能达到的尺寸精度各为多少?表面粗糙度值各为多少?

21. 砂轮与其它切削刀具有何不同?砂轮的特性是由哪些因素决定的?如何选择?

22. 零件机械加工工艺过程制定的一般步骤是什么?

第六章　钳　　工

目的和要求

1. 了解钳工工作在机械制造和维修中的作用。
2. 掌握锯削、锉削和钻孔的基本技能。了解划线、攻螺纹、套螺纹的方法。
3. 了解钻床的大致结构和操作方法。
4. 了解装配的基本知识。

安全技术

1. 工件必须牢固地夹在台虎钳上。松卸工件时，注意避免工件跌落伤人、伤物。
2. 不可使用没有手柄或手柄松动的锉刀与刮刀，必须将手柄撞紧后方能使用。
3. 不得用手剔除锉刀齿间的切屑，也不可用嘴去吹，而应用锉刷剔除。
4. 使用小锤时应检查锤头是否安装牢固，以免锤头脱落伤人。
5. 使用手锯锯割时，不可用力重压或扭转锯条。材料将锯断时，应轻轻锯割。
6. 铰孔或攻螺纹时，不可用力过猛，以免折断铰刀或丝锥。
7. 禁止用一种工具代替另一种工具使用，以防工具损坏。
8. 禁止用手握住工件进行钻孔，必须把工件紧固在夹具上或工作台上。

第一节　概　　述

钳工是一般在钳台上以手工工具为主，对工件进行的各种加工方法。基本操作有划线、錾削、锯削、锉削、钻孔、铰孔、攻螺纹、刮削、研磨等。

钳工应用范围如下：

(1) 零件加工前的准备工作，如清理毛坯，在工件上划线等。

(2) 完成一般零件的某些加工工序，如钻孔、攻螺纹、去毛刺等。

(3) 进行某些精密零件的加工，如配刮、研磨、锉制样板和制作模具等。

(4) 装配、调整和修理机器等。

钳工所用工具简单、操作灵活，可以完成机械加工不便或难以完成的工作，它是机械制造和修配工作中不可缺少的重要工种，但劳动强度大，技术要求高，生产率低。随着科学技术的发展和进步，钳工操作机械化程度和生产效率将会不断提高。

第二节　钳工的基本操作

一、划线

划线是在毛坯或工件上，用划线工具划出待加工部位的轮廓线或作为基准的点线。它直接影响零件的加工质量和生产效率。

（一）划线的作用

（1）划出清晰的界线，作为工件安装和加工的依据。

（2）检查毛坯的形状和尺寸是否合乎要求，剔出不合格的毛坯。

（3）合理分配表面加工余量和确定孔的加工位置。

（二）划线的种类

1. 平面划线　在工件的一个平面上划线，如图 6-1 所示。

2. 立体划线　在工件的三维方向上划线，如图 6-2 所示。

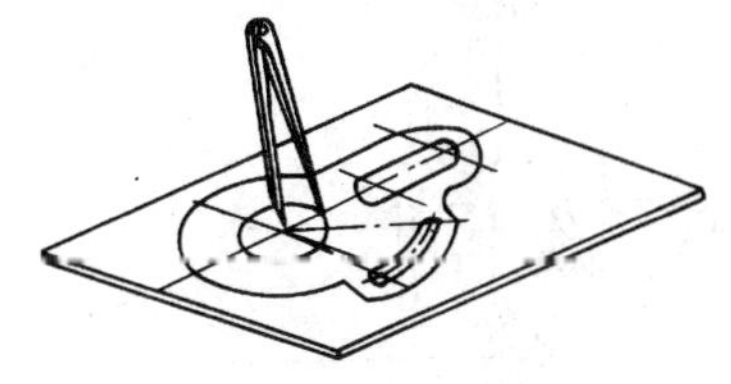

图 6-1　平面划线

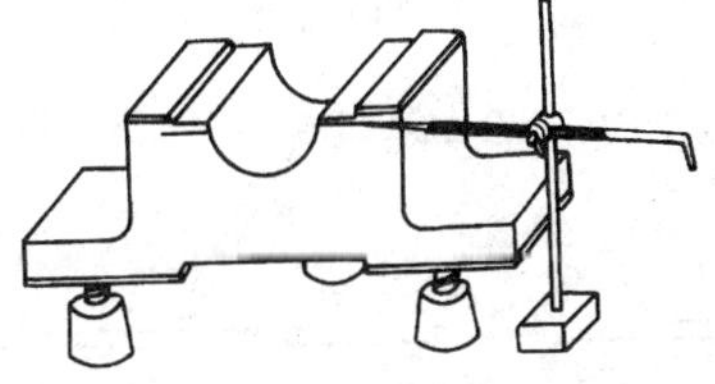

图 6-2　立体划线

（三）划线工具

1. 划线平板　经过精刨和刮削加工的铸铁平板，它的上表面是划线的基准面，如图 6-3 所示。

2. 方箱　用于划线时夹持较小工件。方箱的各相邻表面均互相垂直。通过在平板上翻转方箱，可以在工件表面上划出相互垂直的线来，如图 6-4 所示。

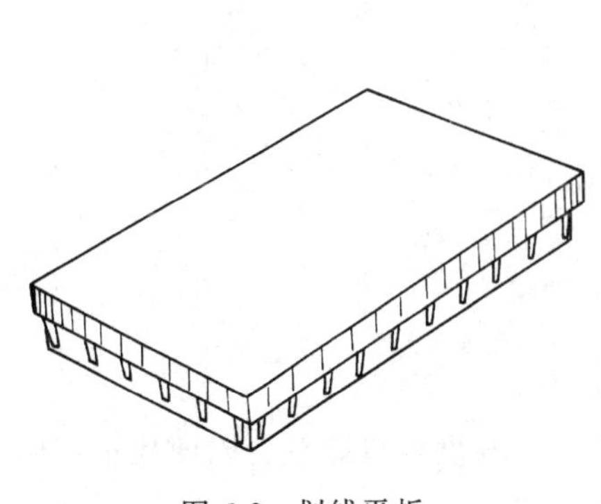

图 6-3　划线平板

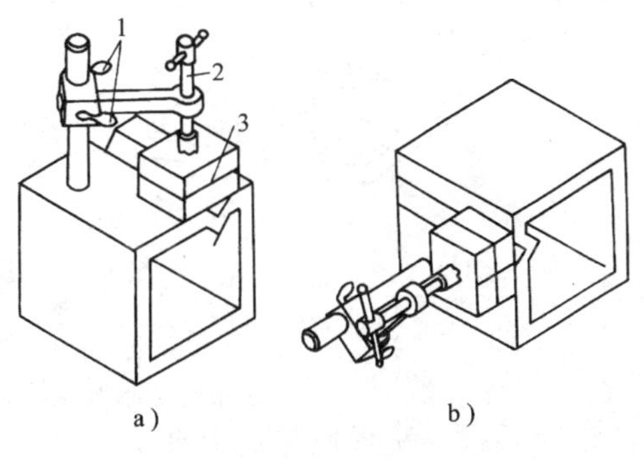

图 6-4　方箱

a）将工件压紧在方箱上，划出水平线

b）方箱翻转 90°划出垂直线

1—紧固手柄　2—压紧螺栓　3—划出的水平线

3. 90°角尺　如图 6-5 所示。

4. 划针、划规、游标高度尺、样冲

（1）划针是用以在工件上划线的工具。划针尖端须淬硬，其正确用法如图 6-6 所示。

（2）游标高度尺是立体划线的主要工具，它是精密量具，用于半成品上已加工面的划线，如图 6-7 所示。

（3）划规是圆规式划线工具。它用于划圆或量取尺寸，如图 6-8 所示。

（4）样冲是用以在工件上打出样冲眼的工具。打出样冲眼就可固定工件上已画的线条。样冲的用法如图 6-9 所示。

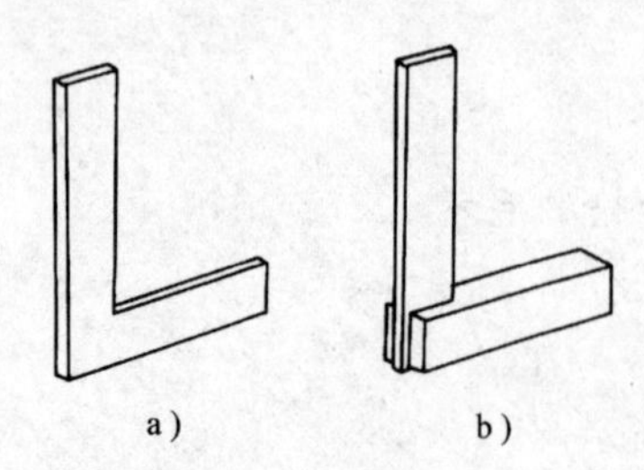

图 6-5　90°角尺

a) 扁直尺　　b) 宽座直尺

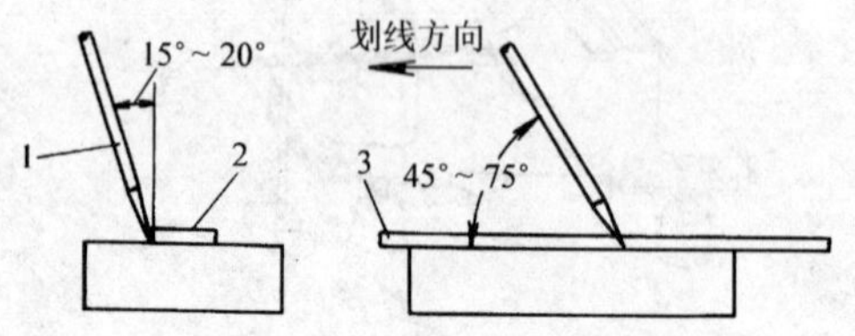

图 6-6　划针的使用

1—划针　2、3—钢直尺

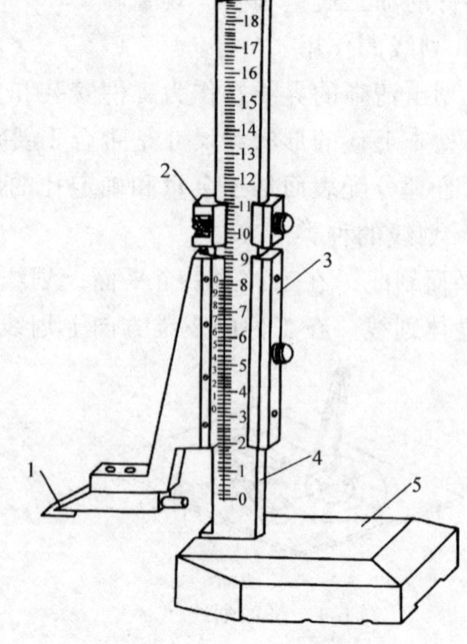

图 6-7　游标高度尺

1—划线量爪　2—辅助游框　3—游框　4—主尺　5—基座

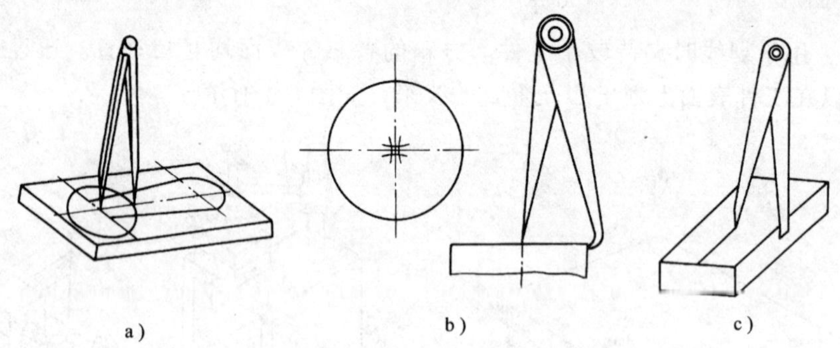

图 6-8　划规与划卡的使用

a) 用划规划圆　b) 用划卡定中心　c) 用划卡划直线

5. 千斤顶、V 形铁与 C 形夹

(1) 千斤顶用在平板上支承较大或不规则的工件，其高度可以调整，以便找正工件。其结构如图 6-10 所示。用千斤顶支承工件如图 6-2 所示。

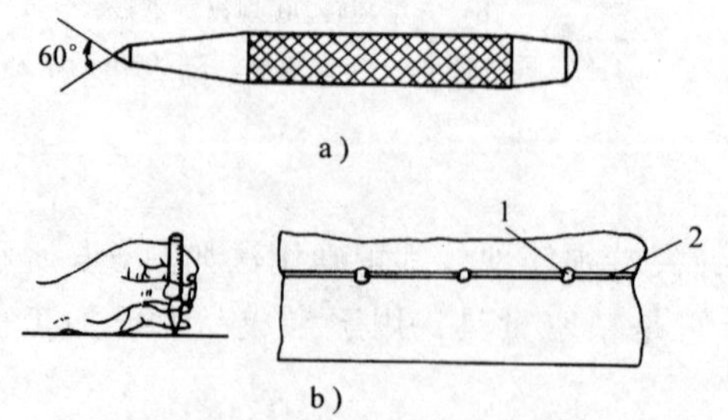

图 6-9　在线段上冲样冲眼

a) 样冲　b) 冲样冲眼

1—样冲眼　2—线段

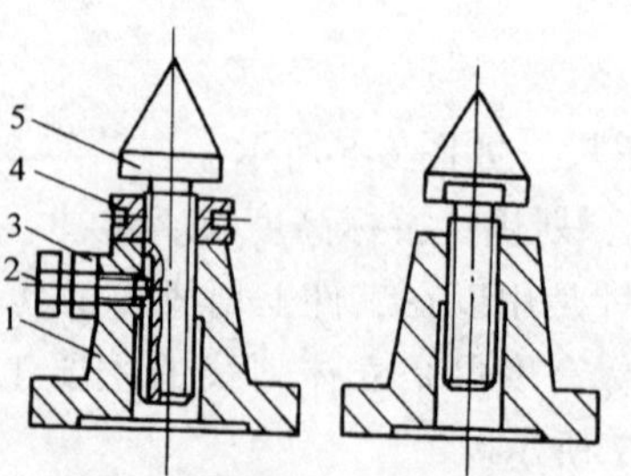

图 6-10　千斤顶

1—底座　2—螺钉　3—锁紧螺母

4—螺母　5—螺杆

(2) V 形铁用于支承圆柱形工件，使工件轴线与平板平行。如图 6-11 所示。

(3) C 形夹用于划线时夹紧工件，它由 C 形支架和螺杆两部分组成。如图 6-12 所示。

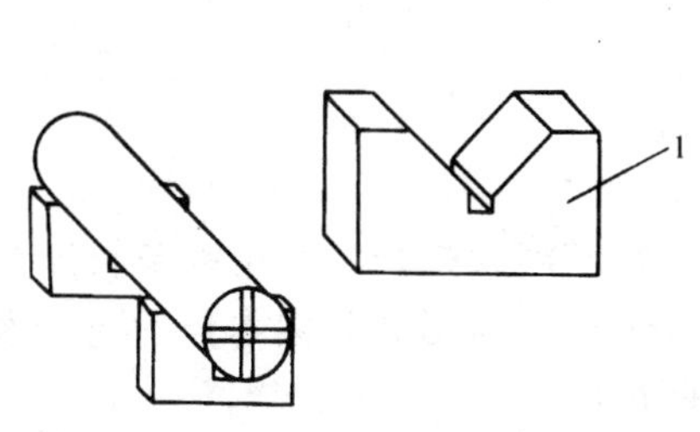

图 6-11　用 V 形铁支承工件
1—V 形铁

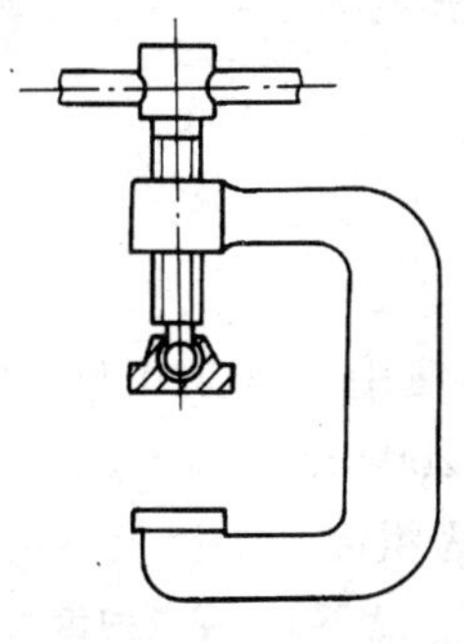

图 6-12　C 形夹

(四)划线基准

基准是用来确定生产对象上几何要素间的几何关系所依据的那些点、线、面。作为划线依据的基准称为划线基准。

1. 毛坯划线基准的选择

(1) 一般以不加工表面为基准。

(2) 毛坯上有两个平行的加工面或圆孔，应以它们的对称中心面为基准，以保证加工后工件尺寸对称。

(3) 毛坯上所有平面都加工，应选择加工余量较小或精度要求较高的平面为基准。

(4) 毛坯若有孔或凸台时，应以它们的中心线为基准。

毛坯的划线基准叫划线粗基准，只能在一次划线时用。工件加工后就不能再以它为基准了，应选择已加工面为划线光基准。

2. 半成品划线基准的选择　半成品划线应选择已加工表面为基准，如图 6-13 所示。

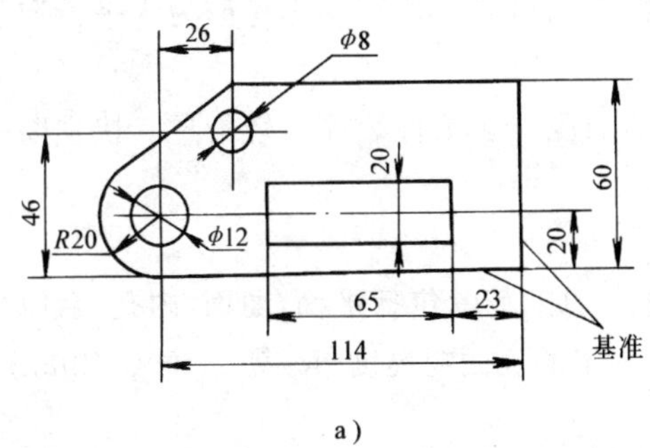

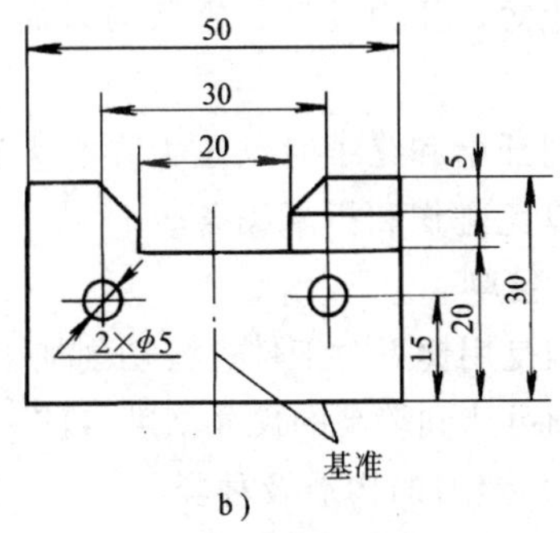

图 6-13　划线基准
a) 以相互垂直面为基准　b) 以一个平面和一个中心线为基准

二、锯削

锯削是用锯对材料或工件进行切断或切槽等的加工方法。

(一) 手锯的构造

手锯由锯弓和锯条组成。

1. 锯弓　锯弓是用来夹持和拉紧锯条的工具，如图 6-14 所示。

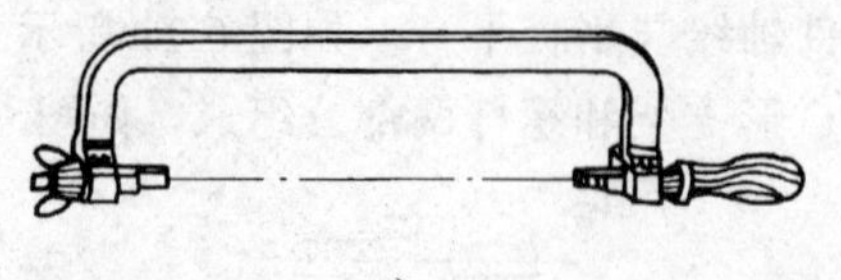
a)

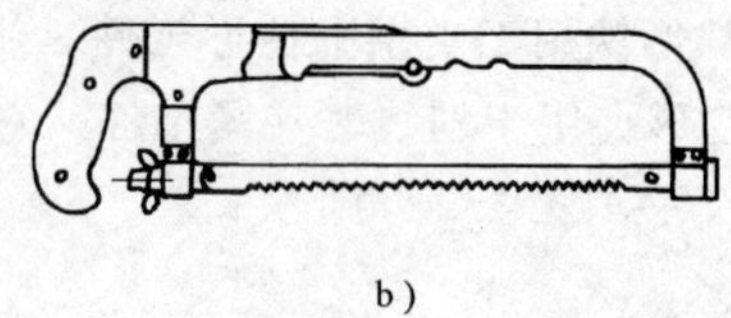
b)

图 6-14　手锯

a）固定式　b）可调节式

2．锯条及其使用　锯条由碳素工具钢制成，并经淬火处理。常用锯条长度为 300mm（也有 250mm 和 200mm），宽为 13mm，厚为 0.6mm。锯齿形状如图 6-15 所示。锯条按齿距的大小，可分为粗齿、中齿及细齿，其用途见表 6-1。

表 6-1　锯条的齿距及用途

锯齿粗细	每 25mm 长度内含的齿数	用　　途
粗齿	14～18	铜、铝等软金属及厚工件
中齿	24	加工普通碳素钢、铸铁及中等厚度工件
细齿	32	硬钢、板料及薄壁管子

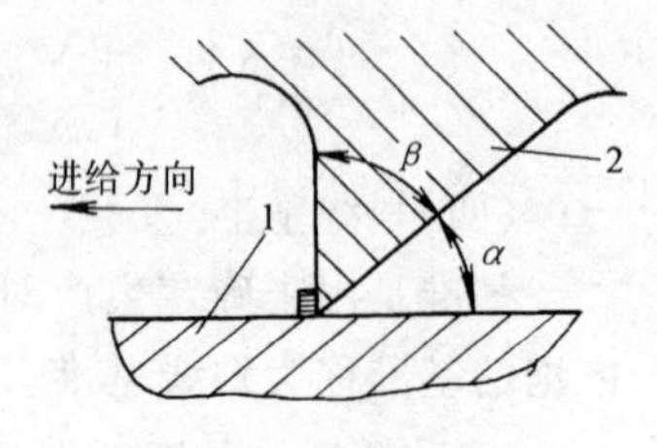

图 6-15　锯齿形状

1—工件　2—锯条

α—后角　β—楔角

（二）锯削方法

1．锯条安装　根据工件材料及厚度选择合适的锯条，安装在锯弓上，锯齿应向前，松紧应适当，见图 6-14。

2．工件安装　工件伸出台虎钳钳口不宜过长，以防止锯削时产生振动。工件应夹在台虎钳的左边，锯线应和钳口边沿平行。

3．锯削过程　以左手拇指靠住锯条，右手稳推手柄，起锯角度约为 10°～15°。锯弓往复行程应短，压力要轻，锯条与表面垂直，锯出锯口后，逐渐将锯弓改为水平方向且加大往复行程。

锯削开始和终了时，压力要小。返回时不加压，从工件表面轻轻滑过。快锯断时，用力要轻，以免碰伤和折断锯条。

三、锉削

锉削是用锉刀对工件进行切削加工的方法。加工范围包括平面、曲面、内孔、台阶面及沟槽等。锉削可达到较高的尺寸精度（IT7～IT8）和一定的表面粗糙度（R_a 为 2.5～0.63μm）。

（一）锉刀的构造及种类

1．锉刀的构造　锉刀各部分名称如图 6-16 所示。锉刀用碳素工具钢制成后，经淬火硬化，齿纹交叉排列，锉齿形状如图 6-17 所示。

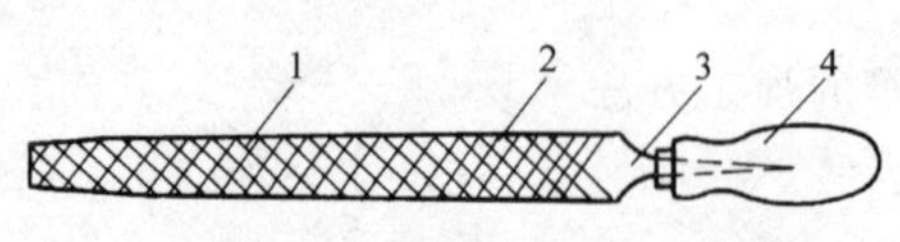

图 6-16　锉刀各部分名称

1—锉面　2—锉边　3—锉尾　4—锉柄

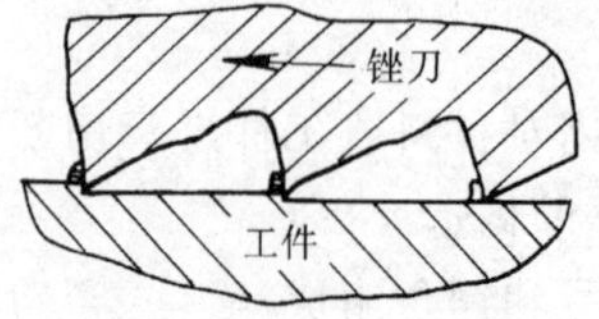

图 6-17　锉齿形状

锉刀的规格以工作部分长度表示。分 100mm、150mm、200mm、250mm、300mm、350mm、400mm，等七种。

2. 锉刀的种类及选用 按锉齿齿距可分为粗齿锉、中齿锉、细齿锉和油光锉等，其各自的特点及应用见表 6-2。

表 6-2 锉刀刀齿粗细的划分及特点和应用

锉齿粗细	齿数（10mm 长度内）	特点和应用
粗齿	4～12	齿距大，不易堵塞，适宜粗加工或锉铜、铝等有色金属
中齿	13～23	齿距适中，适于粗锉后加工
细齿	30～40	锉光表面或锉硬金属
油光锉	50～62	精加工时修光表面

按锉刀截面形状可分为平锉、半圆锉、方锉、三角锉和圆锉等，其形状及用途如图 6-18 所示。其中以平锉用得最多。

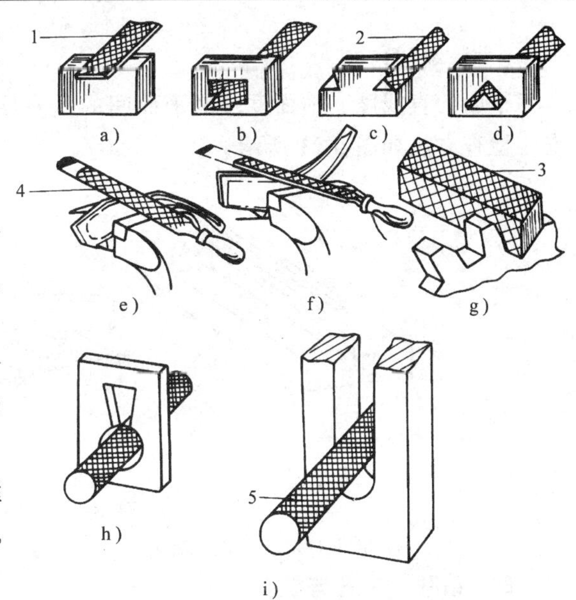

图 6-18 锉刀形状及用途

a)、b) 用平锉锉平面 c)、d) 用三角锉锉内角 e)、f) 用半圆锉锉曲面 g) 用方锉锉内角 h)、i) 用圆锉锉圆孔

1—平锉 2—三角锉 3—方锉 4—半圆锉 5—圆锉

（二）各种表面锉削方法

1. 锉平面方法

(1) 顺锉：如图 6-19a 所示，向同一方向锉削，可得到同一方向锉痕，整齐美观。适合锉削不大的平面和最后精锉。

(2) 交叉锉：如图 6-19b 所示，从两个交叉方向上交替锉削，适合于较大平面的粗加工。

(3)推锉：如图 6-19c 所示，双手对称横握锉刀，沿工件长度方向推动锉刀，进行锉削。适合于锉削狭长平面和修正工件尺寸。

2. 锉削外、内圆弧面方法 锉削外、内圆弧面一般采用滚锉法。锉外圆弧面时，锉刀在作前进运动的同时，还需绕工件中心摆动，如图 6-20a 所示。锉内圆弧面时，锉刀要同时完成前进、向左或右移动和自身的转动

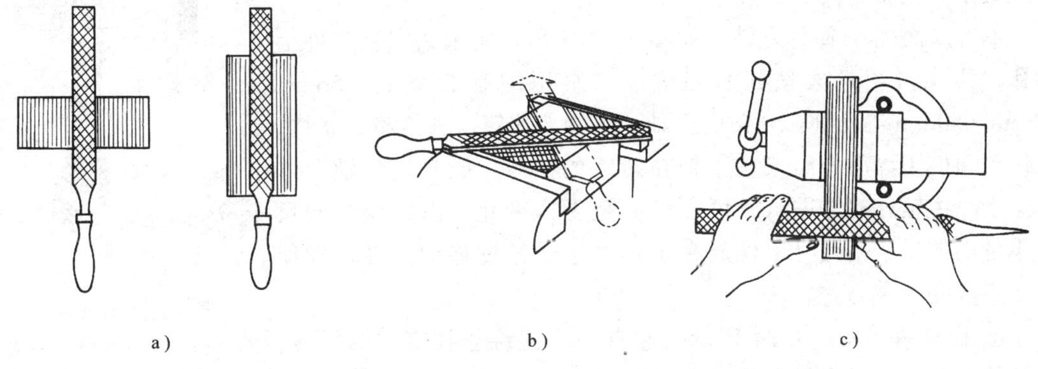

图 6-19 平面锉削方法

a) 顺锉法 b) 交叉锉法 c) 推锉法

等三个运动，如图 6-20b 所示。

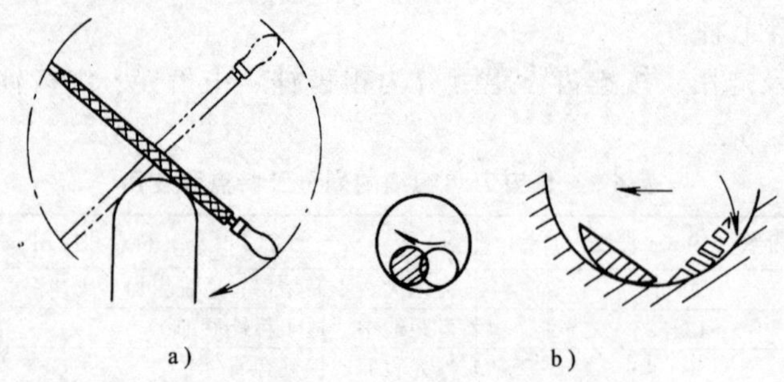

图 6-20　圆弧面锉削方法

a）锉削外圆弧面　b）锉削内圆弧面

（三）锉削检验

平面的直线度、平面度及两平面间的垂直度可用刀口形直尺、90°角尺等用透光法来检查。检查方法如图 6-21 所示。

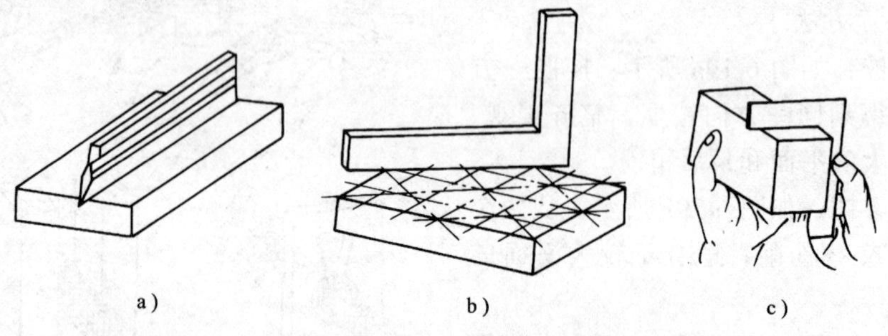

图 6-21　平面的检验

a）用刀口形直尺检验平面度　b）用 90°角尺检验平面度　c）用 90°角尺检验垂直度

四、钻孔、扩孔与铰孔

钳工加工孔的方法有钻孔、扩孔和铰孔等。这些孔加工方法最常用的机床是钻床。

（一）钻床

1. 台式钻床　台式钻床简称台钻，如图 6-22 所示，主要用于小型工件上的各种孔加工，其钻孔直径在 12mm 以下。主轴回转为主运动，主轴轴向送进为进给运动。

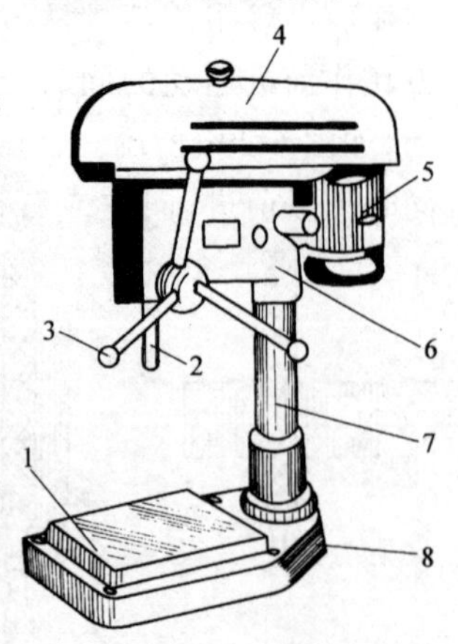

图 6-22　台式钻床

1—工作台　2—主轴　3—进给手柄　4—带罩　5—电动机　6—主轴架　7—立柱　8—机座

2. 立式钻床　简称立钻，如图 6-23 所示，用来钻中型工件上的孔，其规格用最大钻孔直径表示，常用的有 25mm、35mm、40mm、50mm 等几种。立钻由主轴、主轴变速箱、进给箱、立柱、工作台和机座等部分组成。主轴在转动的同时，能自动作轴向进给运动，主轴转速与进给量可在较大范围内变化，以适应不同尺寸零件的加工。钻孔时工件放在工作台上，通过移动工件位置使钻头对准孔的中心。

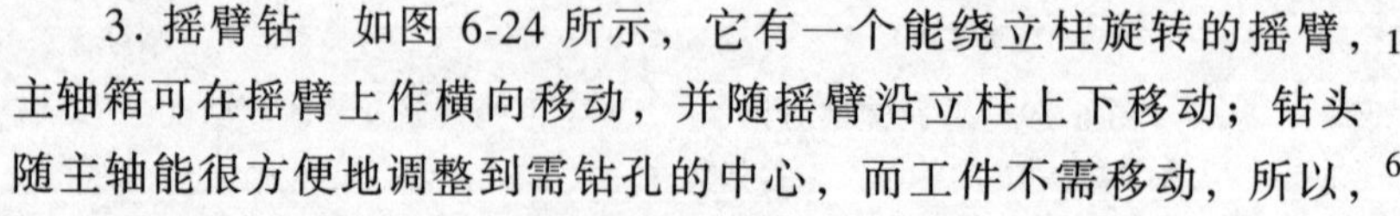

3. 摇臂钻　如图 6-24 所示，它有一个能绕立柱旋转的摇臂，主轴箱可在摇臂上作横向移动，并随摇臂沿立柱上下移动；钻头随主轴能很方便地调整到需钻孔的中心，而工件不需移动，所以，

它适用于钻削大型工件和多孔工件，在单件和成批生产中广泛使用。

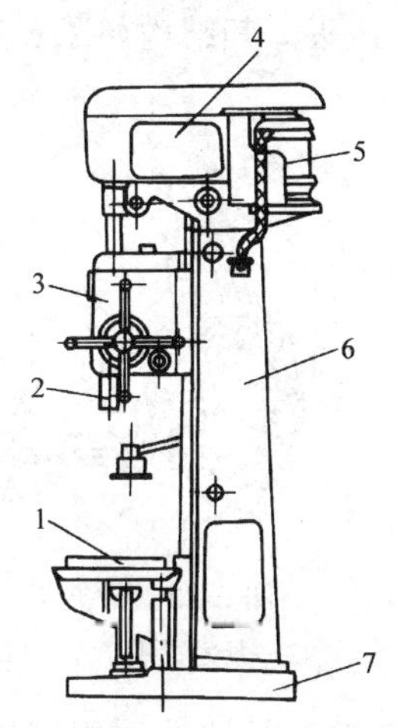

图 6-23　立式钻床

1—工作台　2—主轴　3—进给箱

4—主轴变速箱　5—电动机

6—立柱　7—机座

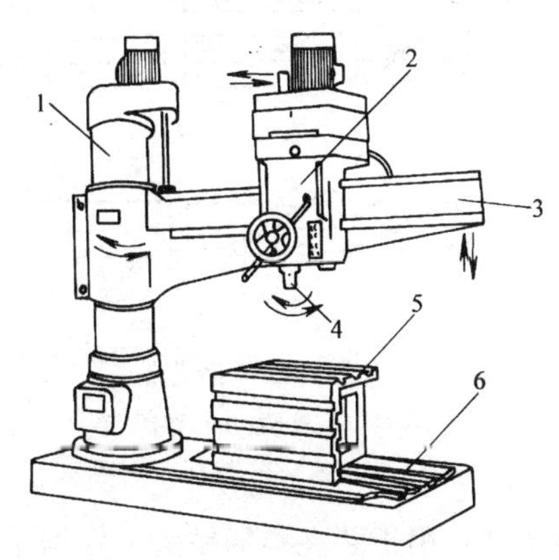

图 6-24　摇臂钻床

1—立柱　2—主轴箱　3—摇臂

4—主轴　5—工作台　6—机座

4．手电钻　如图 6-25 所示，在不便于用钻床钻孔且钻孔直径在 12mm 以下的情况下，常使用手电钻，它携带方便，操作灵活。

5．数控钻床　它是用数字程序控制的钻床。即把普通钻床由人工控制的各部件的运动指令，编成数字加工程序并存放在磁盘上，通过数控系统对机床加工进行自动控制，以完成工件上复杂孔系的加工。其加工精度和效率均大大提高。

（二）钻孔

钻孔是用钻头在实体材料上加工孔的方法。用钻床钻孔时，钻头旋转并作轴向移动，如图 6-26 所示。由于钻头结构上存在一些缺点，如刚性差、切削条件差，故钻孔精度低，尺寸公差等级一般为 IT12 左右，表面粗糙度值 R_a 为 12．5μm 左右。

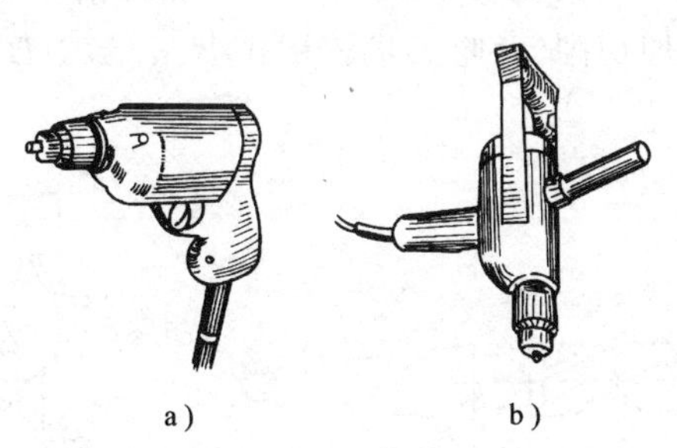

图 6-25　手电钻

a）手枪式　b）手提式

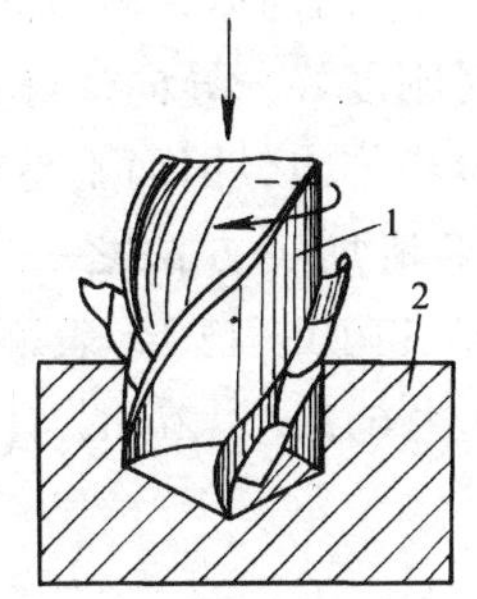

图 6-26　钻削时的运动

1—钻头　2—工件

1．钻孔工具

（1）麻花钻：是钻孔使用的主要刀具，其组成部分如图 6-27 所示。直径小于 12mm 时为直柄钻头，大于 12mm 时为锥柄钻头。钻头柄部用来装夹和传递钻孔时所需的扭矩以及钻头向下运动的轴向力。钻头有两条对称的螺旋槽，用来形成切削刃，且作输送切削液和排屑用。

(2) 钻夹头：用来夹持直径在12mm以内的直柄钻头。其结构如图6-28所示。

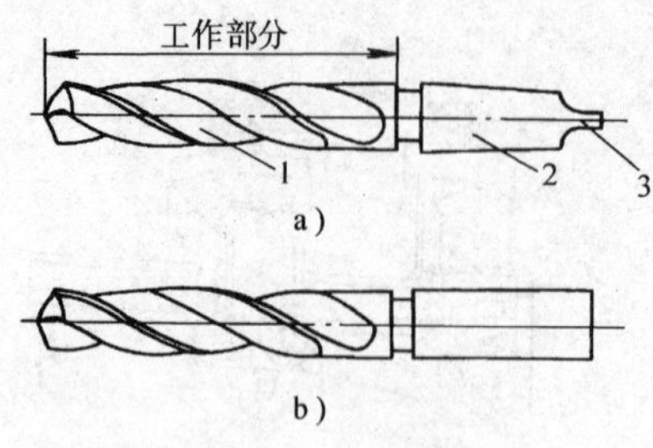

图6-27 麻花钻

a) 锥柄 b) 直柄

1—螺旋槽 2—锥柄 3—扁头

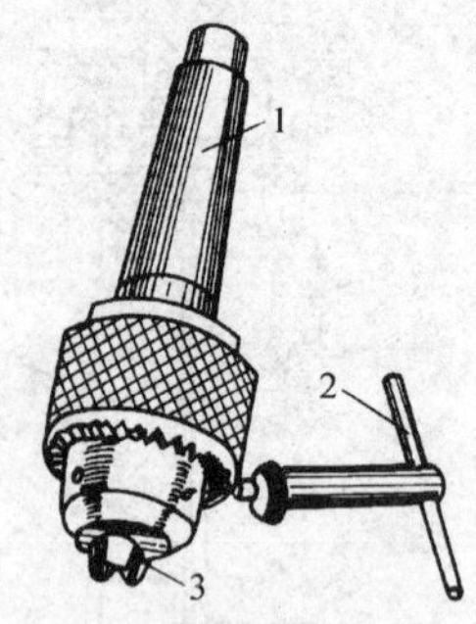

图6-28 钻夹头

1—锥柄 2—紧固扳手 3—自动定心夹头

(3)钻套：用于装夹锥柄钻头，根据钻头柄莫氏锥度的号数选用相应的钻套。钻套及其从主轴孔中拆卸的情况如图6-29所示。

2. 钻孔方法 单件小批生产时，钻孔前工件要划线定心，并冲出样冲眼。开机使钻头旋转中心对准工件上待加工孔的中心后，先试钻一个小锥坑，以便校正。用手动或自动进给进行钻削。加工硬钢材或深孔时，除使用冷却液外，还得随时退出钻头进行排屑和冷却。当孔快钻通时，宜用手动进给并减小进给量。当孔径大于30mm时，应分两次钻出，先钻一小孔(直径大于大钻头的横刃)，再用所需孔径的钻头把孔扩大，这样可提高孔的加工质量。

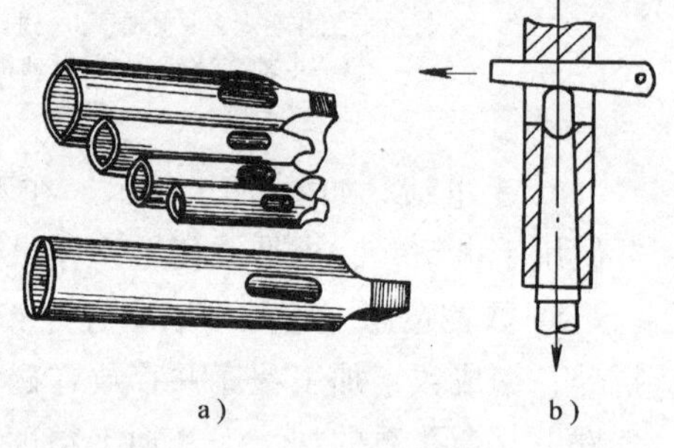

图6-29 钻套及其拆卸

a) 钻套 b) 钻头拆卸

(三) 扩孔

扩孔是用扩孔工具扩大工件孔径的加工方法。扩孔钻结构与麻花钻相似，如图6-30所示，但它有3～4个切削刃，前端平、无横刃、受力均匀、切削平稳；螺旋槽较浅，钻体粗大结实，切削时刚度好，导向性好；钻心不参加切削，背吃刀量较钻孔小($a_p=(D-d)/2$)，切屑窄而小，容易排出，因而不易划伤孔壁。

扩孔属于半精加工方法之一，其加工精度可达IT10～IT9，表面粗糙度值R_a可达6.3～3.2μm，比钻孔质量好。

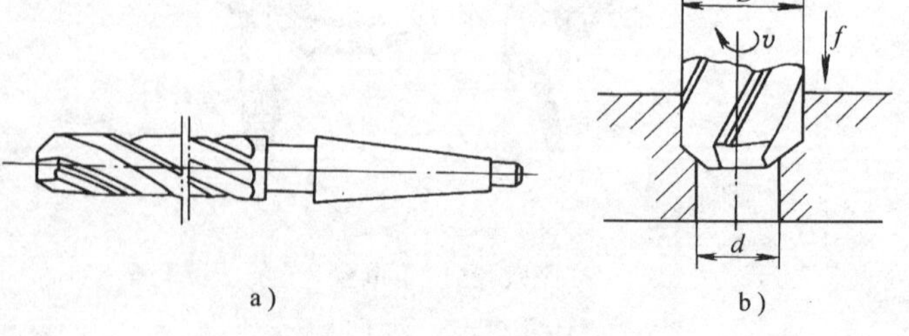

图6-30 扩孔钻与扩孔

a) 扩孔钻 b) 扩孔

(四) 铰孔

铰孔是用铰刀从工件孔壁上切除微量金属层，以提高其尺寸精度和减少表面粗糙度的方法，它可分为粗铰和精铰。精铰加工余量小，只有0.05～0.15mm，尺寸公差等级可达IT8～IT7，表面粗糙度值R_a为1.6～0.8μm，铰孔前工件一般应经过钻孔、扩孔或镗孔。

铰刀有6～12个切削刃，每个切削刃承受的切削负荷较小，顶角较小，铰孔时导向性更好,由于刃齿的齿槽很浅，铰刀横截面更大，刚度更好，故加工质量比扩孔高。铰刀可分为手用和机用两种，手用铰刀为直柄，要配以铰杆，用手工进行铰削；机用铰刀为锥柄，可装在钻床、车床或镗床上铰孔，其结构如图6-31所示，铰刀装夹方法与钻头相同。铰孔时采用较低的切削速度、较大的进给量，并加冷却液（铰铸铁件时用煤油，铰钢件时用乳化液）。机铰生产率比手铰高，但手铰比机铰的精度高，表面粗糙度值低。

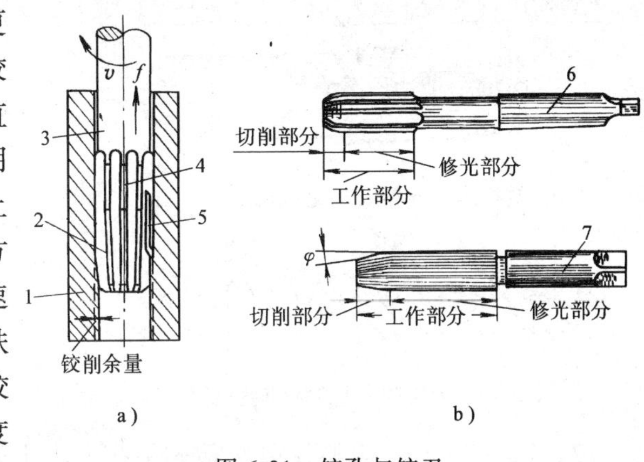

图6-31 铰孔与铰刀
a）铰孔 b）铰刀
1—工件 2—主刀刃 3—铰刀 4—修光刃
5—切屑 6—锥柄 7—直柄

图6-32所示为锥铰刀，用以铰削锥度为1∶50的定位销孔。对于直径小的锥销孔，可先按小头直径钻孔，对于直径大而深的锥孔，可先钻出阶梯孔，再用锥铰刀铰削。在铰削的最后阶段，要注意用锥销试配，检查锥孔尺寸是否合适，方法如图6-33所示。

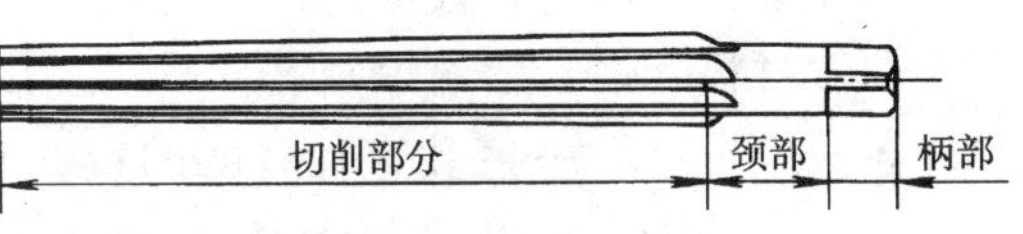

图6-32 锥铰刀

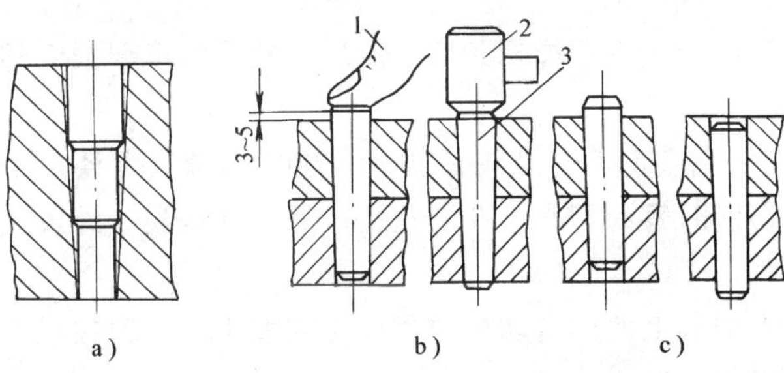

图6-33 铰锥孔及其检验
a）钻阶梯孔 b）正确 c）错误
1—手指 2—铜锤 3—锥销

五、攻螺纹与套螺纹

攻螺纹是用丝锥加工工件的内螺纹。套螺纹是用板牙或螺纹切头加工工件的外螺纹，钳工套螺纹一般只用板牙加工外螺纹。

（一）攻螺纹

1.丝锥和铰杠 丝锥是专门用于攻螺纹的刀具，其结构如图6-34所示。其工作部分是一段开槽的外螺纹，它包括切削部分和校准部分。切削部分呈圆锥形，刀刃分布在圆锥表面上，切削负荷被各刀刃分担。校准部分齿形完整，用于校准和修光已切出的螺纹，并起导向作用。丝锥有3～4条窄槽，以形成切削刃和容纳切屑。丝锥一般成组使用，M6～M24的丝锥两枚一组，分为头攻和二攻丝锥，如图6-35所示。

铰杠是扳转丝锥的工具，如图6-36所示。常用的是可调式，转动右边的手柄和螺钉，即可调整方孔大小，以便夹持各种不同尺寸的丝锥。

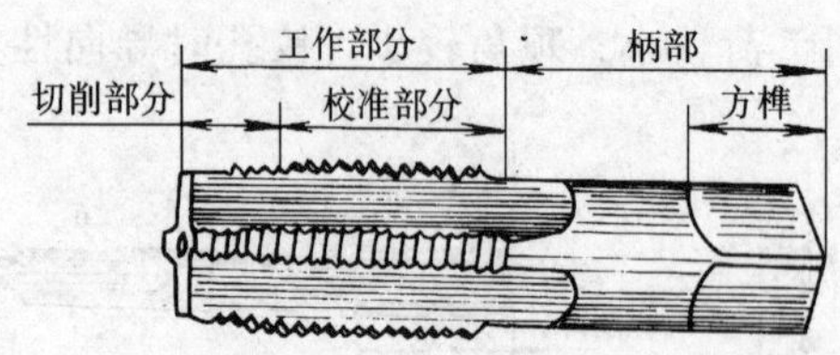

图 6-34　丝锥及其组成部分

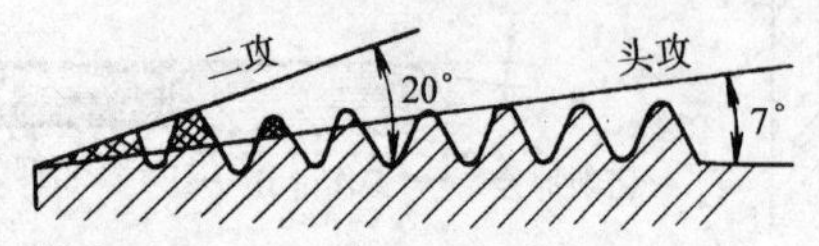

图 6-35　头攻和二攻丝锥的斜角

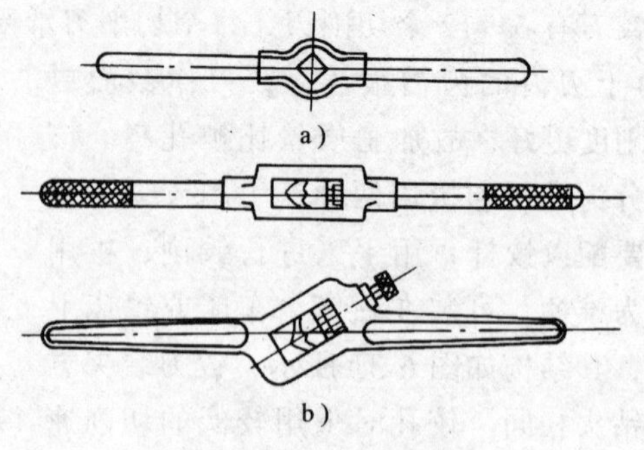

图 6-36　铰杠

a）固定铰杠　b）可调式铰杠

2. 攻螺纹方法　攻螺纹前必须先钻孔，此孔称螺纹底孔。由于丝锥工作时除了切削金属外，还有挤压作用，因此，底孔孔径应略大于内螺纹的小径。底孔的直径可查手册或按下面经验公式计算：

脆性材料（铸铁、青铜等）　　$D_0 = D - 1.1P$

塑性材料（钢、紫铜等）　　$D_0 = D - P$

各式中　D_0——底孔直径（mm）；

D——内螺纹大径（mm）；

P——螺距（mm）。

攻不通螺纹孔时，由于丝锥不能切到底，所以，钻孔深度要大于螺纹长度，其大小按下式计算：

钻孔深度 = 螺纹长度 + 0.7D（内螺纹大径）

为了使丝锥开始切削时容易切入，并防止孔口螺纹牙崩裂，螺纹底孔的孔口要倒角，攻螺纹如图 6-37 所示。

在数控机床或加工中心上使用自动可逆式攻螺纹夹头时，数控机床可将攻螺纹深度设定为可调。攻螺纹过程如图 6-38 所示。

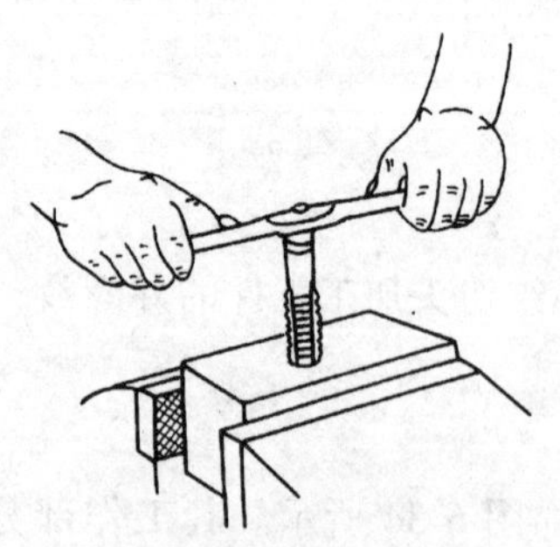
图 6-37　攻螺纹

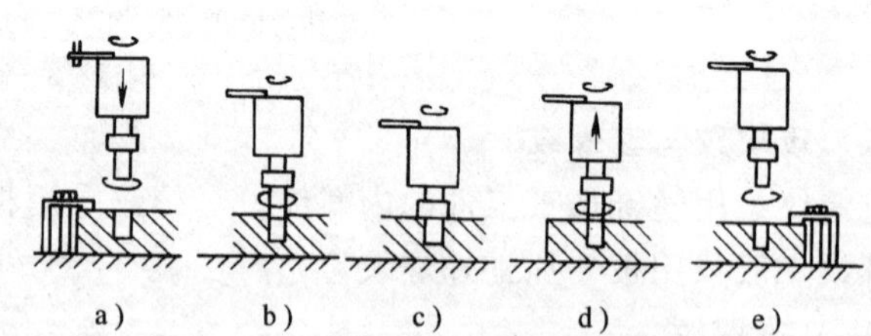

图 6-38　数控机床上切螺纹过程

a）开始　b）攻螺纹　c）到达底部　d）返回　e）完成

（二）套螺纹

1. 板牙和板牙架　板牙有固定式和开缝式（可调式）两种，如图 6-39 所示。板牙孔的两端有 30°～60°锥度部分，是板牙的切削部分，中间是校准部分。板牙需装在板牙架上才能进行工作。如图 6-40 所示。

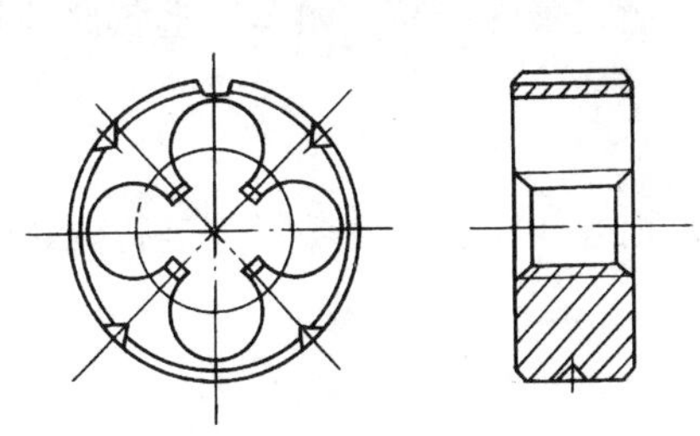

图 6-39　圆板牙

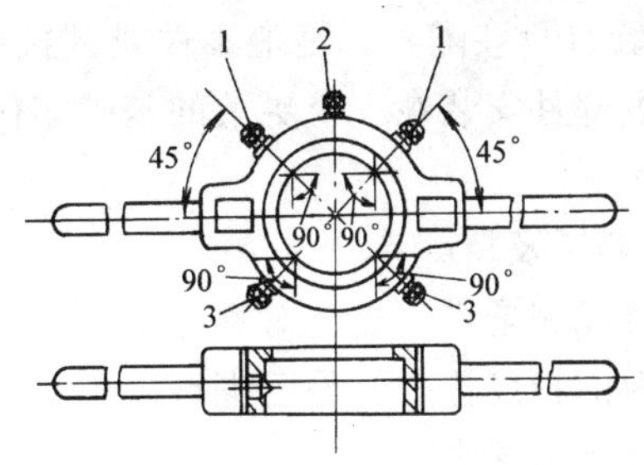

图 6-40　板牙架

1—调节螺钉　2—撑开螺钉　3—紧固螺钉

2．套螺纹方法　套螺纹前应检查圆杆直径，如果需套螺纹的圆杆直径太大，则板牙难以套入；若直径太小，套出螺纹的牙形不完整。圆杆直径可用以下经验公式计算：

$$圆杆直径 = 螺纹大径 - 0.2P(螺距)$$

待套螺纹的圆杆必须有合适的倒角，如图 6-41 所示。套螺纹如图 6-42 所示。开始转动板牙时要慢且压力要大，套入几牙后可只转动而不加压。套扣过程要经常反转，以便断屑。在钢件上套扣时，应加机油润滑。

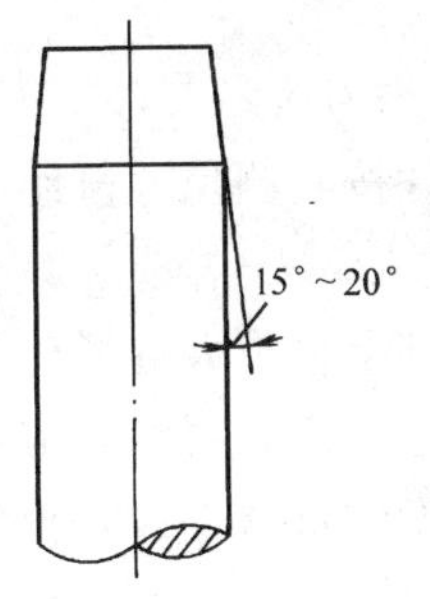

图 6-41　圆杆端部倒角

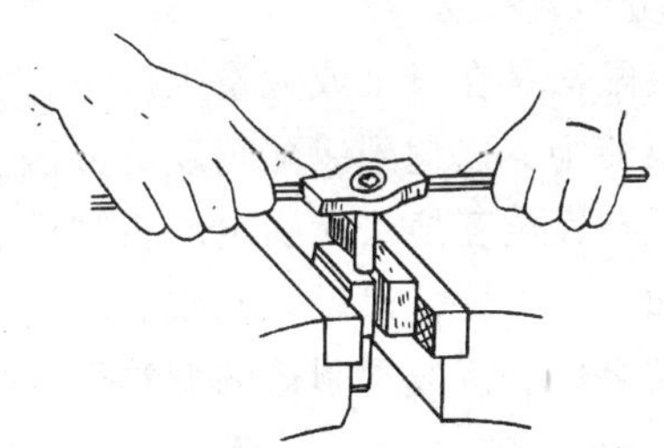

图 6-42　套螺纹

第三节　装配与拆卸

零件及部件最终要根据装配图、技术要求及装配工艺等进行装配。装配是机器制造的重要阶段，装配质量的好坏对机器的性能和使用寿命影响很大。如果零件相互配合达不到规定的技术要求，机器就不能正常工作；零件、部件和机构之间的相互位置不正确，就可能影响机器的工作性能，甚至无法工作。

一、装配工艺过程

(一) 装配

装配是按规定的技术要求，将零件或部件进行配合和连接，使之成为半成品或成品的工艺过程。

1．组装（组件装配）　是将若干零件安装在一个基础零件上，构成组件，例如减速器的轴与齿轮。

2．部装（部件装配）　是把零件装配成部件的过程。具体来说就是将若干零件、组件安装在另一个基础零件上而构成部件（已成为独立机构），例如减速器的装配。

3. 总装（总装配） 是把零件或部件装配成最终产品的过程。具体地说就是将若干零件、组件及部件安装在一个更大的基础零件上而构成功能完善的产品。如车床上各部件与床身的装配。

（二）调试及精度检验

产品装配完毕后，先要对零件或机构的相互位置、配合间隙和结合松紧等进行调整，然后进行全面的精度检查，最后进行试车。

二、装配工艺方法

（一）互换装配法

互换装配法就是在装配时，各配合零件不经修理，选择或调整即可达到装配精度的方法。它又可分为完全互换法与不完全互换法。

1. 完全互换法 装配时，零件不经任何挑选或修配就能装配成合格的产品，称为完全互换法。用完全互换法操作简单，易于掌握，生产效率高，零件更换方便，但零件加工精度要求高。适合于批量生产。

2. 不完全互换法 零件的公差放大些，使加工容易而经济，装配时将少量超差零件（出现概率小于0.27%）剔除，其余进入装配线，仍能保证装配精度。这是不完全互换法的特征。

（二）分组装配法

分组装配法是在成批或大量生产中，将产品各配合副的零件按实测尺寸分组，装配时按组进行互换装配，以达到装配精度的方法。

此法可在完全互换法所确定的各零件基本尺寸和偏差的基础上，扩大各零件的制造公差以改善其加工经济性，然后将制成后的零件按实际尺寸大小顺序分组，再将相应组的零件进行装配，结果以经济成本制造的低精度零件，却能装配出高精度的机器，这是分组互换法的优越性。

（三）修配装配法

修配装配法是在装配时修去指定零件上预留修配量以达到装配精度的方法。即扩大零件制造公差，使加工方便，制造成本低廉。装配时，用钳工修配方法，改变其中某一预先规定的零件尺寸，使装配精度满足图样要求。预定在装配时改变其尺寸的那个零件，称为补偿件。一边装，一边修配，这种装配方法在单件、小批量生产中及装配精度要求高且组成件多时应用很广。

（四）调整装配法

调整装配法指在装配时，用改变产品中可调整零件的相对位置或选用合适的调整件以达到装配精度的方法。调整件分固定调整件（如垫片等）和活动调整件（如调节螺钉、楔形块等）。这种方法适合于小批量或单件生产。

三、各种连接的装配方法

按照机器对部件或零件的性能要求不同，连接可分为固定连接（零件之间没有相对运动）和活动连接（零件在工作时能按要求做相对运动）两类。这两类连接中都有可拆和不可拆之分。

（一）固定连接的装配

1. 螺纹联接 装配中广泛地应用螺钉或螺栓与螺母来联接零部件。它具有结构简单，联接可靠，装拆容易，调整、更换方便和易于多次拆装等优点。

螺纹联接的装配要求是：

（1）零件与螺钉、螺母的贴合面应平整光洁，有时可加垫圈，否则螺纹容易松动。

（2）对于在工作中有振动的机器或机构，为防止螺钉或螺母由于振动而回松，可用开口销、弹簧垫圈、止退垫圈、带翅垫圈和止动螺钉等防松装置。

（3）拧紧成组螺钉或螺母时，要按照一定顺序进行，如图 6-43 所示，而且每个螺钉或螺母不能一次就完全拧紧。

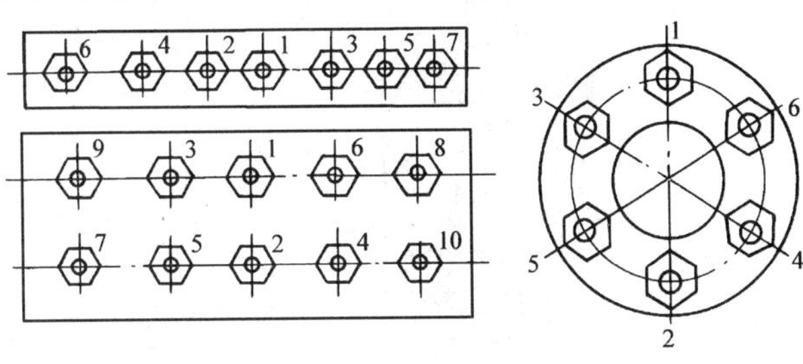

图 6-43　螺母拧紧顺序

2. 键联接　键用来连接轴和轴上零件，使它们周向固定，以传递扭矩。它具有结构简单，工作可靠和装拆方便等优点，如齿轮、带轮和蜗轮等与轴的联接。常用的键联接有平键、半圆键和花键等。

（1）平键联接：键底面应与轴上键槽底部接触，键的两侧应有一定过盈量，键顶与轮毂间必须留有一定间隙，如图 6-44 所示。

（2）半圆键联接：半圆键用在直径较小的轴或锥形轴上，以传递不大的动力。

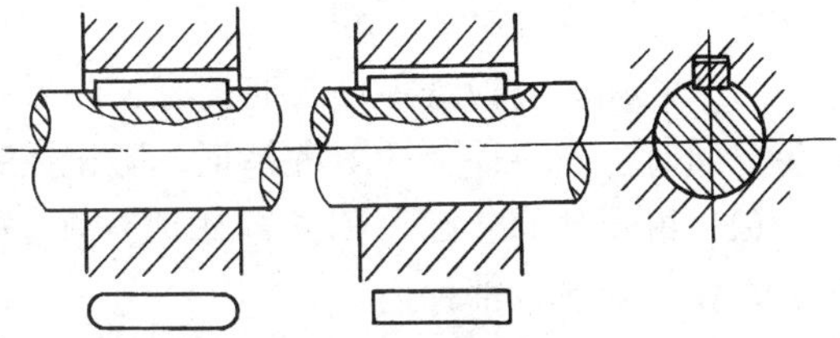

图 6-44　平键联接

（3）花键联接：花键的联接特点是强度高，传递扭矩大，对中性和导向性均好，但制造成本高，多用在航空发动机、机床和汽车中。

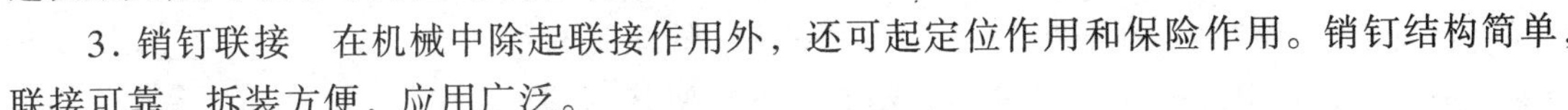

3. 销钉联接　在机械中除起联接作用外，还可起定位作用和保险作用。销钉结构简单，联接可靠，拆装方便，应用广泛。

（二）活动连接的装配

1. 球轴承的装配　球轴承的内圈与轴颈以及外圈与机体孔之间的配合多为较小的过盈配合，常用锤子或压力机压装，为了使轴承圈受到均匀加压，采用垫套加压。轴承压到轴上时，应通过垫套施力于内圈端面，如图 6-45a 所示。轴承压到机体孔中时，应施力于外圈端面，如图 6-45b 所示。若同时压到轴上和机体孔中，则内外圈端面应同时加压，如图 6-45c 所示。

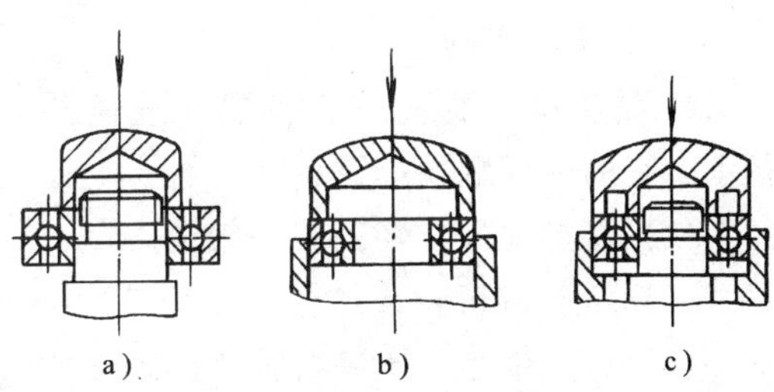

图 6-45　用垫套压装轴承

a）压到轴上时，内圈端面受力

b）压到机体孔时，外圈端面受力

c）同时压到轴和机体孔时，内外圈端面都受力

若轴承与轴颈是较大的过盈配合，则最好将轴承吊在 80～90℃ 的油中加热，然后趁热装入。

轴承磨损到一定限度时，要更换新轴承。更换时可用拉出器的卡爪卡住轴承内圈端面将其拉出，如图 6-46 所示，然后用前述装配方法将新轴承装上。

2. 圆柱齿轮的装配　主要技术要求是保证齿轮传递运动的准确性，相啮合的齿轮表面接触良好以及齿侧间隙符合规定等。为了保证齿轮运动的准确性，齿轮装到轴上后，齿圈的径向圆跳动和端面圆跳动应控制在公差范围内。在单件小批生产时，可把装有齿轮的轴放在两顶尖之间，用百分表进行检查，如图 6-47 所示。

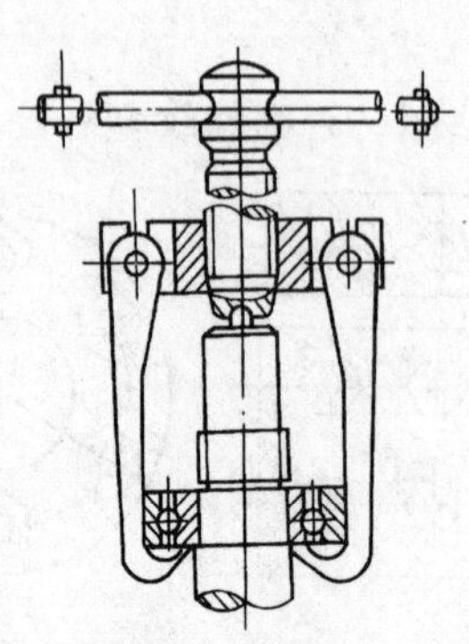

图 6-46　滚动轴承拉出器（拉模）

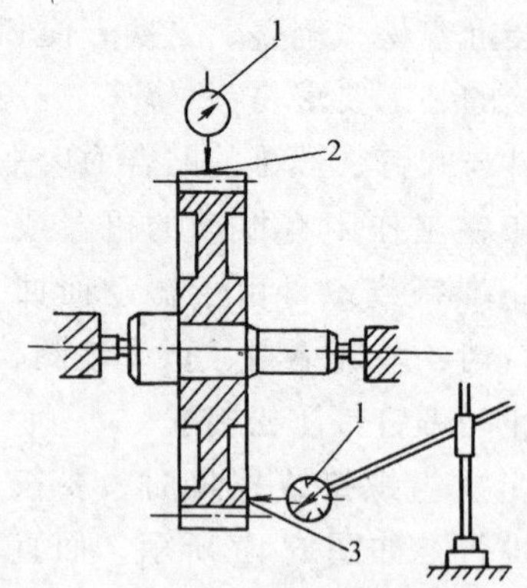

图 6-47　检查齿圈的径向圆跳动和端面圆跳动
1—百分表　2—检查径向圆跳动
3—检查端面圆跳动

四、装配要求及实例

（一）装配要求

（1）装配时应检查零件与装配有关的形状精度和尺寸精度是否合格，检查有无变形、损坏等。同时注意零件上的各种标记，防止错装。

（2）组合件的装配可用选配法或修配法来达到配合技术要求，组合件装好后，不再分开，以便一起装入部件内。

（3）机器的装配，应按照从里到外，从下到上以不影响下道工序为原则的次序进行。

（4）试车前，应检查各部件连接的可靠性和运动的灵活性，检查各种变速、变向机构的操纵是否灵活，手柄是否在正确的位置。试车时从低速到高速逐步进行，并且根据试车情况进行必要的调整，使其达到运转要求，但要注意不能在运转中进行调整。

（二）装配实例

1. 减速器大轴组件的装配　减速器大轴组件如图 6-48 所示，它的装配顺序如下：

（1）将键配好，轻打装在轴上。

（2）压装齿轮。

（3）放上垫套，压装右轴承。

（4）压装左轴承。

（5）在透盖槽中放入毡圈，并套在轴上。

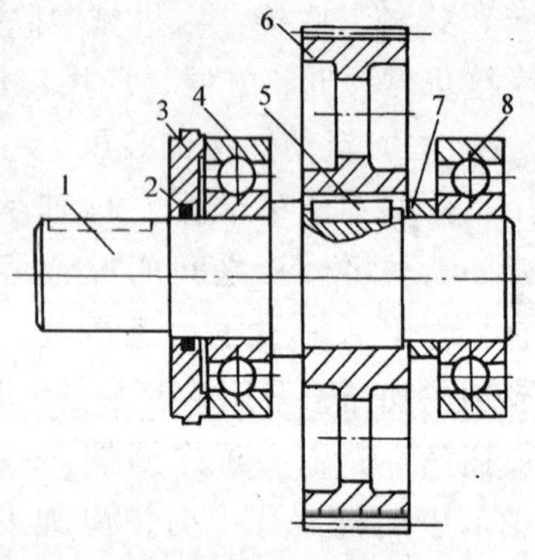

图 6-48　大轴组件结构图
1—大轴　2—毡圈　3—透盖
4—左轴承　5—键　6—齿轮
7—垫套　8—右轴承

2. 减速器小轴组件的装配　装配顺序同大轴组件。

3. 减速器部件的装配　减速器结构如图 6-49 所示，其装配步骤如下：

（1）清理减速器箱体内腔，然后分别将大轴和小轴装入下箱体，此时，要使各轴承准确地落在各自的轴承座内，并使透盖、密封盖和密封环卡入箱体轴承座的槽中。

（2）盖好上箱体，放入锥形定位销，并用铜锤轻击，使其到位。用螺钉和螺母将上下箱体紧固，此时，用手转动小轴，应灵活无阻滞。

（3）旋紧放油塞。由方孔中注入润滑油，并用油针检查油面。放上方垫圈，盖上方孔

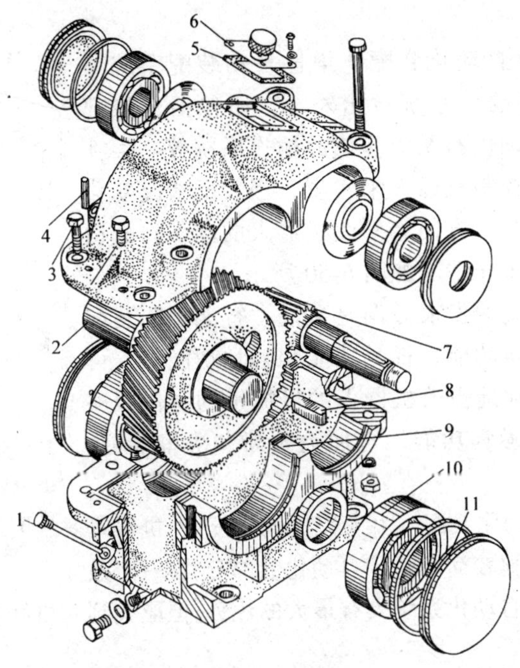

图 6-49　减速器

1—油针　2—大轴　3—联接螺钉　4—定位销　5—方垫圈　6—方孔盖　7—小轴（齿轮轴）　8—联接键　9—轴承座　10—轴承　11—密封件

盖，并拧紧螺钉。

(4) 在大轴有键槽的一端装上带轮。用手转动带轮无异常后，再用电动机带动运转30min，并观察运转情况。若齿轮运转平稳、无异常噪声，轴承部位温升正常，各项技术指标均符合要求，则说明装配质量合格。

(5) 装箱入库。

五、装配自动化

由于装配所占的总工时和总成本都很高，所以，要尽量提高装配自动化程度，以此来降低装配成本，提高工作效率，改善劳动条件，提高产品质量的稳定性。汽车、家电等大批、大量生产的产品，常采用自动装配线，这种系统的“刚性”太大，一旦产品更换，则系统要做很大改变。随着消费方式的改变，多品种小批量生产方式正在逐步占据统治地位，因此，应大力发展适应中、小批量生产装配自动化的柔性装配系统。

(一) 装配自动化系统包括的内容

(1) 送料自动化。

(2) 零件定位、定向自动化。

(3) 组装动作自动化。

(4) 装配前零件精度的检验和分类自动化。

(5) 装配后的检验自动化。

(二) 装配自动化的类型

装配自动化可分为三种类型：

1. 具有一定专用性的高度自动化装配　采用装配自动生产线的形式，特别适用于大批、大量生产。

2. 通用性强的柔性自动化装配　柔性自动装配系统是由装配机器人构成的自动化系统，此外，它还包括总控部分、刀具库、夹具及自动供料系统和成品输送系统等。柔性自动化装配采用计算机控制机器人来实现，当装配情况变化时，可通过改变控制程序，方便地修改机器人的动作，故适应性很强。装配机器人工作情况如图 6-50 所示。

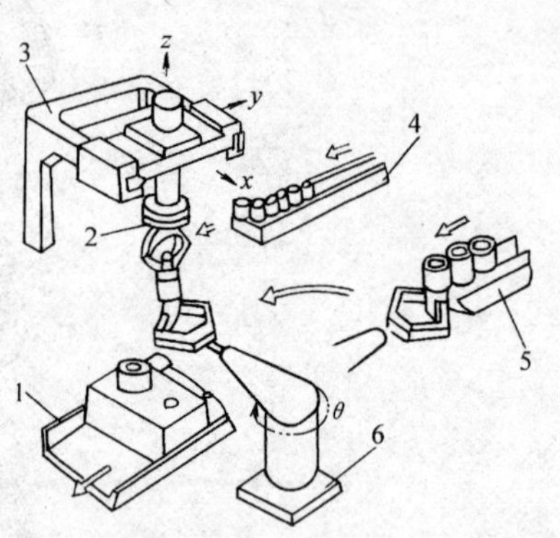

图 6-50　装配机器人的工作情况

1—已装配件运送装置　2—触觉传感器　3—主机械手　4、5—零部件运送装置　6—辅助机械手

柔性自动化装配系统的发展方向是研制“智能型”装配系统，这种系统具有自学功能、视觉功能和触觉功能。它可以采用示教的方法，方便地更改机器人的机械手的动作顺序和范围，可根据视觉、触觉功能，再加上判断和决策能力，由视觉指挥动作。

3. 人机结合的半自动化装配　由人完成比较复杂、机器难以实现的工作，机器完成比较简单易于自动化的部分，在一定条件下，这种人机结合的半自动化系统具有最大的优势，但应找到人机结合的最佳点。

六、机器的拆卸

机器进行检查和修理时要进行拆卸。拆卸的注意事项如下：

（1）机器（机构）拆卸工作，应按其结构的不同，预先考虑好操作程序，以免先后倒置或猛敲猛拆造成零件的损坏或变形。

（2）拆卸的顺序应与装配相反，一般先拆外部附件，然后从外到内，自上而下。

（3）拆卸时的工具必须保证对合格零件无损伤，尽可能使用专用工具。严禁用铁锤直接在零件的工作表面上敲击。

（4）拆卸时必须弄清零件的回松方向（左旋还是右旋）。

（5）拆下的部件和零件必须有次序、有规则地放好，并按原来的结构套在一起，配合件做上记号，以免搞乱。对丝杆、长轴类零件，必须包好、吊挂起来，以防弯曲变形和碰伤。

复习思考题

1. 划线的作用是什么？有哪几种？如何选择划线基准？
2. 工件的水平位置和垂直位置如何找正？
3. 怎样选择锯条？锯齿为什么按波形排列？锯齿崩落和折断的原因是什么？
4. 怎样选择粗、细齿锉刀？
5. 锉削平面时，怎样才能把平面锉平？怎样检验锉削后工件的平面度和垂直度？
6. 麻花钻的切削部分和导向部分有何特点？起什么作用？钻孔时应注意哪些问题？
7. 钻孔、扩孔和铰孔时，所用刀具和操作方法有何区别？为什么扩孔和铰孔能提高孔的加工精度？
8. 攻螺纹前螺纹底孔直径怎样确定？怎样操作才能使攻出的螺纹孔与端面垂直和光洁？
9. 套螺纹前圆杆直径怎样确定？圆杆为什么要倒角？
10. 简述装配工艺过程分为哪三个阶段？装配连接有哪几种？
11. 试述减速器的装配顺序，装配工作应注意哪些事项？

第七章　数控加工及特种加工

目的和要求

1．了解数控机床的工作原理及其组成。

2．了解数控机床的加工特点。

3．了解在数控车床上加工端面、圆柱面、圆锥面的程序编制方法。

4．了解电火花加工、数控线切割加工、电解加工和激光加工的基本原理、加工过程、工艺特点及其应用。

安全技术

1．严格按机床说明书要求进行操作。

2．通电前必须检查插件、驱动器插头方向及接触是否可靠、是否接地，以保证操作安全。

3．工作前必须试运行，试运行正常后方可进行工作。

4．特种加工实习时，要注意防腐蚀、光辐射和电操作安全，要穿好劳保服，带上保护镜。

5．保护环境和防腐装置，防止易燃物进入防护区，确保生产安全。

第一节　数控加工

一、数控机床加工概述

数控机床是应用数字程序控制技术实现机床工作过程自动化的机床。

数控加工是根据被加工零件图样和工艺要求，编制成以数码表示的程序输入到机床的数控装置或控制计算机中，以控制工件和工具的相对运动，使之加工出合格零件的方法。数控机床是数控加工的设备，数控加工过程和普通机床加工相类似。但当零件结构改变时，只须重新编制指令程序，制作新的介质（纸带或磁盘等）即可，所以机床利用率高，生产周期短。

二、数控机床工作过程及其组成

数控机床加工零件的工作过程是：

（1）根据被加工零件的图样所编制的工艺方案，用规定的代码和程序格式编写加工程序单。

（2）按照程序单上代码制作控制介质（纸带或磁盘等）。

（3）将控制介质装入数控装置内，通过输入装置将加工程序输入到数控装置内部。

（4）数控装置将程序（代码）进行译码、运算之后，向机床各个坐标的伺服机构和辅助控制装置发出信号，以驱动机床的各运动部件，并控制所需的辅助运动，最后加工出合格的零件。

数控机床的基本组成包括：加工程序、控制介质、输入装置、数控装置、伺服机构、机床主机和辅助装置等。其组成如图 7-1 所示：

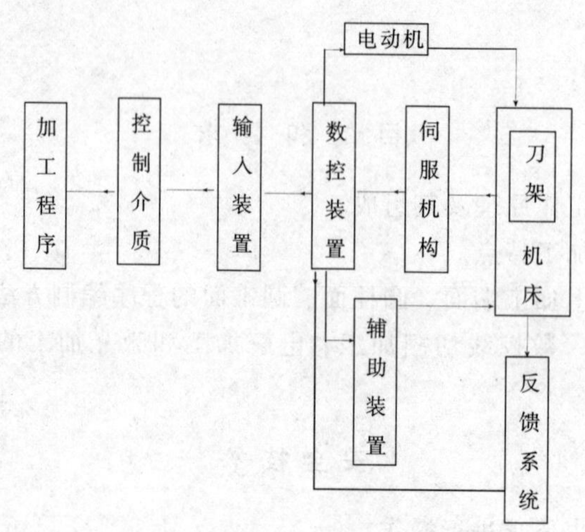

图 7－1　数控机床组成方框

三、数控机床加工特点

1. 适应性强　加工对象灵活，可变性强，即通过更换软件可以很容易地从一种零件的加工变为另一种零件的加工，大大缩短了多品种生产中的设备调整和生产准备的时间。

2. 生产率高　数控机床加工比普通机床加工的效率可提高 2～3 倍，在一定条件下甚至可提高十几倍至几十倍。

3. 加工精度高、质量稳定　因加工过程是根据规定程序自动控制的，避免了操作者人为的操作误差，而且可通过反馈系统进行精度校正，所以可获得比机床本身精度更高的加工精度和重复精度。

4. 劳动强度低、生产环境好　数控机床加工由数字程序控制设备或电子计算机统一控制加工系统各部分的运行，降低了操作者的劳动强度，也改善了生产环境。

四、数控机床的编程方法简述

为了设计及使用方便，编程的主要工作内容中，如机床坐标系和机床运动方向、输入代码、加工指令、辅助功能及程序格式均已标准化，编程中必须遵守。

（一）数控机床坐标系及运动控制方式

对于数控机床坐标轴名称及其正负方向，我国已制订了 JB35031-1982《数控机床坐标和运动方向的命名》数控标准，与 ISO841 标准相同。

1. 坐标系的确定　标准坐标系采用右手笛卡儿坐标系，如图 7-2 所示，规定了三个移动坐标和三个回转坐标的顺序和方向，指尖指向各坐标轴的正方向，即增大刀具和工件间距离的方向。同时规定分别平行于 X、Y、Z 轴的第一组附加轴为 U、V、W，第二组附加轴为 P、Q、R（图中 A、B、C 为对应于各坐标轴的旋转轴）。

（1）Z 坐标轴是传递切削动力的主轴，如图 7-3 所示，车床主轴方向为 Z 轴。

（2）X 坐标轴是水平的，平行于工件的装夹面，对于车床，X 坐标轴布置在径向，且平行于横向滑座。

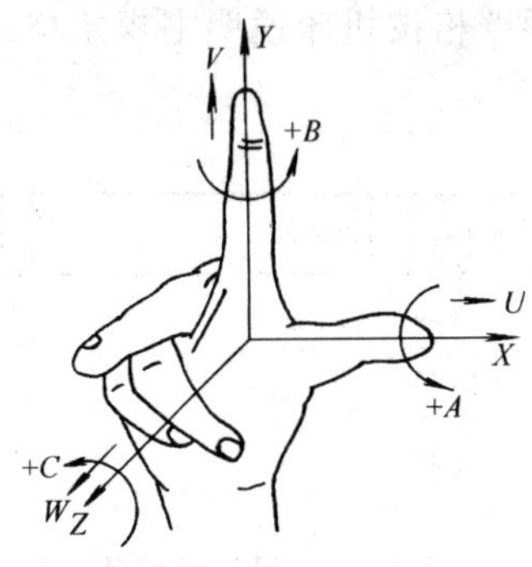

图 7-2　右手直角坐标系

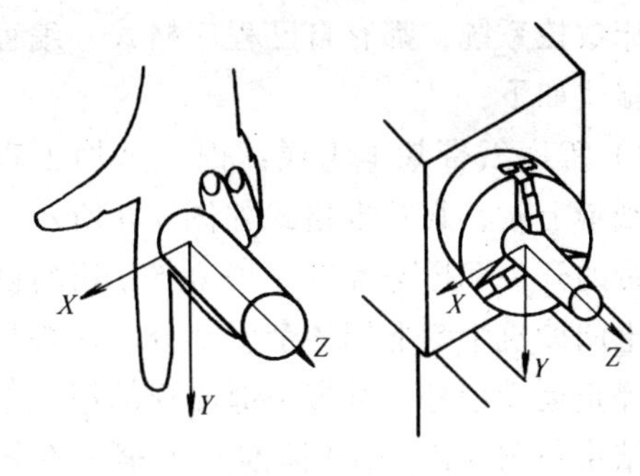

图 7-3　车床坐标轴的分布

(3) Y 轴在 Z 轴和 X 轴确定后按右手定则确定其位置和方向。

2. 机床运动控制方法　在刀具和工件的相对运动中，由于机床的结构不同，有的是工件固定、刀具运动，有的是刀具固定、工件运动。为编程方便，规定工件固定、刀具运动。刀具运动的控制方式有以下三种基本方式。

(1) 点位控制方式：这种控制方式的主要功能是在坐标系中，将刀具从某一个加工点移到另一个加工点准确定位（也称定位控制）。点与点之间所经过的轨迹是不加控制的，并且在移动过程中刀具也不作切削加工，如图 7-4a 所示。采用点位控制方式的机床有数控钻床、数控镗床等。

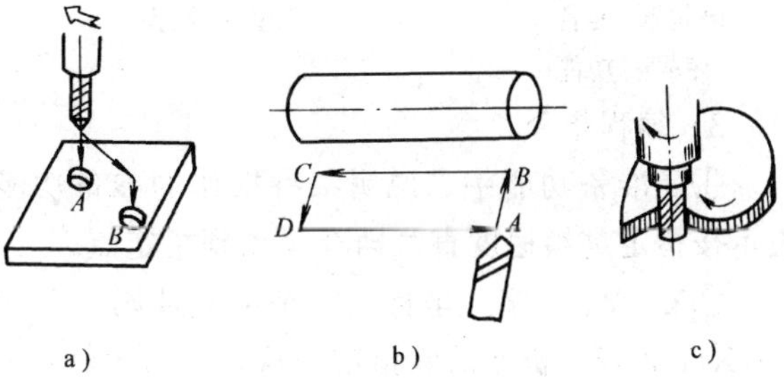

a)　b)　c)

图 7-4　刀具相对工件移动轨迹
a) 点位控制方式　b) 直线控制方式
c) 轮廓控制方式

(2) 直线控制方式：这类控制方式，除了控制点与点之间的准确定位外、还要保证运动的轨迹是一条直线、并且在运动中进行切削加工，如图 7-4b 所示。采用直线控制方式的机床有数控车床、数控铣床和数控磨床等。

(3) 轮廓控制方式：这种控制方式比较复杂，它不但能控制起点与终点的坐标位置，而且要控制整个运动过程的轨迹，轨迹可以是直线，也可以是曲线，在加工过程中需进行连续插补运算，故又称连续控制，如图 7-4c 所示。数控车床和数控铣床也属于这类控制的机床。

(二) 数控机床编程

数控机床编程，就是编制零件加工程序的整个过程，编程的方法有手工编程和自动编程两种。

1. 手工编程　编制零件加工程序的各个步骤，从零件图样分析及工艺处理、数值计算、编写程序单、制作控制介质直至程序校验，均由人工完成，其过程如图 7-5 所示。

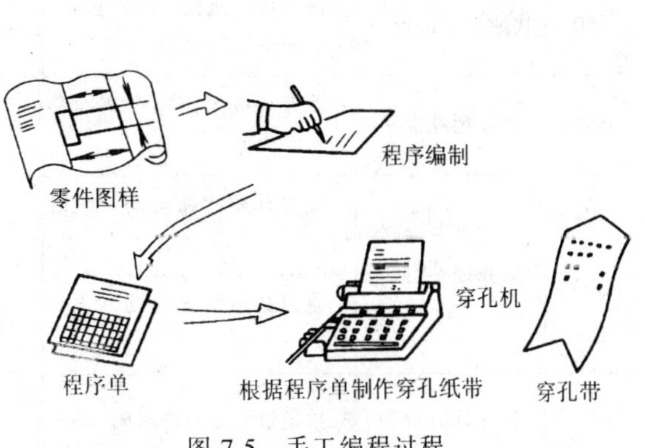

图 7-5　手工编程过程

(1) 手工编程指令格式和程序格式：每

种机床数控系统，都有自已程序格式，编程时，必须严格按机床说明书规定格式进行。一般通用格式如下：

1）程序纸带基本组成：把一个加工程序作在纸带上时，其基本格式如图 7-6 所示。每个纸带的开头和尾部都有一段 0.5m 长的供装在光电阅读机带盘上用的牵引部分。两头打％号为停止运动信号，纸带头部出现的第一个程序段结束符号 LF（ISO 标准）为第一有效信息，在它以后的字符代码都是程序内容，一直到程序结束符号 LF 为止。

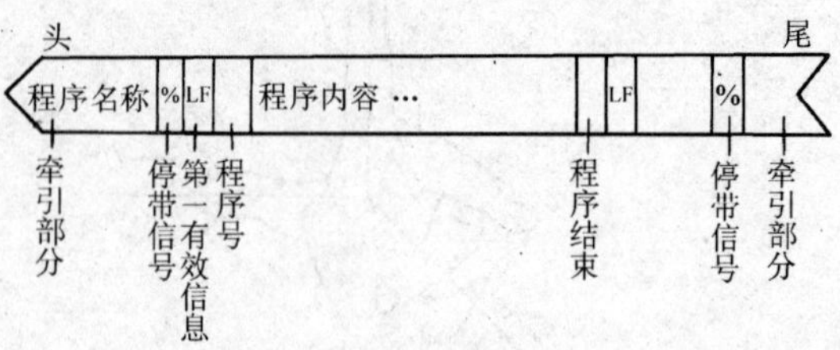

图 7-6　程序纸带基本组成

2）程序的组成：程序是由程序号、程序段和其它相应符号组成，每个零件的加工程序由程序号开始，一个程序段中指令的字母和数字排列顺序如下：

N×× ××	G××	X	Y	Z	A	B	C	…	F	S	T	M	LF
语句顺序号	准备功能	坐标文字							进给功能	主轴转速	刀具功能	辅助功能	程序段结束

3）编程指令

①G 准备功能字。说明某种操作的准备功能，用地址码 G 和两位数字表示，例如 G01 表示按指定进给速度直线插补运动到指定点。

②X、Y、Z 字。坐标文字是由地址码＋、－符号绝对值（或增量）的数字构成。例如 G01X-Y-Z 表示机床沿着指定的这几个可控轴作直线插补运动，每个轴的运动量的大小由 X、Y、Z 这几个坐标文字后面数字而定。

③M 功能字。主要表示操作中各种辅助动作的指令，如程序停止、程序结束、换刀、冷却、夹紧和松开等，从 M00～M99 共 100 种。

常用 G 功能、M 功能见表 7-1 和表 7-2。

表 7-1　准备功能（G 功能）

符　号	名　称	功　　用	符　号	名　称	功　　用
G92	坐标系设定指令	建立工件坐标系	G26	返回参考点指令	用于刀具沿 X（U）、Z（W）两坐标轴方向返回
G00	快速点定位指令	使刀具快速移至所需位置，一般用于空行程	G27		用于刀具沿 X（U）坐标轴方向返回
G01	直线插补指令	使刀具按给定速度直线移至所需位置	G29		用于刀具沿 Z（W）坐标轴方向返回
G02	圆弧插补指令	使刀具顺圆弧运动（顺时针）	G22	程序循环指令	用于需要重复动作的场合，其中 G22 用于循环体前，G80 用于循环体后
G03		使刀具逆圆弧运动（逆时针）	G80		
G04	程序延时指令	给定所需延时的时间			

表 7-2　辅助功能（M 功能）

符　号	名　　称	功　　用	说　　明
M02	程序段结束指令	表示某程序段运动结束	每一加工程序的末段应为 M02，否则计算机判错
M20	自动循环指令	表示程序结束自动从程序开头循环执行	一般在该段前加一个延时指令 G04F××
M88	程序暂停指令	表示程序暂停	须按下启动键，程序才继续执行

(2)编程实例：现以数控车床加工零件为例，说明数控编程的基本方法。

1）数控车床编程提示

①起始点、参考点和坐标原点的确定：起始点（即刀尖起始位置）是启动程序时的刀尖所处的位置。在多刀加工中，换刀后需进行刀尖偏差补偿，刀尖起始点经过插补后的位置为参考点（一般数控机床的起始点已设定）。

考虑编程方便、坐标原点选在工件的对称轴上。原点若选定后，起始点就有了固定坐标。

②在一个零件的程序或一个程序段中，零件坐标值可以是绝对值（X、Z）或增量值（U、W），或两者混合编程。绝对值是相对于坐标原点的坐标值，增量值是终点位置相对于起点位置的坐标值。直径方向用绝对值编程时，X 以直径值表示，用增量值编程时，以径向实际位移量两倍值并附上方向号。例如：U-100.00 表示刀具进给 50mm，X100 是指刀具从现行点运动到 ϕ100mm 处。

2）例：如图 7-7 所示的轴需在数控车床上加工，编写加工程序。

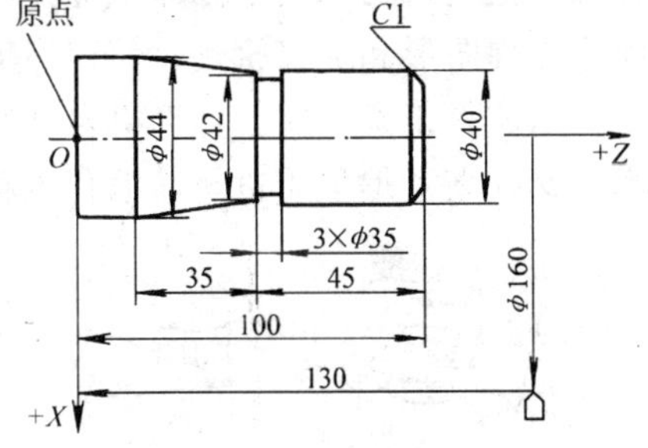

图 7-7　车削零件

① 根据图样要求确定工艺方案及工艺路线。工艺路线为：

车 ϕ40 端面—倒角—车 ϕ40 外圆—车锥面—车 ϕ44 外圆—换刀—切槽 3×ϕ35—切断。

② 确定工件的坐标系，即确定刀具刀尖相对于工件的起始位置。本例设定原点位置为 O 点，Z 轴与主轴线重合，X 轴设在工件内端面水平面上。此时刀尖对工件的起始位置 X 坐标值为 160；Z 坐标值为 130。

车削加工时均取 Z 轴与主轴线重合，而 X 轴则可任意选取于某一截面上，当采用增量值编程时、取外端面方便些，这是因为加工是从外端面开始的缘故。

③ 加工程序的编制

车削加工程序单	程序说明
%111	工件号
N01　G92　X160　Z130	设定起点
N02　T11	换一号刀
N03　G00　X46　Z100	进入加工区
N04　G01　X0　Z100　F150	车端面
N05　G00　X38　Z100	退刀

N06 G01 X40 Z99 F100 倒角
N07 G01 U0 W−44 F100 车 ϕ40 外圆（增量方式）
N08 G00 X42 Z55 F150 退刀
N09 G01 X44 Z20 F100 车圆锥面
N10 G01 X44 Z0 F100 车 ϕ44 外圆
N11 G26 退回起点
N12 T10 取消一号刀补
N13 T22 换二号刀
N14 G00 X42 Z58 进入加工区
N15 G01 X35 Z58 F100 切槽
N16 G00 X50 Z0 退刀并进入加工区
N17 G01 X0 Z0 F100 切断
N18 G25 退回起点
N19 M02 程序结束

加工零件形状简单时，采用手工编程是合适的，对于形状比较复杂的零件，或者形状虽简单，但编程量很大时、则应采用自动编程。采用自动编程不但提高编程效率，而且准确无误。

2. 自动编程 自动编程时，编程人员根据零件图样和工艺过程用规定的数控语言，手工编写一个较简单的零件加工源程序输入计算机，计算机经过翻译处理和对刀具运动轨迹的计算，把输入的源程序翻译成等价的目标程序，直接得到数控加工纸带。由于计算机可自动绘出零件图形和走刀轨迹，使程序编制人员能方便直观地检查程序的正确与否和及时修改错误，以获得正确程序。计算机自动编程代替了手工操作计算等一系列工作，既提高了工作效率，又提高了编程质量。其编程过程如图 7-8 所示。

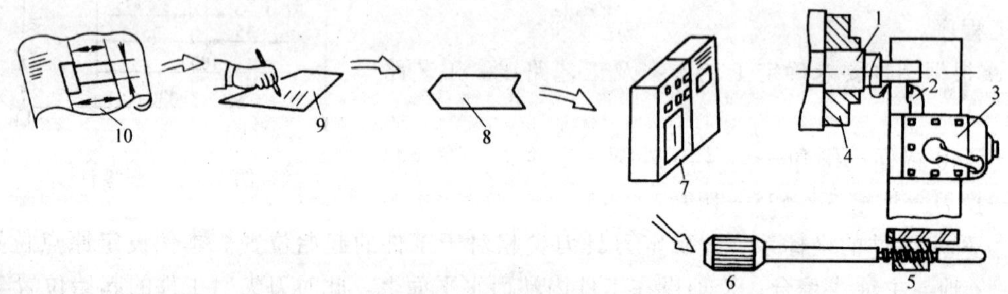

图 7-8 自动编程过程

1—工件 2—刀具 3—刀架 4—卡盘 5—滚珠丝杠螺母 6—步进电动机
7—数控装置 8—通用计算机用源程序纸带 9—源程序 10—零件图样

第二节 特种加工

一、特种加工概述

特种加工是指传统切削加工以外的加工方法，是直接利用电、磁、声、光等能量或其组合对零件进行加工。特种加工可以加工传统加工难以加工的材料（如高强度、高硬度、高脆性的金属或非金属材料）以及加工形状复杂、微细表面和低刚度零件，还可以进行超精加工和光整加工。

（一）特种加工的特点

（1）主要不是靠机械能，而是用电、磁、声、光及其组合能量去除多余材料。

（2）工具材料硬度可以低于被加工材料的硬度。

（3）加工中工具与工件间不存在显著机械力，所以加工精度高，表面粗糙度值低。

（二）特种加工的分类

特种加工种类较多,一般按能量形式和作用原理进行分类,常见的特种加工方法见表 7-3。

表 7-3　几种常用特种加工方法的综合比较

加工方法	可加工材料	加工能量	特殊要求	材料去除率 $/mm^3 \cdot min^{-1}$	工具损耗率（%）	尺寸精度 /mm	表面粗糙度 $R_a/\mu m$	主要适用范围
电火花成形加工	任何导电的金属材料，如硬质合金、不锈钢、钛合金、耐热钢等	电		30～3000	0.1～10	0.03～0.003	10～0.04	从数微米的孔，槽到数米的超大型模具、工件等。如各种类型的孔、模具。还可刻字、表面强化、涂覆、磨削等
电火花线切割加工				20～200 mm^2/min	极小且可补尝	0.02～0.002	5～0.32	切割各种二维及三维直纹面组成的各种模具及零件。也常用于半导体材料和贵重金属的切割
电解成形加工		电化学	防腐蚀装置、环境保护措施	100～10000	不损耗	0.1～0.01	1.25～0.16	从微小零件到超大型工件、模具的加工。如型孔、型腔、抛光、去毛刺等
复合电解磨削		电化学、机械		1～100	0.1～10	0.02～0.001	1.25～0.04	硬质合金等难加工材料的磨削。如硬质合金刀具、量具和小孔、深孔、细长工件等。还可超精加工、研磨、珩磨
超声加工	任何脆性材料	声		1～50	0.1～10	0.03～0.005	0.63～0.16	切割、加工各种如玻璃、石英、金刚石等脆硬材料，可穿孔、套料、研磨
激光束加工	任何材料	光	大功率激光管	0.1	不损耗	0.01～0.001	10～1.25	精密加工微小孔、窄缝及成形切割、刻蚀。还可焊接、热处理
电子束加工		电	真空装置	很低				在各种难加工材料上打微小孔、切缝、蚀刻、焊接等
离子束加工				很低		最高为 0.01μm	0.01	精密微细加工零件表面、抛光、刻蚀、镀覆等
等离子加工	钢材、塑料	电		75000		平均 0.3	1.6～3.2	切割、焊接、热处理、表面强化等
化学加工	易腐蚀金属材料	化学	三废处理、环保措施	15.0		0.01～0.001	0.4～12.5	薄板、片、型孔、型腔的加工，还可减重、图形蚀刻等

以下简单介绍电火花加工、电解加工和激光加工。

二、电火花加工

(一) 电火花加工的基本原理

电火花加工是在一定的介质中,通过工具电极和工件电极之间的脉冲放电的电蚀作用对工件进行加工的方法,又称放电加工。其加工原理见图 7-9。

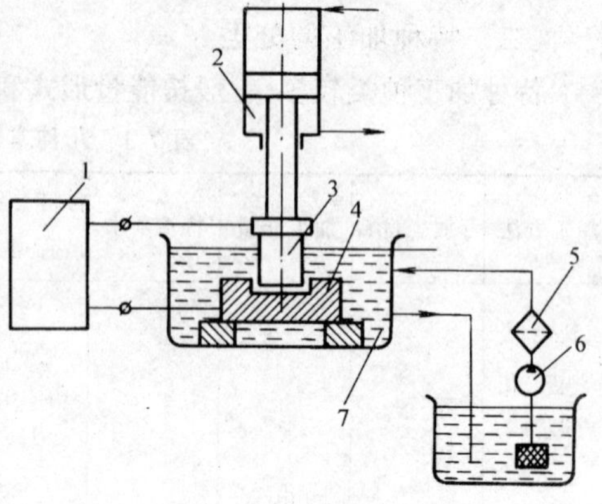

图 7-9 电火花加工原理及加工型孔

1—脉冲电源 2—伺服系统 3—工具电极 4—工件 5—过滤器 6—液压泵 7—工作液

电火花加工时，工具电极 3 和被加工工件 4 放入绝缘液体 7 中，在两极间加上直流 100V 左右的电压，并使电极向工件不断地移动，由于工件和电极表面存在着无数凹凸不平处、极间电压将在“相对最靠近点”处使绝缘介质击穿电离。电离后电子和正离子，在电场力的作用下，向相反极性的电极作加速运动，最终轰击电极，形成放电通道，产生大量热能，使放电点周围的金属迅速熔化甚至气化，并在放电爆炸力的作用下，把熔化的金属抛出，以达到去除材料的目的，被抛离的金属屑由绝缘液带走，使工件表面上产生微小的放电痕，大量放电痕的积累，就能在工件表面加工出和工具电极相吻合的型面、型腔。从电火花加工成形过程可知，欲得到符合要求的零件，电火花加工必须具备以下条件：

(1) 在加工过程中必须具备一定的极间间隙，通常约为几微米至几百微米。并能把所产生的电蚀产物从极间间隙中排除出去。

(2) 电火花放电必须是瞬时脉冲性放电，使脉冲放电时的热量绝大部分来不及从极微小的加工区扩散到非加工区。

(3) 脉冲放电必须在绝缘液体介质中进行，使脉冲放电点有足够大的能量密度，以使金属熔化或气化。

(4) 在每次脉冲放电之间的脉冲间隔时间内，极间介质必须要来得及消除电离，使下一个脉冲能在两极另一个“相对接近点”处击穿放电，实现放电点不断转移，因而加工过程中必须具有工具电极的自动进给和调整装置。

(二) 电火花加工特点

(1) 电火花加工是由高能量密度脉冲放电的电腐蚀作用实现的，因而可加工任何硬、脆、韧、软或高熔点的导电材料，在一定条件下（高压、附加电极、电解工作液）还可加工半导体和非导电材料。

(2) 工件与电极不接触，因而加工时“无切削力”，有利于小孔、窄槽及各种复杂截面的型孔、曲线孔、型腔以及薄壁件的加工，且易实现微细加工。

(3) 工艺参数可调节，能在同一台机床上连续进行粗、半精、精加工。精加工时尺寸精度视加工方式而异，穿孔可达 0.05～0.01mm；型腔可达 0.1mm；线切割可达 0.02～0.01mm。表面粗糙度值 R_a 可达 0.8～1.6μm。

(4) 直接利用电能加工，便于实现加工过程的自动化。

（三）电火花加工工艺的应用

电火花加工主要用于模具型孔、型腔的加工，由于加工速度和设备自动化程度的提高，电火花加工也可直接加工出零件。其常见的加工类型如下：

1. 电火花成形加工

（1）穿孔加工可以加工各种型孔（圆孔、方孔、多边形孔、异形孔）、小孔（直径为0.1～1mm）和微孔（直径小于0.1mm）等，如拉丝模、喷丝孔等。见图7-10a。

（2）型腔加工主要用于锻模、挤压模、压铸模等。见图7-10b。

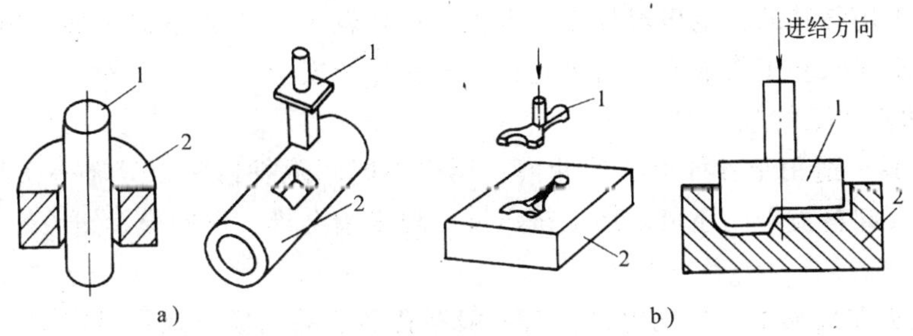

图7-10　电火花成形加工

a）电火花穿孔加工　b）电火花型腔加工

1—工具电极　2—工件

2. 电火花磨削加工　主要用于硬质合金量具、刀具、小孔以及细长孔、特殊零件的磨削加工。见图7-11。

3. 电火花同步共轭回转加工　即工具与工件作相对旋转运动，二者的角速度相等或成整倍数，相对应接近的放电点可有小的切向相对运动速度。工具相对工件有纵、横向进给运动。其它共轭回转加工的工具、工件可以同步回转、展成回转、倍角速度回转等。可以加工复杂型面、型腔和型体。如异形齿轮、棱柱形、框架形等。电火花同步共轭回转加工见图7-12。

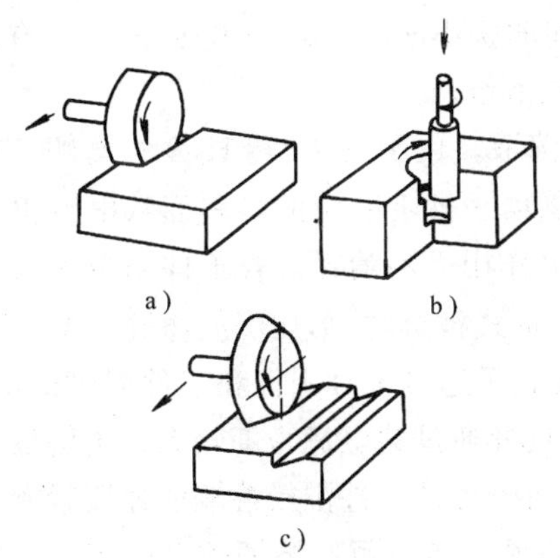

图7-11　电火花磨削加工

a）电火花平面磨削　b）电火花内圆磨削

c）电火花成形磨削

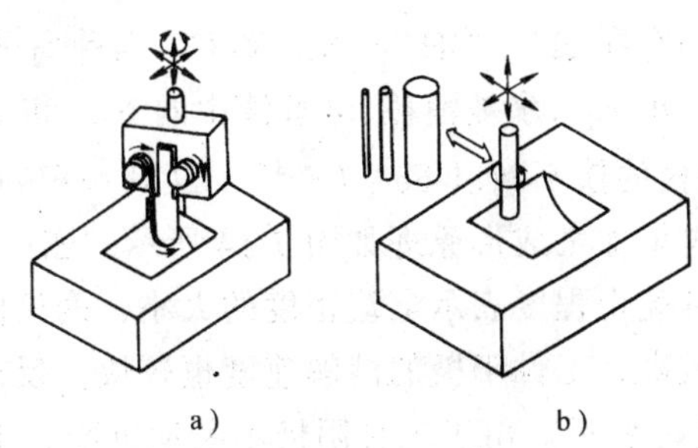

图7-12　电火花同步共轭回转加工

a）圆柱形工具电极的二坐标数控加工

b）用移动电极丝作四坐标数控加工

三、数控线切割加工

数控线切割加工的基本原理也是利用工具对工件进行脉冲放电去除金属的，只是它采用细的电极丝（铜丝或钼丝）作为工具电极进行往复移动，而工件则按规定的控制程序作复合运动，从而将工件切割成形。

（一）线切割加工的特点

线切割加工除具有电火花加工（电火花成形加工）的特点外，还有下述特点。

(1) 不用制作成形的工具电极，大大降低了成形工具的设计与制造费用，缩短了生产准备时间和加工周期，适应新产品试制的需要。

(2) 由于电极丝比较细，可以加工微细异形孔、窄缝和复杂形状的工件。又因为切缝很窄，且只对工件材料进行“套料”加工，金属去除量少，材料利用率高。

(3) 由于采用移动的长电极丝加工，电极丝损耗较少，从而提高了加工精度。

(4) 采用水或水基工作液不会引燃起火，操作比较安全。

（二）线切割加工的应用

1. 加工模具　适用于各种形状的冲模，调整不同间隙补偿量，只需一次编程就可以切割凸模、凹模及卸料板等。还可以加工挤压模、粉末冶金模、弯曲模、塑压模等通常带锥度的模具。

2. 加工电火花成形加工用的电极　对一般穿孔加工的电极以及带锥度型腔加工的电极，用线切割加工比较经济。也适于加工微细复杂形状的电极。

3. 加工零件　在试制新产品时，可用线切割在板料上直接割出零件。修改设计时只需变更加工程序。在零件制造方面，可用于加工品种多、数量少的零件；特殊难加工材料的零件；材料试验样件；各种型孔、凸轮、样板、成形刀具。还可进行微细加工，异形槽等零件的加工。

四、电解加工

（一）电解加工原理

电解加工是利用金属工件在电解液中所产生的阳极溶解作用，而进行加工的方法。

电解加工过程如图 7-13 所示，在工件（阳极）和工具（阴极）之间接入低电压（6～24V）、大电流（500～2000A）的直流电源，在两极间的狭小间隙（0.1～0.8mm）内有高速的 NaCl（或 $NaNO_3$）溶液通过，工件表面就会不断被溶解。

常用的电解液质量分数为 14%～18% 的 NaCl 水溶液，由于 NaCl 和 H_2O 的离解，在电解液中存在 H^+、OH^-、Na^+ 和 Cl^- 四种离子，正的氢离子被吸引到阴极表面从电源得到电子而析出 H_2，水被消耗，电解液中的 Na^+ 和 Cl^- 起导电作用而不消耗。若工件阳极为铁基合金，阳极的铁不断以 Fe^{2+}($Fe^{2+} + 2OH^- \rightarrow Fe(OH)_2 \downarrow$)形式被溶解，形成沉淀物被冲走。

电解加工成形原理如图 7-14 所示，图中的细竖线表示通过工具阴极和工件阳极的电流，竖线的疏密程度表示电流密度的大小，两极间距离较近处通过的电流密度较大，电解液的流速也较高，工件阳极的溶解速度也较快。反之，两极间较远处工件阳极溶解的速度较慢。如图 7-14a 所示。由于工具阴极不断地进给，工件阳极不断地被电解，溶解的电解产物不断被电解液冲走，直到工件表面被加工成与工具电极相吻合的成形面，如图 7-14b 所示。

（二）电解加工工艺特点

(1) 能以简单的进给运动一次加工出复杂形状的型面、型腔，生产率比电火花加工高 5～10 倍。

(2) 可加工高硬度、高强度和高韧性等难切削的金属材料，如耐热合金、不锈钢、钛合金、模具钢、硬质合金等。

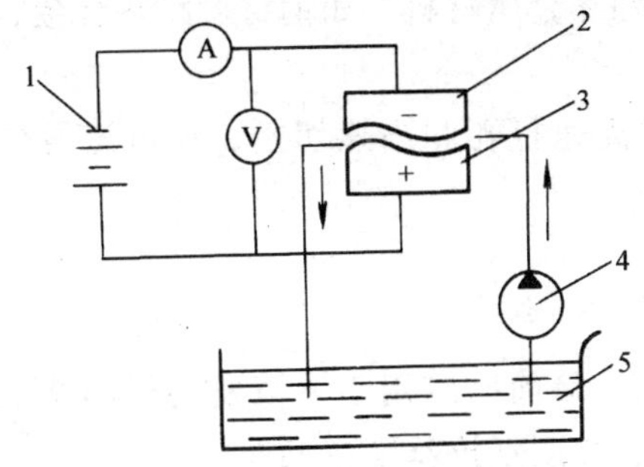

图 7-13　电解加工过程示意图
1—直流电源　2—工具阴极
3—工件阳极　4—电解液泵　5—电解液

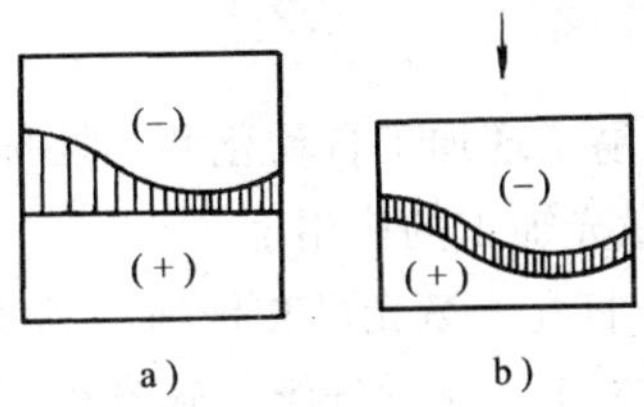

图 7-14　电解加工成形原理图
a) 加工开始　b) 加工终了

(3)加工中无切削力,适合加工薄壁零件。

(4)加工后零件表面无残余应力,加工质量较好,表面粗糙度值 R_a 可达 0.8～0.2μm。型面、型腔成形精度为 0.10～0.30mm,小孔精度为 ±0.05mm,键槽精度为 0.05～0.15mm。

(5) 电解液腐蚀性较强，所以对加工设备均需采用防腐措施，机床费用高，电解物对环境污染严重。

(三) 电解加工的应用

电解加工主要用于加工各种形状复杂的型面及各种模具的型腔，如汽轮机、航空发动机叶片、锻模、冲压模、深孔。还用于电解抛光、去毛刺、磨削和刻印等。电解加工适用于成批大量生产、多用于粗加工和半精加工。图 7-15 是电解加工用于电解刻字示意图。

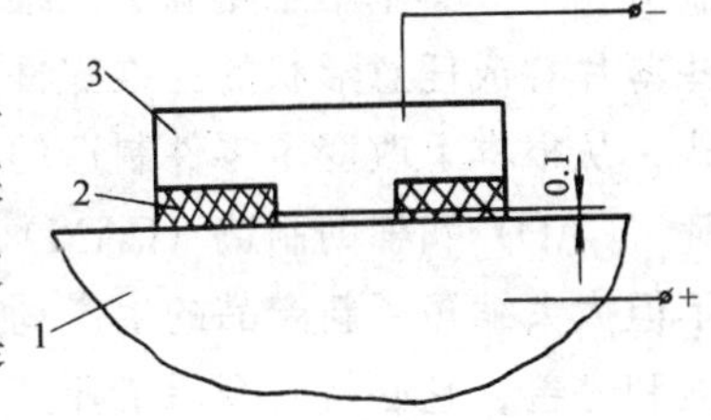

图 7-15　电解刻字示意图
1—工件　2—绝缘层　3—字头

刻字时，字头接阴极，工件接阳极，二者保持一定电解间隙（约 0.1mm），中间滴入电解液，约经过 12s 的时间完成工件表面的刻字工作。

五、激光加工

(一) 激光加工原理

激光是经受激辐射所产生的光，它除了具有一般光（如光的反射、折射、绕射以及光的干涉等）的特性外，还具有强度高、单色性好、相干性好和方向性好等特性。由于激光发散角小和单色性好，在理论上通过光学系统可以将激光束聚焦成直径几微米到几十微米的光斑，能量高度集中，焦点处的功率密度可达 $10^7 \sim 10^{11}\,W/cm^2$，温度可高达 10000℃ 以上。激光加工是利用功率密度极高的激光束照射工件的被加工部位，使其材料瞬间熔化或蒸发，并在冲击波作用下，将熔融物质喷射出去，从而对工件进行穿孔、蚀刻、切割；或采用较小能量密度，使加工区域材料熔融粘合，对工件进行焊接。如图 7-16 所示。

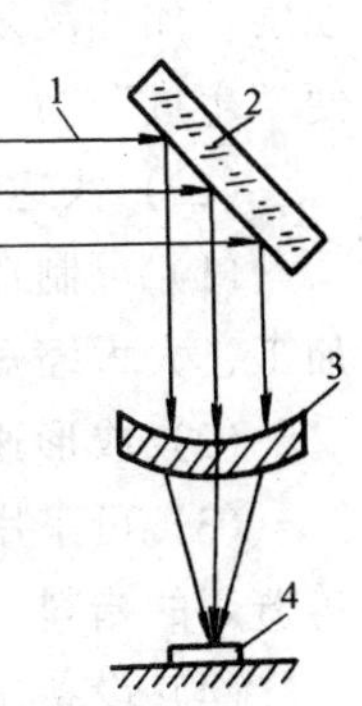

图 7-16　激光加工原理图
1—激光束 2—反射镜
3—透镜 4—工件

(二) 激光加工工艺特点

(1) 不使用刀具等切削工具，因此无工具损耗、无机械加工变形，且作用时间短，几乎不产生热变形。所以适宜加工易变形的薄板和橡胶等弹性工件。

（2）加工材料的范围广，几乎能加工所有的金属和非金属材料，如钢材、耐热合金、高熔点材料、陶瓷、复合材料等都可以加工。

（3）加工效率高，打一只孔只需 0.001s，可实现高速打孔和高速切割，还可进行微细精密加工。

（4）容易实现加工自动化和柔性加工。

（三）激光加工的应用

1. 激光打孔　激光可在任何材料上加工微型小孔，目前已应用于火箭发动机和柴油机的燃料喷嘴加工，化学纤维的喷丝板打孔，宝石轴承、金刚石拉丝模加工等。

2. 激光切割　激光可用于切割金属和非金属。由于切割过程中几乎不产生冲击和压力，故适宜切割玻璃、陶瓷和半导体等既硬又脆的材料。

3. 激光焊接　通常用减少激光输出功率，将工件结合处“热熔”使其粘合在一起。由于激光照射时间短，焊接过程极为迅速，故热影响区小，没有焊渣，不需去除工件氧化膜。激光焊接不仅能焊接同类材料，而且可焊接不同材料。

六、快速激光原型制造技术

快速激光原型制造技术又称为生长型制造技术，是 20 世纪 80 年代才出现的一种全新的制造技术。其基本思路源于三维实体，既然可以被切割成一系列连续的薄片，那也可以由这些薄片叠成任意形状的三维零件，它将传统的“去除”式加工模式转变为“渐增”式加工模式，从根本上改变了零件制造的传统观念。该技术是在综合运用了数控技术、计算机辅助设计（CAD）和辅助制造（CAM）、激光技术和材料科学等领域的最新成果的基础上产生的，不但大大缩短了新产品的生产周期，而且启迪了人们制造的新观念。随着这项技术的深入发展和完善，它必将对今后工业产品的设计和制造产生重大影响和获得巨大效益。

（一）快速激光原型制造技术的基本原理

它先利用 CAD/CAM 技术设计出三维零件模型并将其切成一系列的连续薄片，且使有关信息形成数控系统文件。其次激光束在数控装置驱动下，按软件提供的零件底面薄层的二维图形，扫描树脂槽内的液态光敏树脂，使其固化。固化是逐层进行的。当第一层固化后，再用同样方法在其上面固化出第二层。如此反复进行，直至最后一层液态光敏树脂固化完结，便“生成”为三维实体的塑胶零件，如图 7-17 所示。

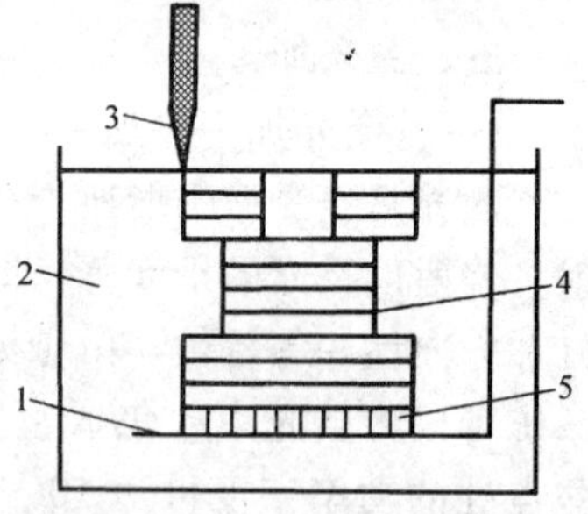

图 7-17　激光快速成形的工艺原理
1—底板　2—树脂槽　3—激光束
4—固化后的塑胶零件　5—支撑层

（二）快速激光原型制造技术的工艺特点

（1）可制造出任意复杂形状的零件且无需相应模具及切削加工，大大缩短了生产周期。

（2）成形速度快，可达 725mm/h。

（3）可采用多种材料，如液态光敏树脂、ABS 塑料、熔模铸造用的蜡料、陶瓷粉末和涂胶纸等。

（4）设备昂贵，成本高。

（三）快速激光原型制造技术的应用

（1）可快速生成模具，如注塑模、熔模铸造的型壳和砂型，以缩短生产周期。

（2）可快速制出样品，以便进行修改设计和测绘以及产品性能测试与分析，从而缩短周期，节省费用。

复 习 思 考 题

1．数控机床的加工原理是什么？

2．数控机床由哪些部分组成？各有什么用处？

3．什么叫点位控制、直线控制、轮廓控制数控机床？各有何特点？

4．数控机床适合加工什么样的零件？

5．数控机床加工具有哪些特点？

6．试述手工编程的步骤。

7．Z 轴、X 轴在机床上确定的原则是什么？车床的坐标轴如何确定？

8．如题图 7-1 所示，请编程。

9．加工如题图 7-2 所示的零件，从 S 点到 E 点，请编程，进给量 f 为 0.15mm/r，主轴转速为 250r/min。

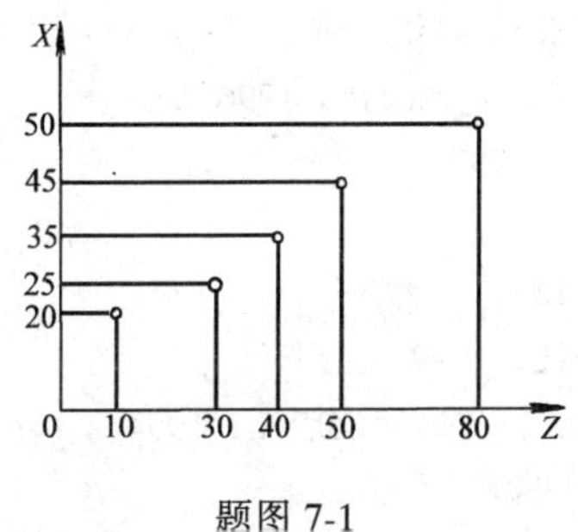

题图 7-1

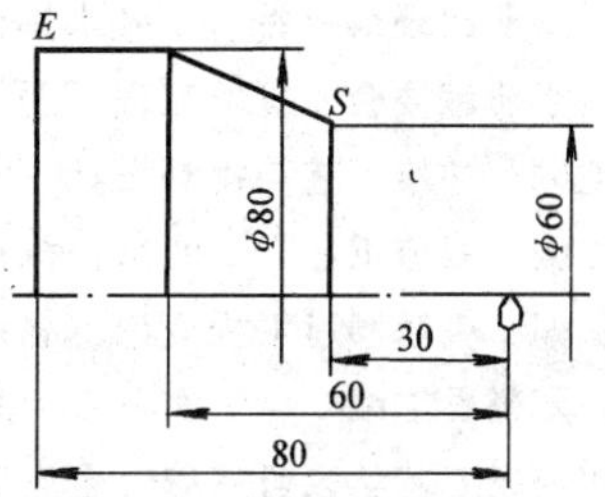

题图 7-2

10．什么叫特种加工工艺？它和常规加工工艺比较有何不同特点？

11．试述电火花成形加工和电火花线切割加工的成形原理及加工范围。

12．电解加工时电极间隙蚀除特性与电火花加工时的电极间隙蚀除特性有何不同？为什么？

13．何谓“激光”？并试述激光加工的能量转换过程。

主要参考文献

1 曾正明，彭福泉主编．机械工程材料手册：第5版．北京：机械工业出版社，1998
2 何世禹主编．机械工程材料．哈尔滨：哈尔滨工业大学出版社出版，1990
3 戴枝荣主编．工程材料．北京：高等教育出版社，1997
4 王运炎主编．机械工程材料．北京：机械工业出版社，1991
5 任福东主编．热加工工艺基础．北京：机械工业出版社，1996
6 严绍华，张学政主编．金属工艺学实习（非机类）：第2版．北京：清华大学出版社，1992
7 同济大学金属工艺学教研室编．金属工艺学实习教材（非机类专业用）：第2版．北京：高等教育出版社，1992
8 沈其文主编．材料成型工艺基础．武汉：华中理工大学出版社，1999
9 张明之，韩丙告主编．铸造词典．北京：中国农业机械出版社，1986
10 机械电子工业部统编．铸造工基本操作技能．北京：机械工业出版社，1992
11 机械工程手册编委会．机械工程手册7：第2版．北京：机械工业出版社，1996
12 姜奎华主编．冲压工艺与模具设计．北京：机械工业出版社，1997
13 张志文主编．锻造工艺学．北京：机械工业出版社，1988
14 齐桂森主编．机械制造工程概论．北京：航空工业出版社，1997
15 孙以安，鞠鲁粤主编．金工实习．上海：上海交通大学出版社，1999
16 清华大学金属工艺学教研室编．金属工艺学实习教材．北京：高等教育出版社，1994
17 吴桓文主编．机械加工工艺基础．北京：高等教育出版社，1990
18 张万昌主编．热加工工艺基础．北京：高等教育出版社，1991
19 张万昌，金向楷，越敖生主编．机械制造实习．北京：高等教育出版社，1996
20 邓文英主编．金属工艺学：第3版．上、下册．北京：高等教育出版社，1996
21 田柏龄主编．金工实验．北京：高等教育出版社，1997
22 金禧德主编．金工实习．北京：高等教育出版社，1994
23 华南工学院，甘肃工业大学主编．金属切削原理及刀具设计．上海：上海科学技术出版社，1979
24 苏玉林，吴鹏主编．工程材料及机械制造基础习题册．北京：高等教育出版社，1995
25 顾维邦主编．金属切削机床概论．北京：机械工业出版社，1991
26 谢纪坊主编．机械制造概论．北京：航空工业出版社，1990
27 韩国敏，贺业建等编．金工实习．山东：石油大学出版社，1999
28 赵月望主编．机械制造技术实践．北京：机械工业出版社，1993
29 郑章耕主编．工程材料及热加工基础．重庆：重庆大学出版社，1997
30 郑宜庭，黄石生合编．弧焊电源：第2版．北京：机械工业出版社，1988
31 潘际銮．二十一世纪焊接科学研究的展望．见：中国机械工程学会焊接学会编．第九次全国焊接会议论文集：第一册．哈尔滨：黑龙江人民出版社，1999，D001－D017
32 沈世瑶主编．焊接方法及设备：第三分册．电渣焊与特种焊．北京：机械工业出版社，1986
33 周达，沈一龙主编．焊接实验．北京：国防工业出版社，1985
34 梁桂芳主编．切割技术手册．北京：机械工业出版社，1997
35 张开主编．粘合与密封材料．北京：化学工业出版社，1996